城市新研2023

创新型城市的道与势

Patterns and Trends of Innovative City

曹劲松　张鸿雁　主编

南京出版传媒集团　南京出版社

图书在版编目（CIP）数据

城贤新研. 2023 ：创新型城市的道与势 / 曹劲松，张鸿雁主编. -- 南京 ：南京出版社，2024.2

ISBN 978-7-5533-4652-6

Ⅰ. ①城… Ⅱ. ①曹… ②张… Ⅲ. ①城市建设－研究－江苏②城市建设－研究－南京 Ⅳ. ①F299.275.3

中国国家版本馆CIP数据核字(2024)第018128号

书　　名　城贤新研2023——创新型城市的道与势
作　　者　曹劲松　张鸿雁
出版发行　南京出版传媒集团
　　　　　南　京　出　版　社
社址：南京市太平门街53号　　邮编：210016
网址：http://www.njcbs.cn　　电子信箱：njcbs1988@163.com
联系电话：025-83283893、83283864（营销）　025-83112257（编务）

出 版 人　项晓宁
出 品 人　卢海鸣
责任编辑　谢　微
装帧设计　赵海玥
封面题字　李　啸
责任印制　杨福彬

排　　版　南京布克文化发展有限公司
印　　刷　南京工大印务有限公司
开　　本　787毫米×1092毫米　1/16
印　　张　21.25
字　　数　320千字
版　　次　2023年12月第1版
印　　次　2024年2月第1次印刷
书　　号　ISBN 978-7-5533-4652-6
定　　价　78.00元

目　录

理论新识

调研新论

建宁新策

理论新识

中华文明的历史自信与现代创造

曹劲松

习近平总书记在文化传承发展座谈会上强调，在新的历史起点上继续推动文化繁荣、建设文化强国、建设中华民族现代文明，是我们在新时代新的文化使命。担负起这一新的文化使命，我们必须全面认识中华文明的悠久历史，理解其作为世界上唯一没有中断之文明而持续传承的内在动因，在深刻把握中华文明发展规律的基础上，以坚定的文化自信和历史自信，投身到中华民族现代文明的创造中来。

中华文明持续传承的内在动因

中华文明作为世界原生性文明之一，源远流长、博大精深，作为文明之内核的中华文化为中华民族生生不息的延绵发展，提供了强大的精神支撑，建构起中华文明的精神基因。只有全面认识和读懂中华文明五千年历史所蕴含的丰富智慧和精神品格，理解其持续传承中的内在动因，才能以坚定的文化自信这一更基本、更深沉、更持久的力量，在新的历史条件下守正创新，不断开创中华文明的时代新篇。

习近平总书记深刻总结了中华文明具有的连续性、创新性、统一性、包容性、和平性“五个突出特性”，为我们理解中华文明持续传承的内在动因找到了思想之钥，让我们对中华文明自身属性的认识更加全面系统，对中华文明在世界文明进程中的地位和作用的理脉认知更加清晰。中华文明传承的历史连续性不是偶然发生的，有着文明主体觉悟的历史必然性，在根本上取决于中华民族作为同一文化共同体所确立和追求的精神价值及其实现方式的共同塑造。如何理解在文明发展演进中主体精神上的觉悟，必须在把握文明发展的总体特性上加以省察。中华文明具有突出的连续性，体现了主体在文化上大道之行接续传承的价值信守；中华文明具有突出的创新性，体现了主体在文明创造中的进取精神和无畏品格；中华文明具有突出的统一性，体现了社会个体聚合为社会整体，进而掌握自身命运的共同信念和强大意志；中华文明具有突出的包容性，体现了主体对于他者的开放胸怀，以多元共存的主体和谐去创造兼收并蓄的文明成果；中华文明具有突出的和平性，体现了主体在人类社会文明发展目标取向上的建设性和促进性，以文明互鉴共生开创人类未来。

中华民族作为中华文明的主体，在长期的社会历史实践中形成具有自身特色的文化源流和文明基因，走出了一条以主体觉悟构建内生精神力量、持续传承文明、推进社会进步的发展之路。中华民族所具有的价值信守、进取人格、共同意志、开放胸怀和互鉴共生的目标旨向，将中华文明突出的连续性、创新性、统一性、包容性、和平性融于主体的精神传承与创造，构筑了中华文明持续传承的内生动力，形成了独立自主的精神气节，从根本上决定了中华民族必然走自己的路。

中华文明发展规律的深刻把握

中华文明持续发展的历史进程为中华民族提供了丰厚的精神滋养。在民族复兴的道路上，只有把文化之根牢牢地扎在中华文明深厚的基础之上，以科学真理武装头脑，以先进思想引领航向，不断增强社会实践的主体性力量，才能创造新的文明形态，实现新的历史跨越。人民是历史的创造者，中国共产党领导人民开辟中国式现代化道路，不断探索中华文明发展的规律，创立了习近平新时代中国特色社会主义思想，进而形成了推动文明进步的强大主体自觉，为中华民族伟大复兴提供了思想法宝和根本遵循。

习近平总书记强调，在五千多年的中华文明深厚基础上开辟和发展中国特色社会主义，把马克思主义基本原理同中国具体实际、同中华优秀传统文化相结合是必由之路。马克思主义是认识世界、改造世界的科学真理，将这一对人类社会普遍发展规律的揭示运用于中华文明的持续创造，必定要同中国具体的国情和中华民族的文化精神传承相结合，形成适用于中国特色社会主义发展的理论。唯有“两个结合”，才能将真理揭示的社会发展规律与其实现条件有机统一于社会实践，找到正确的文明发展路径。习近平总书记对“两个结合”进行了更加深入的阐释，指出“结合”的前提是彼此契合，“结合”的结果是相互成就，“结合”筑牢了道路根基，“结合”打开了创新空间，“结合”巩固了文化主体性。这一系统性阐释进一步深化了我们对中国特色社会主义道路探索的规律性认识。其中，把马克思主义基本原理同中华优秀传统文化相结合，体现了对中华文明发展规律的深刻把握，表明我们党在对中国道路、理论、制度的认识达到了新高度，表明我们党的历史自信、文化自信达到了新高度，表明我们党在传承中华优秀传统文化中推进文化创新的自觉性达到了新高度。

遵循人类社会发展的普遍规律和中华文明发展规律，是中国共产党领导人民在中国特色社会主义事业进入新时代所形成的文化主体自觉。将马克思主义植根在中国大地与中华优秀传统文化的时代创生统一于中国式现代化道路，不仅形成了新时代中国特色社会主义新的文化形态，而且造就了生机勃发、充满自信的新的文化生命体。建构于中华文明深厚底蕴之上的中国式现代化，必将以强大的主体自信和时代的蓬勃生机，开创中华民族现代文明的历史新篇。

中华民族现代文明的主体创造

文明是社会进步的标志，文明新形态是社会发展和文明演进过程中的主体创造成果。与建立在资本主义剥削制度基础上的资本主义文明形态不同，中国共产党领导人民开辟的中国式现代化道路，打破了“现代化 = 西方化”

的迷思，扬弃了资本文明悖论，把追求人的自由而全面发展的社会主义制度文明与传承中华优秀传统文化的中华文明根脉有机贯通起来，实现了社会主义文明、中华文明、现代文明的有机融合，以新的伟大创造为人类文明新形态提供中国样本。建设中华民族现代文明，是中国特色社会主义新时代新的文化使命，需要每一个中华儿女以坚定的文化自信担当起中华文明接续创造的历史重任。

如何担当起新的文化使命？习近平总书记从深化文化建设规律性认识、增强文化主体性的高度指出，要坚定文化自信，秉持开放包容，坚持守正创新。这三个有机联系方面实质上构成了对文化主体精神自觉的内在要求，也是中华文明延绵发展的内在动力，为增强做中国人的志气、骨气、底气指明了砥砺方向，为建设文化强国确立了基本原则和方法路径。坚定文化自信是主体确立人生志向的根本，核心在于实现精神上的独立自主，关键是立足中华民族伟大历史实践和当代实践，用中国道理总结好中国经验，把中国经验提升为中国理论，建构中国特色哲学社会科学体系，让中华文明之智充盈每个人的心灵。秉持开放包容是主体提升自我发展的气度，核心在于吸收人类文明的一切优秀成果，关键是坚持马克思主义中国化时代化，传承发展中华优秀传统文化，促进外来文化本土化，用先进思想引领新时代中国特色社会主义文化建设，让中华文明之鉴更好地走向世界。坚持守正创新是主体自强不息的追求，核心在于实现中华民族伟大复兴的梦想，关键是处理好继承与创新的关系，以中华优秀传统文化的创造性转化和创新性发展，赓续历史文脉，谱写当代华章，让中华文明之光照亮人类发展未来。

使命在肩，唯有奋发。中国的每一次崛起都是文化融合创新的过程。坚定文化自信既是中华文明主体的历史自觉，也是中国共产党领导人民的精神创造。在坚持把马克思主义基本原理同中国具体实际相结合基础上，同中华优秀传统文化的“第二个结合”，开启了新时代又一次思想解放，是对文明发展规律深刻把握基础上的理论创新和思想觉悟。人无精神不立，国无精神不强。中华民族生存与发展的根本力量源自主体最深沉的精神追求。习近平新时代中国特色社会主义思想的创立，进一步巩固了中华民族的文化主体性，为建设文化强国、建设中华民族现代文明凝聚起强大主体创造力量。

（作者系南京市社科联党组书记、主席，南京市社科院院长，江苏省扬子江创新型城市研究院首席专家。本文发表于《南京日报》2023 年 6 月 7 日 A09 版。）

推动中华优秀传统文化创造性转化和创新性发展

张鸿雁

文旅产业是一种幸福产业，文旅融合是一种民本经济

2023 年 3 月 5 日，习近平总书记在参加十四届全国人大一次会议江苏代表团审议时强调，“文化很发达的地方，经济照样走在前面。可以研究一下这里面的人文经济学”。今年 7 月，习近平总书记视察江苏时强调，“中华优秀传统文化代代相传，表现出的韧性、耐心、定力，是中华民族精神的一部分”。所以，在我看来，推动中华优秀传统文化创造性转化和创新性发展，着力推动文化事业和文化产业繁荣发展，可以从人文经济视角，深入探索文化富民福民的方向、切入点和路径。

文化的力量，或者我们称之为构成综合竞争力的文化软实力，总是“润物细无声”地融入经济力量、政治力量、社会力量之中，成为经济社会发展的“助推器”、政治文明的“导航灯”、社会和谐的“黏合剂”。文化赋予经济发展深厚的人文价值、极高的组织效能和更强的竞争力。

具体到人文经济学，是实验经济学家和法学家巴特 · 威尔逊于 2010 年左右提出，并且和诺贝尔经济学奖得主弗农 · 史密斯一起发展了这个概念。人文经济学认为，经济学家最好用两只脚走路。一只“脚”指的是行为主义、实证主义、非语言的、量化的；另一只“脚”则是指人文主义的、认知的、

修辞的、定性的。从人文经济学视角看，文化经济是对“文化经济化”和“经济文化化”的统称，其实质是文化与经济的交融互动、融合发展。文化经济的本质在于文化与经济的融合发展，说到底要突出一个“人”字，即人人能幸福、人人能就业、人人能发展、人人能够讲文明等目标，这是人本经济的核心价值。从这个意义上说，文化旅游产业的创新发展，就是要满足人民群众生活水平日益提高带来的消费需求，创造社会全员的幸福感和需求的满意度，所以文旅产业是一种幸福产业，文旅融合是一种民本经济。

推进文化与经济交融互动、融合发展

杭州、苏州、上海等国内城市在推进文化与经济交融互动、融合发展方面做得较好，有一些比较好的做法和经验值得学习和借鉴。

杭州是以文化数字化和数字产业化书写城市现代化答卷的。2022 年，杭州市 GDP 为 1.88 万亿元，其中文化产业增加值达 2420 亿元，高于 GDP 增速 2.5 个百分点，占 GDP 比例 12.9%，是经济发展的重要支柱。

一是用世界文化遗产催生“人间天堂”新时代盛景。西湖、中国大运河（杭州段）、良渚古城遗址三大世界文化遗产，胡庆余堂、张小泉、西泠印社等传统老字号品牌享誉海内外。宋韵文化主题活动实现了雅俗共赏，《秦时明月》等杭产剧作深受群众喜爱。

二是用西湖文化 IP（知识产权）塑造“历史文化名城”人文气质。杭州放大西湖文化 IP，将西湖打造成独特的人文景观和文艺创造的重要母题，构建文人学者的精神家园；以文商旅融合为抓手，打造世界文化名城会客厅，营造独特的人文气质和城市形象。

三是用“三新”经济数字化手段焕发杭州现代文化魅力。杭州被誉为“中国动漫之都”，2022 年动漫游戏产业全年营收实现 408.06 亿元，以新产业、新业态、新模式为主要特征的“三新”经济增加值占 GDP 的比例为 39%。未来杭州还要建设“电竞名城”，着力推动“动漫 +、游戏 +、电竞 +、元宇宙 +”深度融合创新。

苏州以传统文化和现代化发展同织姑苏“双面绣”。2022 年，苏州市 GDP 为 2.4 万亿元，其中文化产业增加值为 1330 亿元，占 GDP 比例 5.55%，全市共有规上文化企业 1268 家，文化上市企业 12 家，文化产业正成为苏州的地标产业。

一是以优秀传统历史文化的创造性转化催生发展动能。2500 年岁月沉淀出的昆曲、评弹、园林、苏绣，已成为世界辨识中国“最江南”的鲜明符号。苏州“复活”几近失传的宋锦技艺，打造中国宋锦文化园；“守艺”非遗桃花坞木版年画，创新为鲜活的苏州符号……苏州迈开人文和经济“两条腿”走路，以文化城，城以文兴。

二是以文化产业的创新性发展推动经济跃升。苏州形成了集信息、创意、生产和消费为一体，融现代服务业和制造业于一身的庞大文旅产业链，文化产业已是苏州经济版图里不可或缺的价值存在。苏州太湖雪丝绸股份有限公司成为北交所“新国货丝绸第一股”；盛泽古镇的恒力、盛虹从印染小厂成长为世界 500 强企业，带动千亿级纺织产业集群。

三是以人文精神的品质化传承奠定城市印记。苏州历来手工业繁盛，从当年的苏工、苏作到现在的 171 家国家级专精特新“小巨人”企业，人文精神在苏州的企业中不断传承。从以人文为素养的文化自觉，到以人文为环境的文化自信，崇尚实业、精益求精的信念成为鲜明城市印记。

上海则通过文化软实力和经济硬实力协同提升核心竞争力。2022 年，上海市 GDP 为 4.47 万亿元，其中文化产业增加值占比约 6.3%，规模以上文化企业全年实现营业收入 10790 亿元，以数字文化为核心的新业态实现营收 4883 亿元，比上年增长 6.6%。

一是厚植人文底色，加快建设社会主义国际文化大都市。上海厚植红色文化、海派文化、江南文化资源，加快建设社会主义国际文化大都市，打造国际经济、金融、贸易、航运、科技创新五大中心。

二是滋养城市精神和城市品格，营造开放包容的营商格局。上海有着“海纳百川、追求卓越、开明睿智、大气谦和”的城市精神和“开放、创新、包容”的城市品格。截至 2023 年上半年，上海的跨国公司地区总部和外资研发中心分别达到 922 家和 544 家，两项指标均居全国城市首位。

三是创新文化资源转化，打造休闲文化消费体验高地。全长 1500 多米的武康路安福路，从造型别致的武康大楼，到黄兴、巴金等名人故居，集聚 140 多家咖啡馆店铺，形成新潮时尚的消费业态，推动历史风貌保护区迈向“新消费高地”。

四是推动文化产品走出去，加强国际文化交流。上海市文化产品和服务进出口总值 2021 年首度突破千亿元大关，同比增长 50% 以上。“哔哩哔哩”视频网站海外用户已逾 4700 万，《翻国王棋》成为中国首部“出海”音乐剧，《原神》目前已在全球 100 多个国家和地区上线。

将城市文化资本转化为旅游文化资本，提升文化软实力

一是将城市文化资本转化为旅游文化资本。城市文化资本是我在 2000 年首创的理论。城市文化资本转化为旅游文化资本，具有公共性、历史性、集体记忆性的文化认同性、价格刚性、民族性、唯一性、垄断性、可再生产性、可创造性等特征，完全契合着力赓续中华文脉、推动中华优秀传统文化创造性转化和创新性发展和着力推动文化事业和文化产业繁荣发展的要求。

二是提升文化软实力和强化传承与创新结合。在我看来，文化传承与创新的实质在于文化软实力的提升。因为文化不仅为社会存在和创新提供了宽容的环境与氛围，而且已经成长为社会发展的直接动力。从文化再生产的角度看，文化不仅是一种资源，在现代社会中通过一定的文化再生产可以创造为资本的形式。文化软实力的创新，还是实现国家与民族核心价值与文化凝聚力重要途径和手段，建构一种文化认同意义上的“集体良知”。

对城市来说，要建构与城市、区域相适应的、独有的特色文化创新发展体系和维度，为文化软实力提升建构结构化模式与框架；要在顶层设计引导下，建设多层面、多类型、大跨度的地域文化整合创新机制；要创造具体的推进模式与行动逻辑，让不同城市区域的文化软实力提升有地方性、有方案、有方法、有抓手、有结果；要深刻挖掘地方文化和历史集体记忆，深化“地

点精神”的创造；要建构全球文化视野，参与全球新文化产业分工，从高端环节介入“全球城市文化价值链”体系；要能够从精英文化到大众文化的上下统合与创新，形成社会整体的文化认同和“集体良知”，进而创造新时代城市与乡村一体化文明。

三是通过文化产业改革推进文化富民福民。现代文化产业体系和文化市场体系，是社会主义市场经济重要组成部分，在促进国民经济发展、满足人民文化需求等方面发挥着重要作用。现在，各国的文化产业发展都呈现上升态势，且数字化、智能化已成为转型趋势，体现出时代特色。在我国，新业态、新融合、新媒体、新引擎已经成为文化产业发展的新面貌。通过文化产业改革推进文化富民福民，关键在于建立真正能以文化产业为支柱型产业的社会综合动力创新发展模式，导入以“文化立国”的国际化发展模式，构建以富民经济和充分就业为主导的文化产业市场关系。

四是发展创意经济。目前，城市现代化的发展动力由以工业化为主的时代，正在转化为以智慧、知识、技术、文化和创新驱动为主的时代。创意经济的智慧网络性，使之成为城市谋求创新发展的新赛道与提升城市“世界文化身份识别”的战略首选。

选择好推进文化富民福民的具体路径

一是全面提升全民整体文化素质和文化修养。坚持把人的感受度作为最根本的衡量标尺，提升精神文明素养。凝聚人情温度，厚植责任意识、契约精神，推崇“利他主义精神”，通过思想教育铸魂、道德建设引领、文明创建提质扩面等具体抓手工程，让人民与城市相互成就，持续不断地创造城市活力的奇迹和共进氛围。实施“全民美育行动”，以文化活动涵养市民文化审美素养。让文明礼貌、有奉献精神的优秀行为成为日常一种习惯。

二是构建“系统生活—平台涉旅—集约多样”现代公共文化服务体系。以系统观、生活观优化公共文化服务制度标准的制定。推动建立群众需求反馈机制，推广“订单式”“菜单式”“预约式”服务。加强公共文化服务绩效评价，建立以公众参与为基础、以群众获得感为导向的绩效考核和反馈机制。健全公共文化管理与文化服务运作的标准、原则与程序。推动公共文化设施涉旅化改造，提升公共文化体育设施开放与服务水平，创建文化类社会组织志愿服务平台，打造文化志愿服务资源共建共享机制。推动公共文化服务空间高效集约利用与多样化增值。鼓励公共文化机构探索开展特色化、多样化的公共文化服务，推进惠及民生的“小而美”项目建设。融合整合图书馆、美术馆、非遗馆、艺术院团等公共文化机构的活动信息和数字资源，根据公众习惯和文化热点智能推荐公共文化服务，实现公共文化资源的智能调度和精准供给。比如，南京建邺实施文化浸润三年行动计划，扩大高品质文化供给，打造现代性都市文化未来先锋区，建成以需定供、丰富多元的“15分钟文化圈”。

三是观照人民生活现实与情感方式繁荣文艺工作。充分发挥党和政府联系文艺界桥梁和纽带作用，加强系统性谋划、前瞻性统筹、整体性安排，发挥文化骨干、群众爱好者等的引领带动作用，增强文艺工作前进动力和发展活力，建立完善文艺评奖制度，推出弘扬时代精神的先锋优秀作品。将“做人的工作”与“推动文艺创作”有机融合，以创作为中心，精品创意为龙头，做好现实题材、红色题材、地方特色文化等题材的选题创作，创新文艺作品创作、传播、宣传、推广的激励机制和评价体系，提升文艺创造力。紧密联系实际，将丰富厚重的优秀传统文化和昂扬向上的审美情趣进行聚合，多维度寻找与新时代观众的情感互动、文化链接、心灵交汇。深化市民文艺审美浸润，打造全民共享的文艺盛宴，提升文艺影响力。

四是凝结传递民族历史记忆，推动经验智慧走向世界。突破以往行政区划和遗产类型壁垒，以系统性视角搭建文化遗产“保护—阐释—传播”解决方案，健全文物保护机制，坚守文物安全底线。促进文物保护性展示创新，推动文物工作融入现代社会的生产生活。完善非遗项目基础数据采集，突破非遗传承和传播缺少基本数据资源的局限。打破传统博物馆边界，将触角伸向不同领域，加快升级数字博物馆系统，推进博物馆对外开放水平提升，强化文博场馆资政育人功能，推动文博场馆跨界深度融合，形成“要让文物说话、把历史智慧告诉人们”的发展共识。

五是高质量搭建文化产业价值网链，以产业硬实力提升城市文化竞争力。构建结构合理、门类齐全、强竞争力的现代文化产业体系。加快实施文化数字化战略，以内容生产为核心，以数字技术为驱动，深耕产业细分领域，聚焦数字出版、数智文旅、元宇宙、演艺体育等新兴产业领域。打造高能级、示范性、有人文关怀的文化产业载体。积极推动文化产业园区向数字科技求创意手段、向产城融合求功能拓展、向精准服务求盈利空间、向内容场景求人本温度，争创一批国家级（省级）文化产业示范园区。加速引育一批“独角兽”“瞪羚”“雏鹰”等高成长企业，打造一批专精特新“小巨人”企业和高新技术企业，培育一批以数字内容创作、知识分享为主要形式的平台型企业。比如，南京秦淮以“国字号”园区引领文化产业繁荣发展，走出“文彰特色、旅引客流、商促效益”的秦淮文化产业园区发展道路。

六是以文筑景——以文促产——以文兴村，加快文化产业赋能乡村振兴。依靠乡村特色文化空间再生产，营建美丽新乡村地景。以泛公园理念经营乡村，打造集万村万景的博雅胸怀和人与自然的田园雅致于一体的世界级和美乡村。促进文化创意与农业要素相融合，实现物产资源和大农业增产。突出文化产业的民生关怀，鼓励创意农业，培育市场广泛认同的拳头农副产品，打造特色农业品牌群落，充分释放美丽乡村和丰富物产的品牌价值。加快“数农文旅”融合发展，创造“以充分就业为核”乡村新格局。鼓励现代农业与科技、文旅、康养等领域深度融合，探索文旅带动、非遗转化、数字赋能等乡村文化产业发展模式，形成区域特色产业体系，创造广义的循环型农村社会发展模式。比如，南京江宁探索创意经济赋能现代化休旅乡村建设，整体建构以古今共鉴、农文共促、城乡共荣、校地共建于一体的文化产业赋能乡村振兴新时代全民共富路径。

七是打造遗产保护——空间活化——城市美学链条，以文化引领推进城市更新。把城市当成一个生命体，打造“空间全覆盖——要素全囊括——管理全周期”遗产保护传承体系。从城市更新“底层逻辑”角度强化文遗空间活化利用，打造一批“文化会客首选地”，推动传统怀旧空间向“城市时代客厅”转变，形成从“历史地段”城市更新到场所精神文化的集大成与再创新。

注重遗产保护与城市“烟火气”的和谐共生，将传统生活方式与现代生活美学相融合，让旧的文化和新的生活叠合共生，提升民众生活满意度和幸福感。比如，南京鼓楼以“文旅融合”路径推动城市场景更新焕新，坚持文化引领，创新场景营造，激活老城新生，打造以“幸福”“品质”“高效”“持续”为特色的鼓楼城市更新模式。

八是推进“农文商旅深度融合”，打造流量型消费新引擎。观照能够满足情绪价值、社交价值、康养价值的特色消费，抓取氛围经济、颜值经济、知识经济等营销热点，布局智慧网络型零工经济、无人经济等服务经济，以创意驱动、数字赋能、移动传播的现代化思维开辟文旅消费未来赛道。加快“载体—新场景”融合，营造文旅新体验场景。推动核心商圈创意植入主题文化设施，深挖文化剧院、体育场馆等城市地标的文化消费潜力，打造文商旅体艺融合的新型消费场景，挖掘新生代消费、银发消费等市场潜力，引导品位消费和审美塑造，搭建充满选择机会的多元消费场景。率先探索多元互补的文商旅融合产业新模式，创设美食巴士、园区市集、社区旅游等新消费范式。如，南京玄武以“平台经济”思维激发文旅消费强劲动能，以平台经济打破单体发展壁垒，依托区域内高等级资源载体推进“大联盟”“大街区”和“大景区”建设，实现玄武从目的地景区向目的地城市的转型升级。

九是聚力品牌系统性建构与文化全球化传播，推动中华文化走向世界、影响世界、投资世界。以“品牌节庆—特色活动—国际会展”系统搭建世界级品牌节庆体系，做大世界级论坛节庆，做好全球化活动赛事，做强国际化会展平台。创新“一个有影响力的国际频道、一个有传播力的国际电台、一个有地方性的国际网站、一个有符号性的国际宣传片”营销矩阵，通过新媒体和口碑营销等方式,形成对外形象的一体化宣传路径。积极对接“一带一路”，鼓励国家级文化产业园区主动拓展海外文化市场渠道，与国际知名创意园区建立国际园区联盟，形成长期稳定合作关系。

十是加强复合型人才培养与储备，开启人才资本价值新时代。加快引培包括文旅规划应用型、综合知识复合跨界型、高阶新能力创意型、“文旅 +”新兴领域运营管理型等一批多级别、高素质、实战型的文化英才、文化优青与标志性文化人才。大力推进与文化产业相关的新文科、新艺科建设，加强高校新兴交叉学科、创意边缘学科研究，鼓励高校与文化园区合作“课程共建，产教融合”，营造可持续发展创新生态。切实加强数字文化产业行业协会、学会、商会等社会组织建设，做强数字文化产业发展智库平台，共建博士后创新实践基地和文化产业高级经营管理人才培训基地，开展文化创意人才专项培训，推进数字文化产业领域职业资格、技能等级与专业技术职称有效衔接。

还有就是从“数字可信”到“文化结合”，推进数字文化治理现代化。推动工业思维认知向大数据思维认知的转变，推动文化生态体系构建，发挥重点骨干企业、文化头部企业、平台企业、社会组织的治理节点作用，形成以文化产业链和价值链为主线的数字文化治理体系。加大数字技术在文化治理领域的广泛深度应用，探索建立由政府引导、社会组织牵头、社会力量广泛参与的协同信用监管机制。

（作者系南京大学教授、博士生导师，江苏省扬子江创新型城市研究院院长。本文发表于《南京日报》2023年11月1日A10版。）

城市更新微改造中长江文化场域的构建

——以南京市为例

曹劲松

城市更新是伴随城市发展过程中的一种空间结构及其功能拓展的动态演进，体现了人们对于持续创造城市美好生活的新向往、新期待。文化作为城市文明延展的精神纽带，是塑造城市空间的一种内生性力量，文化赋能城市更新微改造对提升人们的生活品质具有重要价值。在城市文明中，江河文化往往具有特殊的生命意义，是城市历史发展与现代繁荣的生态之基、生产之要和生活之美。长江文化构成了沿岸城市的场域特色，尤其对于跨江城市而言，其文化叙事对于城市更新有着独特的价值，也是彰显城市魅力的生态根基和文化禀赋所在。南京作为长江下游的跨江大都市，长江文化深深浸润于城市空间肌理中，成为人们置身城市文化生活、丰富主体精神世界的重要滋养。因而，在城市更新微改造中，应当进一步把握好长江文化的叙事原则，以绣花功夫、于细微之处构建长江文化场域，保护好、传承好、弘扬好长江文化，充分展现中国式现代化城市实践的文化魅力和文明新貌。

一、文化赋能城市更新微改造的价值

城市作为人们生产生活的一种集聚形态，形成了社会个体间密切、复杂的交往关系，其共同生活的组织运行机制、文化教育传承、社会风俗习惯、精神生活追求等不断地将人们凝聚为一个具有价值内核的文化共同体。在时代发展的历史进程中，城市文化的传承与创新，为城市文明延续和发展源源不断地提供内在的精神支撑和情感归属，促进城市主体的集体精神自觉和社会实践创造。因而，文化赋能城市更新微改造，可以持续为人们的城市生活注入文化能量，在保护城市文化资源的基础上，进一步积累城市文化资本，丰富人们文化生活体验，同时在不断变化发展的时代条件下创新文化生态，筑牢文化共同体的价值内核，增强城市文化软实力和城市文明发展力。

（一）保护文化资源

历史文脉是城市文化资源的基础构成，具有独特性、不可替代性和稀缺性，标示着城市精神的生长和文化价值的恒久，保护城市文化资源首先要保护好城市的历史文脉。文脉大多蕴含于城市街巷的历史肌理和历史建筑及其遗址遗迹中，在城市功能拓展和生活品质提升的现实诉求下，许多历史街区成为改造和更新对象。微改造本身就不是成片区域的大拆大建，而是依循原有的街巷肌理进行细节改造、品质提升，使之能够既保持原有的历史文化风貌，又能够满足现代人生活及其审美需要，以绣花功夫提升城市空间功能，创新文化场域叙事表达，进而增强城市文化对共同体成员的吸引力和凝聚力。在城市更新微改造中，运用新的技术手段和创新设计做好历史文脉的原真性、可读性、活态性保护，将其所代表的文化叙事有机融入新的功能空间中，是保护文化资源的关键所在。任何城市都是一种历程性的发展与建构，只有将历史的文化叙事驻留于城市空间，才能让人们更好地了解和认知城市生命的历程，帮助人们认知城市价值、理解城市精神、融入城市文化，以具身性的生活体验树立文化自信，促进自我生命价值与城市精神品格的时代共鸣。

（二）积累文化资本

城市文化从来都不是静态的、停滞的，其本身是一个动态的、演进的过程，注重以文化赋能城市更新微改造，实际上也是一种激发主体投身城市文化创新的过程。这种文化创新是基于文化资源保护基础上主体文化自觉的一种体现，也是城市文化资本不断累积的价值所在。城市文化生命的价值在于主体不断地将优秀传统文化基因与时代进步的思想引领、物质条件、技术进步等有机结合，创造出当下的文化生活方式和审美旨趣，在满足人们的日益增长的精神生活需要中，给文化共同体带来向善向上的精神力量。城市更新微改造不仅是一种建筑空间实用功能性的提升，以便让人们的城市生活拥有更好的居住条件、便利的交通和优质的服务配套等；更注重以城市文化价值浸润人的心灵，为人们的文化生活体验带来美的愉悦和享受，进一步激发人们对生活的热爱、对城市的眷恋、对理想的追求。这是城市微改造中文化赋能的核心意义所在，也是通过微改造中的文化匠心构筑起新的文化载体和空间，源源不断地将主体的文化创新成果汇聚到城市文化资本的积累中来，在促进城市文化的代际传承和创新发展中，持续增强城市文化的内聚力和影响力，培育和提升城市主体的文化创造力。

（三）丰富文化生活

文化赋能对于城市发展来讲，其根本作用在于以高品质的文化供给推动人们文化生活的丰富和精神世界的富足。在城市现代化的进程中，人们对于物质生活与精神生活的追求需要城市无穷的创造力。城市文化环境既是人们文化传承与创新的成果积累，满足了人们的精神生活需要，带给人们文化身份上的某种归属感；同时又为人们以主观精神的自觉投身社会实践创造提供了文化条件，吸引人们以良好的精神状态积极参与其中，激发内心价值向往，成为城市魅力之魂。通过文化赋能城市更新微改造，在城市空间营造更为丰富、更具特色和吸引力的文化场域，能够为人们的文化生活体验带来新感受、新价值，使城市的文化魅力不断以新的样态展现出来。城市文化的生命力在于人的持续精神创造，丰富的文化生活体验和社会生活实践是这种精神创造的源泉。城市微改造所涉及的场域可以成为承载城市文化生命力的符号和意义的空间，将人们带到文化叙事的情景中，进而使每个体验者都成为叙事的参与者和表达者，使城市生活焕发勃勃生机。城市文化魅力从根本上说，就是生活在这个城市的人们的精神富有状态，这也是文化赋能城市更新的价值所在。

（四）创新文化生态

城市文明不是各种既有要素的静态集合，而是随着时代发展不断进行自我更新的动态演进体系，城市更新微改造实质上就是这种演进过程的一种具体体现。随着人类新的知识和技术的不断突破，城市作为人们生活的集聚地，其社会生活方式也在持续发生新的变化。当下，以数字化技术为代表的各种新工具、新应用、新场景，为城市更新提供了更具创意的条件和手段，成为人们文化生活中重要的物质和技术基础。在新的时代条件下，文化生产和消费的关系及其形态不断得到拓展，构建起要素更为丰富、关系更加复杂、创新更具活力的城市文化生态。以文化赋能城市更新微改造，就是要以筑牢文化共同体的核心价值为引领，着眼新理念、新技术、新载体的运用，持续创新文化生态，不断增强城市软实力。城市文化软实力与发展硬实力之间实际上是相互赋能的关系，其关键在于不断增强城市主体创新这一核心功能，使城市的能级得到不断提升，为城市的高效能运转和高质量发展提供强大动能。因而，要在文化赋能城市更新的微改造中，因小见大、见微知著，以城市空间场域的文化微叙事展现新时代中国式现代化的大叙事，以创新的文化生态激发人们的文明创造活力。

二、长江文化代表性城市的场域特色

长江是中华民族的母亲河，与黄河一道共同孕育了中华大地的灿烂文明，长江文化是中华民族的代表性符号和中华文明的标志性象征。长江流域面积广大，其干流两岸聚集了许多大城市，城市文脉植根于长江文化的博大怀抱，形成了既具有各自特色，又体现长江文化母体特征的文化场域，铸就了城市文化的内在精神和特色风貌，在世界大江大河的文明孕育、成长和城市发展演进中具有独特魅力。2023 年 5 月，国家文化和旅游部推出 10 条长江主题国家级旅游线路，覆盖上海、江苏、浙江、安徽、江西、湖北、湖南、重庆、四川、云南、贵州 11 个省市，进一步凸显了长江国际黄金旅游带的文化魅力。10 条旅游线路的设计突出探索与发现长江文化和自然之美，包括长江文明溯源之旅、长江世界遗产之旅、长江安澜见证之旅、长江红色基因传承之旅、长江自然生态之旅、长江风景览胜之旅、长江乡村振兴之旅、长江非遗体验之旅、长江瑰丽地貌之旅、长江都市休闲之旅。[①]这 10 个方面的旅游线路设计将长江文化的审美意蕴充分展现开来，也是对长江文化代表性城市所具场域特色的聚焦，为深化和拓展城市的长江文化叙事提供了系统性的科学维度。长江文化的代表性城市应着重从历史维度、自然维度、空间维度、交流维度和知识维度上形成其特色场域。

（一）水脉、文脉、城脉互联

长江是世界第三大河流、欧亚大陆第一大河，长江干流自西而东横贯中国中部，南北汇入的支流达数百条，流域面积达 180 万平方公里，是人类文明的重要发祥地。在中华民族多元一体的长期历史演进中，长江水系的水脉既为人们的生产生活提供必要的条件，也为人们的交流带来便利通道，成为人类从聚落走向城市的社会文明发展纽带。人们依水而居的生活不断催生出具有地域特点的文化习俗，文化观念则随着人们彼此间的交往不断传播、拓展和深化，文之脉与水之脉形成内在关联，在人们的精神世界构筑起日益丰富的人文价值和情感。随着长江两岸城市的形成，更大规模的人口集聚为城市注入经济和文化的发展活力，在城市发展进程中人们所创造的物质成果与文化成果不断积累，将丰富的文化叙事融入城市之脉，形成水脉、文脉、城脉互联的文化生态。因而，从历史维度上看，长江文化代表性城市具有水、文、城“三脉”贯通的场域特色，这些场域本身就是长江文化历史叙事的重要见证和表达载体，成为人们探知长江文化的认知窗口，也是长江文化和城市文脉保护的重点所在。城市所具有的这一场域特色为长江文明探源、世界遗产保护和非遗体验带来宝贵的文化资源，彰显了长江文化魅力的丰厚历史底蕴。

（二）景观、景色、景象互生

长江干流长达6300多公里，自西而东从海拔5000米的青藏高原流向大海，横跨了中国第一、二、三级阶梯，地形地貌丰富多样，高原、山脉、丘陵、平原，急流、险滩、湖泊、大江，山水形胜，美不胜收。长江流域除海拔3000米以上的地区属高原气候区外，大部分地区为亚热带季风气候，温暖湿润，植被茂盛，森林、草地、灌丛、湿地和农田等孕育了丰富的生物类群，400多种淡水鱼类约占全国淡水鱼类数量的三分之一。长江流域优越的自然条件成为人们生产生活的重要基础，两岸城市因江而兴，逐步形成了发达的长江经济带和城市带。长江流域自然景观、山水田园秀丽景色、城市人文自然景象，相互交织、互生共进，构成了长江文化自然之美的动人画卷，成为长江文化代表性城市的场域特色。孙中山先生对于长江下游的古都南京曾做出这样的评价："其位置乃在一美善之地区。其地有高山、有深水、有平原，此三种天工，钟毓一处，在世界中之大城市，诚难觅此佳境也。南京将来之发达，未可限量也。"②可见，良好的自然条件为城市发展提供了无可限量的潜力，也成为城市文化审美创造的重要源泉。从自然维度上看，无论是瑰丽地貌、风景览胜，还是乡村振兴与都市休闲，长江自然之美与城乡人文之美交互生成的这一场域特色，增强了长江自然魅力的直观审美体验，也使长江文化代表性城市基于自然叙事的文化叙事表达创新独具风采。

（三）生态、生产、生活互融

长江流域自然生态条件优越，为人类生存提供了良好的栖居地，成为中华文明的发祥地。随着人们聚居繁衍的规模持续扩大，长江流域在中国经济社会发展中的地位和作用日益凸显，成为重要的生态屏障、重要的资源支撑和经济重心所在，“形成了长江三角洲城市群、长江中游城市群、成渝城市群、江淮城市群、滇中城市群和黔中城市群，聚集了地级以上城市 50 多个”③，长江经济带人口和生产总值均超过全国的 40%。从空间维度上看，长江流域城市生态场域与生产空间、生活场所相互融合，自然生态构成了这一场域的基底。2021 年 3 月 1 日，中国第一部流域法《中华人民共和国长江保护法》的正式施行，为长江经济带“共抓大保护、不搞大开发”战略实施提供了法律保障，进一步促进了长江流域绿色和高质量发展。作为长江文化的代表性城市，坚持生态优先、绿色发展是根本前提，建立在绿水青山良好生态基础上的生产高质量和生活高品质的场域特色，为中国式现代化城市实践树立起样板，充分体现了人们对美好生活向往的目标追求。将保护长江自然生态作为基底的现代城市文明，展现了长江文明魅力的身心向往目标，是以中国式现代化创造人类文明新形态的有力见证。

（四）水流、物流、人流互通

长江流域面积广大，干流支流交错纵横，形成了较为便利和通达的交往环境，为人们在文明发展进程中的相互学习和交流互鉴提供了条件。尽管流域内不同地区自然环境存在差异，生产生活方式各有不同，但互通的水流带来物产流通和人们迁徙的便利，使生产技术和文化传播得以畅通。无论是从文明探源的考古发现上看，还是在历史文献的记载中，长江流域范围内既有古代的制陶、制玉、青铜冶铸和农事等技术的传播，也有文化审美见诸器物的相互影响，同时还有大规模的人口流动和诸多与域外文明的交往互鉴。从交流维度来审视长江文化，可以看到大江大河流域文化实际上是在一个开放的环境下，随着人与物的相互流通和彼此不断影响演进，城市作为这种互通的重要交汇地，成为知识传播和文化创造的集聚地。长江文化是中华文化多元一体的重要组成，正是通过文化传播的力量逐步将人们共同的价值观念植根于丰富社会生活实践中，形成稳固的文化共同体。因而，长江流域代表性城市本身既是一个开放性的文化交汇地，能够反映流域内部及其与外部之间的广泛的人与物的交流；又是一个集成性的文化创造地，能够将价值追求融入精神自立自信的文化生活中。城市文化互通这一场域特色，不仅为流域文明的持续发展注入活力，而且塑造了长江人文精神的共同价值追求。

（五）人文、水文、艺文互济

文化发展体现人类社会知识的创新和累积效应，是建立在生产力提升基础上并以人的想象力和创造力持续促进社会实践的过程。长江流域作为人类文明早期发祥地之一，在生产技术水平和文化创造水平上都有着较为突出的表现，尤其在治水、农耕、建筑、织造等方面长期处于世界领先水平，同时在人文艺术领域形成了具有自身独特气质的审美价值和艺文成果。沿江城市的兴起和发展，既反映了人们在掌握水文基础上合理利用自然资源能力的提升，又展现出因应自然而乐享生活的文化创造，大江安澜与人文和美的风貌为丰富的典籍和图书所描摹。浩瀚的历史变迁刻写下不同时代的城市生活景象，在近代中国寻求民族复兴的历程上，中国共产党团结带领人民进行革命和建设的伟大壮举，将红色基因永久地注入长江文化的历史内涵和时代内涵中。从知识维度上考察，长江文化代表性城市的场域特色具有人文水文艺文互济共促的特点，自强不息的文化传统与开拓创新的时代追求成为城市现代文明的精神航标。守护文化根脉、见证长江安澜、传承红色基因、厚植家国情怀的场域特色，丰富了长江文化发展的知识创新之源。

三、城市微改造中长江文化叙事原则

城市作为一种文明形态是一个动态演进过程，随着人类生产力水平的提升和人们交往范围的扩大，城市功能日益完善，城市文化承载着传播文明、引领实践的重要功能。在城市现代化的时代进程中，城市更新不仅需要处理好人们提升生产效能和创造舒适生活的关系，而且要构建好传承历史文脉和弘扬时代精神的文化叙事桥梁，以产立城、以文铸魂、以城塑美，绽放出城市文明新的光彩。长江文化在流域城市中具有统领性，保护好、传承好、弘扬好长江文化是城市更新的内在要求，尤其在城市微改造中要进一步凸显长江文化叙事，讲好长江故事，彰显场域特色，增强文化自信，让城市不断焕发令人向往的文化魅力和追求创新卓越的发展动力。城市微改造中的长江文化叙事在空间形态、功能结构、文化记忆和生活品质方面要统筹考量，把握正确的叙事原则，充分体现文化赋能的价值。

（一）建筑可阅读

建筑是凝固的叙事，城市的历史建筑保存了大量的历史信息，成为人们了解城市历史、延续城市记忆、展现城市文化的基础性方面。因而，赓续城市文脉必须保护好、利用好具有典型意义的历史建筑和重要代表性建筑遗址。长江文化贯穿流域城市千年文脉，尤其对沿江城市的地理布局、建筑格局和街巷肌理等有着深刻的影响，其建筑形态及叙事功能成为城市极为重要的文化资源。城市微改造要将重要历史建筑尽可能保存下来，保留其原真性叙事功能，同时在形成场域特色的过程中，运用好新的建筑设计要素，形成互补性叙事或接续性叙事表达，使建筑群落在整体上可阅读、可亲近、可体验，将长江文化的记忆与延展嵌入建筑中。长江文化内涵丰富，可以通过建筑进行叙事表达的选择维度较多，城市微改造可结合不同的空间规划来形成其场域特色，增强长江文化在城市生活中的体验和审美。比如南京秦淮河入江口的彩虹桥（步行钢架桥）建设，将岸线生态修复与绿色休闲结合起来，成为阅江览桥（南京长江大桥）的绝佳场域，既拓展了南京长江大桥的文化叙事，又增添了长江生态保护的时代叙事。

（二）功能有延展

城市微改造核心是通过场域重构来改善功能和提升品质，其具体诉求因不同区域和地段的总体框架各有不同，但其中的文化赋能可以有机融入场域功能及其要素结构之中，进一步增强文化生活体验，增加城市文化资本。长江文化的历史叙事和时代叙事需要城市空间的承载，城市微改造在其基础功能的实现中，将文化叙事及其创新表达置入其中，既能够提升城市空间的审美意象，又可以使场域的文化功能得以延展，凸显城市人文的生活浸润与城市精神的价值追求。从城市文明自身的演进来看，城市微改造需要为数字时代所带来的城市生活变化提供基础性条件，让人们借助数字基础设施不断拓展数字生活的新体验，创造数字生态下传承与弘扬长江文化的新场景，把有限的物理空间与无限的数字空间有机贯通起来，创生城市文明新形态。比如南京在江北地区弃用的浦口火车站区域改造中，以历史建筑叙事为主体，融文创生产与生活休闲于一体打造数字时代的历史街区，将百年过江历史变迁与数字文化体验有机结合，不仅留下了长江文化的宝贵历史记忆，展现中国共产党领导工人所开展的革命运动，将红色基因传承于城市文脉，而且增添了现代都市文化生活中人们参与创造的实体与数字相融合的空间，使这一场域的功能得到充分延展。

（三）文化强记忆

城市空间是文化记忆的重要载体，通过城市文脉的直接展现，影响着一代代人的文化认同与身份归属，孕育着市民的精神成长。城市更新必须延续城市空间的文化记忆，不能让城市的文化根脉随着记忆场域的变化产生断裂甚至消失，否则城市就会失去自己的根和魂。在城市微改造中，不仅不能减损已有的文化记忆，反而要通过文化叙事的创新表达，进一步增强文化记忆与现实生活的内在联系，在文化发展中将城市的文化之根扎深扎牢。长江文化作为流域城市的文化母体，滋养着人们的精神世界，也是凝聚文化共同体价值共识和身份同属的力量源泉。城市微改造只有通过强化场域的文化记忆，才能使文化凝聚力不断增强。城市空间无论是修旧，还是建新，都要体现对人们文化记忆的影响作用，让人们在具身性的空间体验中回味历史，以史为鉴，把握当下，创造未来。比如南京长江文化记忆丰厚，有明代开国皇帝朱元璋作赋规划的阅江楼、郑和七下西洋祈安的天妃宫、清政府与西方列强签订第一个不平等条约的静海寺、迎奉孙中山先生灵柩归葬南京的中山码头、见证人民解放军推翻国民党反动统治的渡江战役胜利纪念馆，等等。这些片区的微改造将重要的历史叙事作为城市文化之基石，将民族复兴的使命担当作为激发城市文明创造的持久动力。

（四）生活提品质

城市更新的目的在于提升城市生活品质，更好地满足人们对于美好生活的向往，构建物质富裕与精神富裕相协调的城市文明。城市微改造要在改进场域物质设施条件的同时，以充盈的文化价值体验和引人向往的审美意趣丰富人们的精神世界，真正将城市让生活更美好的理念落实在具体行动中。实质上，以城市微改造提升人们的生活品质，是协调提升该场域的生态、生产、生活和生命的“四生”提升的城市空间演进过程，进而实现人的发展与城市发展的实践统一。长江文化为流域城市文明的萌生和发展源源不断地提供知识积累和价值启示，也是中华文明绵延发展的重要支撑，成为其共同体成员的身份归属和情感寄托。同时，人民作为长江文化的主体，也在自身发展中不断将长江文化的基因与时代条件相结合，以创造性转化和创新性发展推进更加美好的城市生活。可见，提升生活品质本身就是文化主体的价值追求，也是城市更新微改造的动力源。秉持这一原则，南京在滨江幕府山矿区改造中，把生态修复与文旅融合相结合，将昔日的矿山码头改造为游轮码头，在矿山复绿和矿坑利用上融入长江文化的历史叙事，构建起新的文化场景，成为城市旅游休闲的重要目的地，极大地提升了城市的生活品质。

四、以绣花功夫彰显长江文化的路径

长江文化作为长江流域城市的文化底色浸润在人们的城市生活之中，通过城市更新微改造更好地展现和弘扬长江文化，成为文化赋能城市现代化发展的重要方面。尤其是对于历史悠久、人口规模较大的中心城市来说，长江文脉的资源更为丰富，在保护好文脉资源的基础上，以新的时代传承与创新绘就长江文化的璀璨篇章，成为城市增添文化魅力重要路径。城市更新微改造是在已有的城市空间格局下进行局部结构优化与功能完善，不是搞大拆大建式的城市再造，需要以绣花功夫和工匠精神提升场域品质，实现人们对美好城市生活的体验和向往。以绣花功夫彰显长江文化应从“点—线—面—数”四个方面持续深化，在丰富不同场域叙事表达的基础上，构建系统完整的叙事逻辑，将长江文化代表性城市的人文气质和整体风貌呈现出来，同时借助数字化场域的创设，形成数字场域与实体场域融合创生的长江城市文明新生态。

（一）丰富点上表达

城市文化记忆离不开空间场域的叙事表达，尤其是自然风貌、历史建筑及街巷肌理等空间场域文化叙事的丰富性和系统性，是体现一个城市人文气象的基础建构和文化条件，亦成为展现城市文化魅力、体验城市文化生活的重要载体。流域城市对长江文化的彰显，首先要将城市空间中的长江文化记忆延展开来，在城市微改造中不断丰富长江文化的叙事表达，将抽象的文化价值内涵寓于各种具体的场域及其丰富的社会文化活动之中，为人们强化文脉认知和延展文化记忆提供更为充分条件。比如，南京作为跨长江下游两岸大都市，长江文化的历史记忆十分丰富，无论是长江岸线的自然风貌，还是大量保留下来的明代城墙和民国时期的建筑，以及城市空间布局和街巷的历史肌理等，都蕴含着十分丰富的文脉信息，需要在城市微改造中不断挖掘和呈现，将长江文化哺育城市文明历史进程的价值引领和情感共生转化为城市文化生活的日常体验，进一步强化文化共同体的归属感和凝聚力。同时，以长江文化艺术节作为延展长江文化现代叙事的重要方式，丰富现代都市的人文表达，在长江文化场域历史叙事的基础上不断增添时代魅力。因而，丰富城市微改造中场域文化叙事表达，一方面将长江文化的历史记忆以实体或数字形态加以呈现，保持和延续文化记忆；另一方面注重发挥场域的文化活动功能，将其不断注入现代城市文化生活，拓展和增添文化记忆。

（二）构建连线叙事

城市空间的文化叙事具有时空交错的特点，既有同一空间在时间轴向上的不同文化叙事累积，也有同一文化叙事在空间轴向上不同场域的多点呈现。如何让城市在长江文化这一重大主题上的叙事更具系统性，进而凸显长江文化代表性的城市特征？需要将各个空间点上文化叙事的“杂合态”与重大文化叙事的场域“分散态”有机统一起来，构建连线叙事逻辑，突出长江文化主题性表达，进一步增强其文化影响力。从人的文化识别和记忆建构的规律上看，系统性的文化叙事表达比碎片化的文化叙事更具深刻性和影响性，可以促进人们头脑中的知识体系建构，以叙事的整体性深化文化理解与历史认同。因此，在城市微改造“碎片式”的场域文化赋能中，不仅需要注重将具体改造场域与毗邻场域的文化叙事相联系，提升片区文化叙事的整体性和丰富性；而且需要立足市域范围构建场域叙事的关联性，强化文化主题叙事的空间脉络，形成文化叙事有机相连的人文生态系统。比如，南京城市微改造中的长江文化叙事应当从自然生态、文明溯源、城垣布局、古都文韵、民国建筑、红色记忆、非物质文化遗产等逻辑链条上加以贯通，形成场域内在关联、叙事有机延续、体验线路明晰、文化引人入胜的空间布局，将南京长江文化的丰富内涵通过城市空间场域的连线表达，系统性地呈现出来，进一步彰显长江文化的城市人文气质。实际上，城市更新微改造中的空间场域叙事连线，本身也体现了城市文旅融合创新的内在要求，使以文塑旅和以旅彰文统一于长江文化的城市体验中。

（三）呈现风貌气质

城市文化本身是一个复杂的系统，在整体演进的过程中形成了既具有自身城市底蕴特色，又体现民族共同体文化价值内核的精神生活风貌。人作为文化主体，对于城市空间的塑造发挥着能动性的创造作用，可以将代际文化传承与时代发展条件相结合，持续更新城市面貌。城市更新微改造本质上是主体对空间文化的再创造，不仅体现了人们的文化自觉和审美旨趣，将对生活美的追求投射到空间形态上来；而且表达了时代赋予主体的文化使命和历史主动，把弘扬和践行文化共同体的核心价值融入到日常文化生活中来。长江文化是涵养社会主义核心价值观的重要源泉，“其内在的历史价值传承、先进观念融汇、内涵拓展转化和时代价值创新相互促进的作用机理，不仅成为培育和践行社会主义核心价值观的文化宝库，而且为主体的现代精神建构提供了有效的文化实践路径”[④]。因此，通过城市微改造对特定城市空间场域进行文化赋能和再创造，必须在强化具体文化叙事中贯穿长江文化所涵养的社会主义核心价值观，在增强文化体验的基础上深化价值认知，真正将人与城的互动作为满足文化生活需要、展现城市人文风貌、提升人的精神气质的有效路径。南京作为长江文化的代表性城市，其城市更新改造“应以长江文化为统摄，运用好长江文都的符号，进一步深化和拓展城市形象传播，在城市文化生命延续的新的历史进程中，创造出更为绚烂的色彩，成为长江流域的璀璨明珠”[⑤]。

（四）营造数字生态

数字化技术深刻影响着社会生产方式和生活方式，也给文化生产和体验方式带来全新的变化，“人们在文化消费过程中的主体意识和交互意愿不断增强，”[⑥]数字生态成为城市文化生活中不可或缺的重要支撑。党的二十大对实施国家文化数字化战略作出重要部署，中共中央办公厅、国务院办公厅印发的《关于推进实施国家文化数字化战略的意见》提出，“发展数字化文化消费新场景，大力发展线上线下一体化、在线在场相结合的数字化文化新体验”。因而，在城市更新微改造中的文化场景创设不再是单一的实体化表达，而是要注重数字化技术在文化叙事中的运用，形成在线与在场相结合的文化新体验，进而拓展人们的历史记忆、空间记忆和交互记忆。长江文化内涵丰富、历史悠久、涉及面广，依托现有城市空间的实体场域能够进行叙事表达的内容有所局限且体验单一，需要通过数字化场景构建和交互传播平台建设，营造好长江文化的数字生态，进一步彰显长江文化的魅力。比如，南京已经启动数字文化云平台建设，遵循“架构系统化、数据资产化、体验场景化、生态开放化”原则，提出了“1366”数字文化城市建设架构体系的设想，即打造 1 个文化云平台，完善基础、功能和体验 3 层文化新基建，形成 6 朵文化功能云和 6 大应用新场景，其中自主建设的长江文化资源大数据平台一期项目“宁游长江”小程序已上线运行。长江文化城市体验的数字场域建设，为城市更新微改造实体场域的文化叙事提供了更为丰富的在线表达与互动方式，而两者的有机结合则能够为人们带来城市文化空间的新创设和新体验，将历史人文与技术人文有机统一于时代发展的文明进程中。

（作者系南京市社科联党组书记、主席，南京市社科院院长，江苏省扬子江创新型城市研究院首席专家。本文发表于《艺术百家》2023 年第 4 期。）

参考文献：

[1] 钟韵 . 文旅部推出 10 条长江主题国家级旅游线路［N］. 中国水运报，2023-05-08（001）.

[2] 孙文著，刘明，沈潜评注 . 建国方略［M］. 郑州：中国古籍出版社，1998.

[3] 长江水利网 [EB/OL].http://cjw.gov.cn/zjzx/lypgk/zjly. 2023-04-08.

[4] 曹劲松，徐梦洁 . 长江文化涵养社会主义核心价值观的道与势［J］. 南京社会科学，2022（8）.

[5] 曹劲松 . 南京长江文化符号的价值意蕴［J］. 南京学研究，2023（1）.

[6] 宋洋洋 . 数字技术应用带动文化产品提质升级［N］. 人民日报，2023-03-24（20）.

危机事件中城市形象传播困境与策略优化

曹劲松 张 薇

党的二十大报告进一步强调要“讲好中国故事、传播好中国声音，展现可信、可爱、可敬的中国形象”。城市形象是构成中国故事和中国形象的具体支撑，正日益成为人们关注的焦点。在城市形象建构与传播中，有效引导各种媒体及受众正向关注城市形象，形成并传播对城市的认可和赞誉等正面评价，成为塑造城市形象、增强城市吸引力和发展力的重要方面。然而，城市一旦发生危机事件，其相关信息和负面评价往往会成为人们的关注焦点，给城市形象的建构与传播造成极大的压力，甚至带来负向效应，致使城市声誉严重受损。如何在危机事件处置中开展有效的舆论引导，针对在危机事件发生和处置过程中产生的各种问题及其负面评价，优化危机处置流程和传播治理策略，成为城市形象传播中的关键一环。城市运行本身是一个极其复杂的社会系统，危机事件作为一种不确定因素，随时都有可能发生，是城市管理者在任何时候都需要应对的棘手问题。在全面分析危机事件中城市形象传播特征的基础上，充分了解危机事件应对过程中城市形象传播的困境，把握危机情形下城市形象传播的引导原则，进而优化危机应对流程和传播治理策略，这有利于将公众对危机事件本身的关注转化为对城市治理的关注与共同探求，并形成共情度和共建度，从而化危为机、因势利导，在城市形象的修复中增加公众对城市发展的认可度和正向评价的累积度。

危机事件中城市形象传播的主要特征

无论何种类型的危机事件，一旦发生都会给城市的生产生活和社会治理秩序带来或大或小的冲击，或是会对城市带来不同程度的负面评价，引发城市负面舆情，消解或损害城市形象。从公众对危机事件的“知、问、处、诉、联”五个相关的信息需求出发，城市形象的传播深嵌于危机事件处置的全过程，在事与评、释与疑、错与责、诉与援、断与联五个方面相互支撑、传播共为，表现出坏事与批评同步、解释与质疑共存、纠错与问责合力、诉求与公开互济、现实与历史联动的特征。

（一）坏事与批评同步

从危机事件的发生对城市本身的影响来看，危机事件的性质可以定性为坏事或不幸的事，而人们在知情事件信息的同时，往往伴随着对事件的评价。除自然灾害类事件存在不可抗力的引发因素之外，危机事件从防范、发生、蔓延、扩大到应急处置等一系列演进过程，都会涉及对不同行为人的主观动机及其行为结果的评判，而危机事件造成的不良后果则必然引发来自社会各个方面的批评。尽管人们在批评的动机上各不相同，但形成的舆论批评意见在方向上往往趋于一致，如危机事件中当事人的行为过错、应有的防范工作不到位、事件应对不及时不科学、政府监管存在漏洞等，这些都给城市整体形象造成负面影响。危机事件信息与公众批评意见往往呈混合传播态势，其中既有各种媒体机构对事件相关信息的公开披露，又有网络社交媒体评论区海量个体的声音，它们相互叠加、彼此共鸣，并形成滚雪球效应，致使城市的负面评论不断累积并蔓延，直至危机事件的事态得到最终控制。同时，危机事件中，公众对城市形象的舆论批评与舆论引导，往往与危机事件的发生及其应对周期同步。

（二）解释与质疑共存

危机事件发生后，公众不仅会关注官方或媒体对事件相关情况的通报，更会关注危机事件产生的深层次原因、事态的演变、政府采取的应对措施以及对自身利益的影响等信息。这些社会关注以及可能形成的疑问，与危机事件的性质及其社会影响面大小呈正相关关系，事件性质越恶劣，社会影响面越大，带来的关注度就越高。公众对危机事件的认知，往往基于各自在社会生活中形成的经验和价值框架，同时伴随着文化同理心和群体共情，从而形成对事件的深度理解。这就需要在危机事件常规信息通报与传播中，加入事件成因、社会治理和文化价值观等解释性内容，引导公众形成正面的认知态度和情绪反应。如果对危机事件解释不足或不合理，就会引发较多的质疑。比如，危机事件何以发生、事件苗头是否得到了相关部门的警惕、早期的应对是否及时到位、应急措施是否科学合理、会给社会带来什么样的短期或长期影响等。公众质疑会在很大程度上形成舆论批评爆发点和舆情持续发酵的传输链，并给城市形象带来极大压力。可见，危机事件影响下的城市形象传播具有解释与质疑共存的特征，积极有效地建构危机事件的解释框架可以在一定程度上疏解公众质疑的舆论压力。

（三）纠错与问责合力

除地震、海啸、强对流天气等自然界的不可抗力外，危机事件的发生往往伴随着行为人或监管者的过错或失误，在应对过程中亦会或多或少地暴露出问题。因此，在危机事件的应对过程中，及时纠错，化解危机或转危为机，是首先要坚持的战略选择，其次则要对引发危机事件以及应对不力的相关责任主体进行依法依规问责。从危机事件应对本身出发，及时采取措施开展纠错行动并对相关主体进行问责，明确有效地切割相关责任主体，避免产生责任追究的连带效应，这是扭转舆论上处于被动批评的一种有效方式。但危机切割不能随意为之，须切得准——责任主体无异议，切得齐——履责空间无缝隙，切到底——问责到位无追问，避免在危机事件相关信息公开不全面不清晰的情况下，急于给公众一个模糊粗略交代的做法，这样不仅会加剧公众舆论对责任主体的问责诉求，而且不利于危机事件的应急处置。从维护城市形象的角度出发，应当注重在危机事件处置中形成纠错与问责的合力机制，及时纠错、精准问责，将舆论批评中的问责诉求与事件应对中的问责需求内在地统一起来，通过依纪、依规、依法问责和道义谴责，引导舆论认同，彰显城市正义。

（四）诉求与公开互济

危机事件发生后，科学高效地采取应急处置措施，进而降低危机事件对社会正常秩序的负面影响，成为公众的第一诉求。这就要求城市的管理者能够在危机发生的第一时间快速做出回应，以科学果断的措施遏制危机形势的蔓延，同时查明原因、举一反三、高效行动、消除隐患、杜绝后患。无论是事故灾难等引发的直接影响公众生产生活的现实危机，还是由负面事件传播引发的社会舆论危机，城市应对危机事件的能力往往体现为城市主体的治理效能，这构成了公众对城市形象认知的重要评价维度，也是能够从危机事件发生的负面评价中转而获得正向评价的关键所在。赢得这一关键转机的基础固然是事件本身得到有效控制和良好处置，但公众对事件应对过程的理解和认可则是不可或缺的必要条件，这需要通过主动公开危机事件的处置流程和阶段性进展来实现。在危机事件信息传播过程中，伴随着各种评论，同时也伴随着各种猜测和传言，而事件应对责任方应以坦诚的态度与公众交流，依法公开应急处置的进展，这有利于在满足公众信息知晓诉求的基础上引导舆论走向，从而推动城市形象在危机事件及负面评价的背景下实现道义修复与效能构建。从危机事件中城市形象传播的效果来看，诉求表达与信息公开能够形成一种互济效应，是实现从舆论被动走向舆论主动的关键环节。

（五）现实与历史联动

危机事件往往对社会现实造成强大冲击，这种冲击既有物质性的一面，如损害公众的生命财产、破坏城市设施、阻碍交通等；也有精神性的一面，如公众对事态严重性的担忧、对各种不确定性的焦虑、对责任主体的义愤等，很多情况下则是两者交织。对发生危机事件的城市而言，物质性的冲击主要来自城市内部，可以通过紧急救援、协同行动和社会动员等方式进行缓解；而精神性冲击的来源则内外兼具，一方面源自公众对自身生命安全和社会保障的担忧，往往体现为社会情绪出现波动，社会成员心理焦虑感上升，并通过媒体传播且相互激荡；另一方面则是来自城市内部和外部的各种负面舆论评价，使城市形象受损，城市安全感、社会信任度和道德美誉度等下降。在数字媒介环境下，危机事件对城市所造成的现实冲击，往往还会与历史上发生在本地或其他地方相类似的事件迅速关联，形成舆论评价上的比较和联系，加剧对城市形象评价的刻板化、联想化，甚至导致污名化的认知传播。数字媒介的知识库和信息库效应，在城市危机事件信息传播中形成的现实与历史联动，起到舆论发生器的作用，成为城市形象的特殊催化剂。然而，城市历史作为一种客观存在固然不容切断，但不同时期危机事件之间并不存在必然逻辑，因此应该断开个案关联，接续传承城市自强精神，以主体精神追求为核心支撑城市形象。在危机事件中树立城市主体精神是维护城市形象的基石，这需要将鲜活的个体、团结的集体和具有核心价值的文化共同体融合统一起来加以推动，并以历史与现实相贯通的精神脉络不断强化城市主体化解危机、战胜危机的智慧和力量。

危机处置过程中城市形象传播的困境

城市形象是公众对一个城市的总体评价或就城市的某一方面留下的深刻印象，是一个认识过程并由多重因素共同形成，除了通过身临其境、身处其中的直接体验获得之外，大多通过媒介信息传播和社会舆论反响形成。“形象传播既是形象主体通过媒介向受众施加认知影响的过程，又是受众根据自身社会交往需要，对不同社会主体进行认知建构的过程。”[①]因此，城市形象是一个综合性的建构过程。危机事件信息聚焦快、传播范围广，且伴生大量批评性舆论，往往使城市形象陷入信息负面传播、舆论消极蔓延、声誉负向消解的被动境地。危机事件一旦发生，必然给城市形象传播带来挑战，而城市应对危机的过程则是影响公众形成城市形象认知的关键。从公众对城市形象的识别、印证、判断、再现和强化等认知要素来看，危机事件处置过程中的城市形象传播面临着建构力不强、说服力不够、评价力不一、表现力不足和支持力不稳五个方面的困境。

（一）破立矛盾中的建构力不强

危机事件是“对一个社会制度的基本结构或者根本价值和制度范式所产生的严重威胁，在时间压力和不确定性的情况下，这一威胁使得关键选择的作出成为迫切的需要”。[②]因此，危机事件对于正常的城市生活往往有着破坏性的影响。随着公众对危机事件的关注与聚焦，危机事件将直接影响公众对城市形象的认知形成。从城市形象的价值树立和美誉塑造诉求出发，危机事件无疑是一个破坏性因素，容易放大城市在总体安全、治理水平、道德风尚、生态条件等方面的问题，产生毁誉效应，或解构城市以往形象的媒介表达与价值塑造。危机事件带来了城市声誉破与立的矛盾，这可以通过准确、快速、有效的处置行动来化解，同时可以树立城市治理效能和运行韧性的正面形象。但危机事件的诱发成因中所包含的主体责任的缺位或过失，亦使得城市面临形象建构力不强的问题，尤其是在危机应急处置中，若出现主体决策失误或不作为等导致危机应对不力的情况，往往会给城市形象带来“雪上加霜”的败誉效应，更使得城市失去形象修复或重构以及传播的机会。因此，应当把握公众对危机事件的关注带来的机遇，着力提升危机事件应急处置的科学性和时效性，不失时机地修复或重塑城市形象。

（二）势事反差中的说服力不够

危机事件的突发性、紧急性和高度不确定性，在造成社会广泛关注的同时，也对应急处置本身提出了高效率、高质量、高评价的要求，否则就不利于城市形象的建构与传播。从城市形象传播的持续性来看，危机事件的应急处置过程比事件本身带来的影响更广，只有应对措施及时有效，才能赢得公众认可，从而化解声誉受损的不利局面。从公众对消除事件不确定性的信息期待以及“消除各种不确定性传言所带来的信息困惑”[③]出发，公众往往会对危机应对进程中的阶段性进展给予持续关注。这种信息期待反映出媒体传播和舆论持续之势，如果相关事实信息披露及时准确且社会反应良好，就有利于形成城市治理决策科学、执行高效、救援善后和服务保障到位的事实说服力，有力印证和支撑危机应对中的城市声誉塑造。由于危机应急处置中“使用非集权决策而不是集权式的命令与控制”，[④]或因事件本身存在复杂性，在事件应对进展相对滞后的情况下，就会形成公众期待之势与应对进展之实的反差，暴露出城市形象在危中寻机中恢复声誉的说服力不够问题，带来舆论引导上的困难。因此，应准确把握事件应对时效，以能够赢得公众理解和信服的事实说话，这是增强政府公信、社会诚信、城市自信，进而提升城市形象说服力的关键环节。

（三）进退摇摆中的评价力不稳定

城市危机事件的发生及应急处置过程构成了公众信息关注和意见传播的焦点。在社会舆论的高度关注下，危机事件应对的每一个进程都会涉及公众的意见评价，这直接关系到城市的声誉和形象维护。从公众对危机事件应对的认知逻辑来看，虽然危机本身存在着不确定性，但进入应急处置流程后，对危机的控制及其所带来不利影响的逐步消除，构成了意见评价的基本维度。如果在危机应对中出现事实不清、责任不明、调查不细、控制不力、结论反复等情况，就会增加公众疑虑，亦会致使危机事件的应急处置陷入进退两难的摇摆之中，从而导致负面舆论不断发酵，给城市形象认知带来负面影响。这不利于为城市声誉的恢复和形塑提供稳定的评价导向。事实上，即便危机事件的应对治理进展顺利、信息发布及时准确，但是舆论传播复杂多变，难免会出现一些杂音和噪声，影响对城市形象的评价。城市形象传播的评价力不稳定，是危机事件处置过程中面临的普遍困境，也是最难应对的问题，因此须予以高度重视，力争处置过程无偏差，减少不必要的评价反复。

（四）扬抑两难中的表现力不足

危机事件处置中的舆论走向直接决定着城市形象的损与誉。一方面，危机事件发生及其应对不当的舆论批评集中暴发，直接损害城市形象；另一方面，危机应急处置中的态度、措施和进展的舆论认可和赞扬，会起到维护和树立城市形象的作用。在危机处置过程中，意见评价主体是多元的，内含复杂的评价动机和评价目的，除了各种官方机构、新闻媒体的报道之外，社会公众借助网络社交媒体的发声量巨大，在一定程度上成为影响舆论评价的主要因素。因而，在危机事件处置中，赢得公众口碑是城市形象维护、塑造以及传播的重要因素。危机事件具有的破坏性以及应急处置的复杂性，难免会引发公众的质疑甚或批评，同时危机应对主体的自我检讨或自我认可亦会引起舆论波澜，从而使得舆论陷入扬抑两难之中，导致城市形象的表现力不足。事实上，任何舆论评价都不会凭空产生，危机处置中的城市声誉的支撑与再现须多方要素共同推动，即公众认可的态度表达、有效的应对举措和事实的治理成效。在危机事件应急处置过程中，应以科学高效的应对行动增强城市形象表现力，同时应借助新闻媒体和具有舆论影响力人物的客观分析和理性评价的引导，形成“抑中有扬”“先抑后扬”的舆论格局。

（五）点面失衡中的支持力不稳

除大规模的疫情或全国性的公共事件之外，危机事件往往是社会生活中的某个“点”或某条“线”出现了问题，而不涉及城市整体系统的崩溃。虽然个别危机事件波及一定的范围和人群，舆论批评声浪很高，但并未影响城市的整体运行，社会生产生活秩序亦总体稳定。这就要求在危机事件的应急处置中，及时控制好“点”或“线”，将危机事件造成点线上的毁誉与城市面上的形象塑造区分开来，做到“失点不失面”，在事件负面点与总体稳定面之间保持一种舆论平衡，进而为城市形象的传播提供面上的正向支持。在危机引发的舆论关注下，由点及面的批评，抑或点与面舆论的失衡往往会损害城市形象，亦会致使城市形象的支持力不稳，甚或陷入负面评价的漩涡之中。因此，要在危机事件应对中突破城市形象支持力不稳的困境，除了避免应急处置工作本身的失误之外，还须广泛挖掘城市生活中的正能量，为城市形象的塑造提供生动鲜活的传播案例，强化城市形象的全面建构。

危机事件中城市形象传播的引导原则

对于城市而言，无论是现实社会层面上的突发性危机事件，还是因媒体传播而导致的舆论危机事件，都会给城市形象带来影响，社会公众会针对危机事件进行反思、评价或批评，其中不乏内含对城市建设、城市治理和城市道德风尚的负面评价，使城市声誉受到损害。有的甚至将极个别恶性事件直接标注为城市的某种认知符号，为城市贴上负面标签，对城市形象的塑造与传播造成严重干扰和破坏。危机事件影响下的城市形象传播，须在科学有效地应对危机事件的同时，秉持正确的舆论引导原则，从城市形象树立、维护、修复和建设的维度出发，坚持城市形象“自塑”与“他塑”的有机统一，有效把握城市形象塑造与价值建构的有利契机，锲而不舍地表达和展现城市克服危机的信心与韧劲。

（一）公开性原则

无论是社会个体还是社会组织，形象认知的基础在于信任关系的建立，无信则无以立。“人而无信，不知其可也。大车无輗，小车无軏，其何以行之哉。”（《论语·为政》）因此，立信、增信、互信、强信是贯穿城市形象管理的主线。危机事件打乱了社会秩序，并在一定程度上损害了社会主体间以及城市治理共同体间的互信关系，甚或形成失信或毁信的不良局面，而这种失信或毁信的舆论指责往往会蔓延，致使城市整体形象受损。立信是树立城市形象的基本出发点，不仅要明确态度，为公众重建信任关系奠定舆论引导基础，而且要以公开性为原则，主动打开危机的认知“黑箱”，做到自我反思、自责其责，为信任关系的建立提供事实和价值支撑。在危机事件处置过程中，治理主体应积极主动应对社会舆论，做好舆论引导，抓住重建信任关系的传播焦点，掌握舆论引导话语权。事实上，危机事件的处置是一个行动过程，危机生发原因的查明以及应对措施的实效检验等亦是一个过程，结论性信息的提供可能有难度，然而不影响应对主体首先明确坚定的态度，及时公开应急处置措施，以依法公开的政府诚信和治理协同的市民互信，为公众舆论树立起城市信誉。可见，坚持公开性原则，就是在危机事件引发的舆论批评中坚持精神自立和信任自塑。

（二）事实性原则

公众对城市形象的认知是一个动态过程，大都在自身累积的城市生活体验中形成，并经由媒体的城市叙事传播得到持续不断的深化。从城市文化共同体的角度来看，城市形象认知包含共同体成员内部认知与共同体外部认知及其相互联系的方面。换言之，作为城市文化共同体成员的市民群体兼有城市认知主体和传播主体的双重身份，即其既是城市形象的认知者和体验者，又是城市形象的塑造者和传播者。对于城市形象塑造与传播而言，危机事件本身就是一种叙事传播，再叠加舆论评价便会强化公众关注力，影响公众的城市认知。维护城市形象必须以真实可靠的叙事为基础，即以真实信息的及时公开发布，构建公众对城市危机事件处置的真实评价与信任。事实上，城市及时公开危机事件相关的事实信息，是构建与公众信任关系的基石，也是城市危机事件应对治理能力的印证，在城市形象的维护与塑造中起着决定性的作用。作为城市主体的市民既是事实的见证者，亦是事实和意见的传播者，是危机事件中城市形象评价、传播、维护和塑造的能动主体之一。因此，坚持事实性原则，除了充分发挥官方新闻发布事实性信息的供给功能之外，还要充分激发市民在事实传播中的主体性和建设性，以共克时艰的责任担当叙事共建城市凝心聚力的韧性形象，以危机事件的有效应对赢得公众对城市攻克危机、战胜挑战的信心。

（三）价值性原则

价值判断是基于事实判断基础上的主体性认知建构，既是构成公众意见表达的主要内容，也是公众对城市形象认识深化的过程。公众对城市形象的理解、认可和赞誉，本质上与自身的价值判断有着内在联系，只有当城市的价值表达及其追求目标与主体秉持的价值观趋于一致时，主体才能形成对城市形象的认同。在城市危机事件应对治理的背景下，对事件本身性质的评判以及对相关责任的追究都涉及价值判断，而这与国家法律、民族情感和社会道德的价值指向是一致的，这一共同的价值指向构成了公众舆论评价的基本坐标。因此，在危机处置过程中城市主体的价值表达是否鲜明，与社会发展的基本价值指向是否一致，对城市形象的塑造与传播有重要影响。危机事件的生发与处置过程，往往内含一定程度的矛盾，这会形成负面评价，甚或掺杂一些扭曲的价值，助长舆论批评的蔓延，不利于城市形象的正面传播。因此，在危机处置过程中必须坚持价值性原则，旗帜鲜明地树立并表达正确的价值准则，转舆论被动为舆论主动，建构与公众价值观一致基础上的同理共情，及时有效修复城市形象，通过寓情于理法的价值传播，搭建起城市治理共同体价值信任的桥梁，以负责任的共同担当塑造城市价值目标追求和市民主体昂扬向上的精气神。

（四）建设性原则

公众对城市形象的认知不是一成不变的。在时代发展的不同阶段，公众在对城市发展的期待和城市间比较中，形成了对城市形象的判断与评价，并随着经济社会的发展而逐渐丰富并得到沉淀。从主体对某一事物的形象认识过程来看，事物变化发展的内在趋向与外部进程，共同作用于主体的事物认知过程，进而推动主体实现自我认知建构与事物发展变化的有机统一。事实上，公众对城市形象的认识包含现状认识与发展认识两个方面，并以城市发展的动态结果来验证自身的认知判断。危机事件下，公众往往会结合自身以往认知及其预期的某种验证对城市形象形成新的意见性判断，随着危机事件处置的进展，公众对城市未来发展亦有着新的预期。因此，通过分析公众对事物发展的动态认知需求与发展过程可见，城市形象认知与建构是一个建设性的动态过程。危机事件带来的舆论关注与聚焦，在引发负面评价的同时亦可能为城市形象建设与传播提供机遇，若能及时识别并充分把握，着力在危机处置中推进城市发展的系统性完善，并以良好的治理成效回应公众需求，便会为城市形象注入正向传播的动能。因此，应坚持建设性原则，促进公众对城市发展的信心重塑，以发展的思维面对城市遭遇的危机，相信城市可以转危为机，从而共建美好城市形象。

危机事件中城市形象传播的策略优化

数字信息时代，危机下的舆论聚焦对城市形象的塑造与传播是一个重大的考验。对于公众而言，城市形象传播是一个长期的认知积累的过程，不是靠一时一事的信息传播就能形成的某种认知格局，但危机事件本身会对城市形象产生重大影响，且往往多为负面印象和评价。从表面上来看，人们对一个城市的印象主要是通过各个媒介的信息传播直接促成，因此危机下的舆论引导十分关键。但从根本上来看，构成城市形象认知的信息内容恰恰是靠城市的具体作为来支撑的，危机事件中的应对主体应将“说”与“做”有机统一，展现城市的主体精神和积极作为，在事实与价值层面上共同强化对舆论的有效引领，从而形成城市口碑和形象塑造的核心所在。因此，地方政府需要在不断提升城市应急管理能力的同时，以有效行动为事实基础，以城市精神为价值导引，从着眼大势、着手难事、着重担当、着力服务、着想共情五个方面，进一步优化危机事件应对中的城市形象传播策略。

（一）在因势而为中彰显治理效度

危机事件之所以引发舆论关注甚至带来负面评价，除了危机事件本身具有现实危害性、秩序破坏性或环境影响性等属性之外，公众对危机事件亦有着强大的信息诉求，如危机事件的发展和处置情况，以及由此带来的不确定性等。这种不确定性在引发种种猜测的同时，往往伴随着公众强烈的情绪表达，加之各种“包含或真或假的信息内容”⑤的持续注入，社会舆论便会迅速升温。对危机事件中所涉及的各种不确定性的消除，尤其是迅速恢复正常的社会秩序，既是危机应急处置的现实需要，也是城市形象治理的重要内容。能否就危机事件带给公众的疑问和困惑给出令人信服的答案，能否对事态的发展加以控制并采取有效措施予以补救等，是危机事件下城市形象治理的主要着眼点。这些着眼点事实上构成了危机事件下地方政府新闻发布的重要内容，可以通过持续性的信息动态发布，在满足公众信息知情诉求的同时，有效引导舆论关注。从传播的效果上来看，契合公众需要的危机及其处置信息最能够发挥舆论效应，如何在这些信息中充分体现城市的治理能力和治理水平，则是城市形象治理的关键所在。公众对城市在危机处理方法、效率、力度和结果等方面的评价，是构成城市形象的基础。只有通过城市治理效度的充分展现，才能在满足公众的信息知情诉求中，将城市形象以坦荡的胸襟、生动的叙事加以塑造和传播。

（二）在破解疑难中展现道德温度

对任何城市而言，危机事件的应急处置都是一个挑战，即使有过成功应对危机经验的城市，在新的事态面前也需要以“归零”的心态审慎面对。对于在以往危机处置中有过挫折的城市来说，则往往面临更大的舆论压力，须以更加审慎有为的行动努力在新的危机处置中重建自身形象，赢得公众的认同、信任和信心。政府要在危机处置中赢得公信力，关键要从处理危机事件造成社会秩序破坏的难事着手，尤其是解决好群众身边急难愁盼的事，在坚持法治原则的同时，充分展现道德温度，以融于法理的道德情感，实现舆论引导的道义力量。事实上，一个城市在危机事件的应急处置中需要投入大量的人力与物力，一方面，要善于把握好这些用力点在为民解难过程中的明显成效和民意回馈，将百姓的口碑作为城市的“奖章；另一方面，要将调动人力物力过程中社会各方的倾情付出加以展现，将社会生活中的大爱无疆与志愿精神刻写在城市跃动的生命节奏之中。在互联网传播时代，每个人既是信息的接受者、意见表达者，同时也是信息的传播者和形象塑造者，同理共情具有强大的舆论感染力，社会生活中的道德温度应成为危机事件中城市形象的道义标识。要通过危机处置中对人的关爱的彰显，将人民至上的政治理念与城市精神的价值实践统一于社会主体的努力作为之中，以事立人、以情感人，将城市形象以充沛的情感、鲜活的人物加以塑造和传播。

（三）在担当有为中把握问责尺度

在危机处置中，应将危机个案与社会常态加以区分，避免意见批评的范围无限蔓延，甚或加剧城市舆论环境的恶化。在查明事实、厘清责任的基础上，对相关主体采取问责等处理措施，不仅能够树立鲜明的法理标准和处置原则，强化社会成员履职尽责的意识；而且能够针对舆论对探究真相、查明原因、追究责任等普遍期待给出权威的回应，从而满足公众的知情权和监督权，同时起到平复社会舆论的效应。危机面前敢于担当，应急处置行动积极作为，是一个城市应有的治理能力的重要体现。但不能因急于平息负面舆论，在事实真相不清、责任主体不明的情况下，以草率切割、简单问责的方式予以处理，这种做法非但不能有效平息舆论，反而会使舆论进一步随着疑问的增加而持续升温。只有在事实真相得到彻底调查的基础上，危机事件得到了科学有效的处置，相关的责任主体得到了依法依规问责，才能起到正向引导舆论的作用。由于危机事件的类型及复杂程度存在差异，越是复杂的事件往往需要越长的调查时间，随着时间的推进，舆论发酵的程度也逐渐加剧，这就给城市形象治理带来了挑战。应对这一挑战，一方面，要将担当作为的态度和行动措施坚决地贯穿危机应急处置的始终，另一方面，要根据处置工作的进展把握好主体问责尺度，既不推诿塞责，也不无限放大，实事求是地厘清责任主体，依法依纪依规问责。在危机处置中，“要赢得公众的理解、信任和支持，既不能缩起头来躲避问责，也不能大包大揽照单全收，而是在责任担当中有法律底线，在事实澄清中有主体界线，在互动交流中有价值导向”。[⑥]要通过危机处置中的问责环节，强化公众对于城市主体担当作为的认知，将城市形象以果敢的担当、鲜明的法度加以塑造和传播。

（四）在服务有为中促进工作提质增效

危机事件往往会打乱社会面的现实秩序，给现有的社会机制运行和服务保障造成某种程度的阻碍，并暴露现实社会管理和服务中存在的某些漏洞或问题。在危机处置中围绕社会秩序的恢复、稳定与优化，进一步强化服务意识、提高服务水平、完善服务体系，不仅是有效处置危机事件须要实现的短期目标，更是提高城市发展质量、提升人民生活品质的长期发展诉求。因此，不断改进城市服务体系和服务效果，成为树立城市持续发展信心增进和形象塑造的重要支撑。在危机处置中应将公众的短期诉求与长期诉求统一起来，统筹考量特定人群诉求与全体市民利益，统合推进服务工作的单方面阶段性改进与系统化持续性改善，既重视立竿见影的速效，更重视推进建章立制的长效；既实施体现帮困救急的务实举措，又颁布彰显社会公平的善治良策，以不断优化的政府服务和社会服务赢得民心。事实上，城市服务的改进永无止境，更是一个动态演进的社会发展过程。应将公众对于城市生活优化的诉求和向往纳入城市发展规划，以城市服务的改进步伐不断见证美好生活的实现。坚持服务有为、着力改善民生，是冲破危机下城市形象传播困局的基本出发点。同时，应构建起公众对城市新认知的发展坐标，将城市形象以精准的服务、改进的面貌加以塑造和传播。

（五）在携手共为中提升情感浓度

城市的主体是广大市民，从推动构建治理共同体的理念出发，无论是城市的常态化运行，还是危机下的应急处置，地方政府都要充分调动广大市民携手共为的积极性，齐心协力、众志成城，共同为城市安全、有序、和谐、美丽尽一份责、出一份力。人心齐、泰山移。危机事件下的城市应急处置更需要社会各界人士的共同努力，将危机对社会秩序的负面影响降到最低程度，以城市主人翁的姿态投身到社会建设中，共克时艰、共渡难关、共享成果。这种城市主体间的团结协作就是城市凝聚力和向心力的展现，对于城市形象有着直接的形塑作用。尤其在重大自然灾害、事故灾难和公共卫生事件等面前，一个城市所体现出的携手共为、志愿互助的强大力量，既是战胜危机的根本条件，也是城市精神的价值所系。城市作为市民共同生活的空间，在共同的危机面前本身就构成了一个共情场域，地方政府需要在为群众生活着想、为城市明天着想的维度，着力提升广大市民的情感浓度，牢牢地将共同体意识贯穿危机处置的全过程。在危机引发的舆论热议中，以有效的社会动员激发城市主体的合理共情，充分发挥城市舆论自塑的主体作用。通过引导广大市民在危机处置中的主动参与和共同努力，以自我评价形成城市主体意见表达，将城市形象以市民的同心、强烈的归属加以塑造和传播。

（作者分别系南京市社科联党组书记、主席，南京市社科院院长，江苏省扬子江创新型城市研究院首席专家；南京审计大学外国语学院副教授。本文发表于《江海学刊》2023 年第 1 期。)

参考文献:

[1] 曹劲松 . 政府形象传播 [M] . 南京:江苏人民出版社,2012:5.

[2] 乌里尔·罗森塔尔,迈克尔·查尔斯,保罗·特哈特 . 应对危机:灾难、暴乱和恐怖行为管理 [M] . 赵凤萍,译 . 郑州:河南人民出版社,2014:11.

[3] 曹劲松 . 公共危机管理下的新闻发布与舆情处置:以新冠肺炎疫情公共卫生事件为例 [J] . 阅江学刊,2022(2).

[4] 罗伯特·希斯 . 危机管理 [M] . 王成,宋炳辉,金瑛,译 . 北京:中信出版社,2004:181.

[5] 曹劲松,曹鲁娜 . 突发公共卫生事件下的信息沟通与传播治理 [J] . 南京社会科学,2020(4).

[6] 曹劲松 . 舆论引导策略与方法 [M] . 南京:江苏人民出版社,2014:48.

数字经济与实体经济融合的基本逻辑及路径选择

郑琼洁　曹劲松

党的二十大报告指出："建设现代化产业体系。坚持把发展经济的着力点放在实体经济上，推进新型工业化，加快建设制造强国、质量强国、航天强国、交通强国、网络强国、数字中国。"[①]可见，发展数字经济，特别是促进数字经济与实体经济深入融合，壮大实体经济与现代产业体系已经成为我国重要的经济工作任务。国务院印发的《"十四五"数字经济发展规划》已明确将数字经济当作继农业经济、工业经济之后的主要经济形态，并且提出了2025年数字经济核心产业增加值占GDP比例达到10%的发展目标。当前，我国经济发展正面临需求收缩、供给冲击、预期转弱三重压力，中国新阶段的经济增长动力已经转向以数字经济为代表的新经济引擎，因此在这一历史时期研究数字经济与实体经济融合的基本逻辑与实现路径对于化解风险、稳定经济增长具有重要的理论价值和现实意义。

从数字要素的内生供给看，实体经济的大规模需求为数字技术依托实体经济的应用场景源源不断地提供有效的数据要素供给。从经济社会的需求层面来看，很多传统产业领域面临着日益严格的资源环境约束，亟须通过数字技术、数据要素赋能突破传统生产方式的瓶颈，通过再造生产流程、重塑产业格局、重构商业生态，从而进入新的增长阶段。因此，应充分利用由国内超大规模市场和完备产业体系所积累的海量数据，并结合我国供需创新碰撞制造的丰富应用场景，持续促进数字技术和实体经济融合的深度和广度。一方面，以产业数字化促进农业、制造业、交通、物流、金融、商贸等传统领域的转型升级，提升全要素生产率；另一方面，以实体经济为数据要素供给的不竭源泉，从需求端拉动数字技术和应用场景的迭代升级，做强数字产业化，打造数字经济核心产业国际竞争力。本文将从数字经济与实体经济融合的驱动因素、基本逻辑和路径选择三个方面展开研究。

一、加快数字经济与实体经济融合的时代驱动因素

数字经济是继农业经济、工业经济之后的主要经济形态，正深刻重塑着当前世界经济和人类社会面貌，已成为世界各国提升国家竞争力、建设现代化经济体系的新引擎[②]。如美国凭借领先的科学技术打造数字经济全球优势，欧盟以领先的数字治理规则打造统一的数字经济生态，英国依托数字政府完善数字经济整体布局等。我国同样十分重视数字经济的发展。习近平总书记强调，“要共同完善数据治理规则，确保数据的安全有序利用；要促进数字经济和实体经济融合发展，加强数字基础设施建设，促进互联互通；要提升数字经济包容性，弥合数字鸿沟”[③]，这为我国进一步推动数字经济创新发展、更好与实体经济融合指明了方向。数字经济与实体经济融合是助力我国高质量发展的重要举措之一，是历史演进的必然趋势、社会发展的客观规律和经济增长的自然选择。

（一）历史演进规律：数据成为最活跃生产要素

从历史演进来看，最活跃生产要素的变迁是主导宏观经济管理变革的基础力量，在特定的历史发展阶段，国民经济运行的资源配置主要围绕这一要素展开，而且这一要素一旦进入经济循环极易引发组织模式变革与技术扩散，甚至成为拓展经济增长可能性边界的主要来源[④]。如农业时代的土地，经济发展主要体现在土地扩张和农业产出的增加；工业时代的资本，经济发展主要

体现在资本积累和大规模标准化生产。

数据作为数字时代的关键生产要素，不仅丰富了劳动、资本、土地、能源、技术等既有生产要素的集合，更进一步改造各种要素，为各种要素重新赋能[⑤]。数字技术的蓬勃发展和快速普及，让人们的消费行为、社交形式、生产方式、支付手段乃至认知模式都发生了重大改变。哪怕刚开始社会大众将它作为例外情况看待与处理，但随着这种反常越来越多，意味着科学革命的发生，新的范式会逐步出现并最终代替原有范式，数字经济也会实现变革。

数字经济作为专有名词最早出现在 20 世纪 90 年代，但在 50 年代数字技术就开始成为支撑经济活动的动力引擎[⑥]。我国的数字经济萌芽于 1994 年的正式接入互联网，发展大致包括三个阶段：一是 1994—2002 年的“萌芽期”，数字服务领域开始萌芽，Wi-Fi 进入公众视野，出现腾讯、新浪等社交网站，为数字经济腾飞提供了技术准备；二是 2002—2012 年的“孕育期”，手机网民规模破亿，淘宝网购、微信支付和物流信息服务等新商业模式迅速崛起，为数字经济提供了丰富的数据；三是 2012 年至今的“蓬勃期”，数字经济发展水平逐渐成熟，特别在新冠疫情暴发后，数字政府、数字办公、数字旅游和数字丝路等有序发展[⑦]。

（二）社会发展趋势：数字经济引领社会效率提升

以数据要素和数字技术为支撑的数字经济，能够为推动实体产业转型发展提供新动能，对经济高质量发展具有重要作用。越来越多的数字技术融入社会经济中已成为当前发展的基本事实，也是未来社会发展的大趋势[⑧]。

在微观层面，数字经济已成为构建企业核心竞争力和突破发展瓶颈的基石[⑨]。数字经济正在颠覆传统企业的成本、价格、数量盈利模式，并通过范围经济和规模经济结合的方式创造除企业产品之外新的利润来源，扩宽企业规模，扩展企业市场范围，让企业之间的联系更加紧密[⑩]。数字经济通过范围经济与规模经济的结合、互联互通，扩大了市场规模；市场规模的扩大又将引发生产规模的扩张，这就改变了原有的单一的盈利模式，形成了多元化的盈利模式。

在中观层面和宏观层面，数字经济能实现行业及产业技术知识的高效交流、经验共享，非排他性知识可被企业免费获得，进而通过产生知识溢出效应降低整个产业成本，从而获得帕累托改进。从产业角度，数字经济有助于整合式协同创新，构建创新生态系统，带动整个产业链升级，实现协同创新发展。从生产要素角度，数字经济能实现更高层次的资源优化配置和新的资源配置方式，提高了规划和决策的科学性。在供需结构上，数字经济能推动生产方式模块化、柔性化、社会化转变，并重塑供给结构，挖掘有效市场需求，通过数字技术实现更高效的搜索和匹配，实现供给需求正反馈效应，从而优化供需结构[11]。在公共品供给方面，数字经济通过大数据技术帮助政府实现公共服务的精准供给、各部门之间的高效合作、加速政府与市场的融合，使市场和计划的融合得到完善，数据共享成为可能，政府可以更好地做出科学规划以推进治理体系和治理能力现代化[12]。

（三）经济增长动力：数字经济赋能经济高质量发展

随着大数据、区块链和人工智能在各产业中的广泛应用，数字经济深刻影响着经济、社会发展的各个方面，正以一种更加成熟的姿态成为未来世界经济发展的重要动力[13]。新古典经济学增长理论认为，经济增长的来源包括人力资本、物质资本等生产要素的优化以及生产效率的改善。数字时代，除了优化既有生产要素、提高生产效率、改善资源配置方式外，数据已作为新的生产要素纳入经济模型，全方位赋能经济增长。

第一，数字经济通过优化可投入要素的数量和质量，使产出增加。以索罗模型为例，传统经济主要通过增加要素投入或调整要素比例，即增加参数K、L或调整K、L投入比例，让产出接近产能（潜在GDP）。数字技术可以更为精准地将生产要素和生产资料再分配于不同部门，更好地保证经济增长对要素的持续性和充分性需求，并能形成规模效应，既可以增加可投入要素的数量，也能提高可投入要素的质量。

第二，数字经济以更丰富的生产要素和更高效的生产函数提高资源配置方式。一方面，传统经济增长模型通常只包含 K、L 两个关键变量，但随着人工智能、大数据、云计算等数字技术的发展与广泛应用，学者们考虑将一些新的要素纳入经济增长模型中，如在新增长核算框架中加入数据要素（D），构造生产函数 Y=Af（D，K，L）。另一方面，传统经济理论对于增长函数的假设非常严格，数字经济时代互联网等信息技术提高了信息或数据的边际产出，改变了增长函数的形式。同时，数字技术为产业带来的微观特性，如网络外部性、双边市场等，会引发总产出产生类似指数增长的情况[14]。

第三，数字经济通过技术进步改变全要素生产率。一方面，作为技术进步促进经济增长的“常规路径”，云计算、人工智能等新技术的涌现改善了生产效率，促进了经济增长。另一方面，商业模式的创新也在不断助推经济高质量发展。在数字经济背景下，中小企业能相对容易地进入市场，由此诞生出一些新的商业模式，这不仅能创造新需求，还能更精准地匹配供需两端，促进经济增长。

综上所述，数字经济促使数字要素和其他要素自由流通、精准匹配，优化了资源配置，使得产出尽可能靠近生产可能性曲线以及扩张生产可能性曲线。生产要素优化使生产点尽可能靠近生产可能性曲线，即在既定的条件下实现产出最大化，生产效率提升则是将生产可能性曲线外推，如此循环往复，相互迭代，最终实现经济长期高质量增长。

二、把握数字经济与实体经济融合的基本逻辑

新一轮科技革命引领人类社会进入数字时代，大数据、物联网、云计算等新技术广泛应用并融合渗透到各领域，成为引领经济高质量发展的重要引擎。党的十九届五中全会提出，推动数字经济和实体经济深度融合，打造具有国际竞争力的数字产业集群。数字经济和实体经济深度融合已成为我国能否实现经济高质量发展的关键性问题。数字经济与实体经济融合发展存在三重基本逻辑：技术生态圈的打造——创新逻辑、主体生产率的提升——增长

逻辑和场景适应力的拓展——应用逻辑。

（一）创新逻辑：技术生态圈的打造

数据资源是数字经济的关键生产要素，新一代信息技术是数字经济的核心技术，现代信息网络是数字经济的主要载体，三者构成了数字经济的技术生态圈，推动数字经济和实体经济的融合，通过创新催生新产业、新业态、新模式的涌现，进一步扩大有效供给。

第一，数据资源要素不断催生新产业。数据资源作为一种特殊的生产要素，具有可共享、可复制、可重复使用等多种特征，有别于土地、资本、劳动等传统生产要素对产出有一定的限制，数据资源可以为经济发展注入无限的投入。一方面，数据资源自身可以催生新产业。数据资源本身蕴含着极大的价值，在对原始数据进行采集、挖掘、清洗、加工、分析、应用的过程中，会衍生出包括数据设备供应、数据交易服务、数据产品、数据安全在内的多种新兴产业；另一方面，数据资源与其他生产要素结合催生新产业。数据资源融合其他生产要素，提高了高端生产要素的比例，使产品的生产要素发生重构，改变了产品形态从而催生新产业。

第二，新一代信息技术引领产业升级。大数据、云计算、人工智能等新一代信息技术为数字经济提供了技术支撑，通过赋能传统产业和技术创新牵引两种方式引领产业升级。数字经济通过新一代信息技术不断向传统产业渗透，逐渐打破传统三产的边界，促进新兴服务业向一产、二产深度融合，推动农业和制造业向高附加值方向延伸发展，促进产业结构优化升级。同时，新一代信息技术推动产品生产工艺的技术创新，降低生产过程中的能耗，推动产业向数字化、智能化方向发展，实现低碳化生产，促进产业绿色化转型。

第三，现代信息网络加速创新发展。一是现代信息网络可以促进数据资源利用和转换，数据资源通过现代信息网络进行共享和流通，可以加速其价值增值的过程，加快新产业形成的速度。二是现代信息网络可以深化新一代信息技术的渗透能力，增强数字技术的应用能力，加快引领产业转型升级。

三是现代信息网络具有强大的连接力、高度的融合性，不仅可以打破产业链上、中、下游企业间的垂直壁垒，还能打破企业与消费者间的横向壁垒，促进要素和产品自由流动，形成互融共通的产业生态[15]，从而催生创新。

（二）发展逻辑：主体生产率的提升

全球经济放缓，新一轮技术革命方兴未艾，只有提高全要素生产率才能推动经济持续健康发展，而数字经济作为新一轮科技革命的产物，已成为提高全要素生产率的重要途径。微观层面上，可以通过优化企业制造工艺、畅通企业生产流程、拓展企业经营范围来提高企业的生产效率；宏观层面上，可以通过提高市场资源配置效率、政府治理效率和社会再生产效率来提升整体经济运行效率，为高质量发展提供保障。

第一，在微观层面提升企业生产效率。其一，数字技术通过优化企业制造工艺，提高了产出水平。依托数字技术建造的智能车间、智慧工厂改变了企业生产制造的模式，实现了规划、生产、运营全流程数字化管理，大大提高了生产效率，保障了产品质量，提高了整体产出水平。其二，数字化载体可以使企业生产流程畅通，降低生产成本。现代通信网络、大数据平台等数字化载体为信息的高效自由流动创造了条件。在生产环节，缩短企业生产时间、减少中间消耗、提高资本周转率；在供应环节，通过电子商务平台加速金融、物流、仓储、加工及设计等供应链资源的数字化整合，有效降低企业生产成本。其三，数字经济活动通过拓展企业经营范围，扩大了生产规模。数字经济活动不仅可以消除传统经贸往来的物理障碍，突破地理区域的限制，拓展企业的经营空间范围，还可以通过提供海量的数据服务，让企业精准掌握消费者的需求，实现个性化、定制化生产，形成“长尾效应”，扩大市场规模，进一步引起企业生产规模扩大[16]。

第二，在宏观层面提升了经济运行效率。其一，生产、交换、分配和消费是经济社会再生产的四个基本环节，数字经济可以渗透各个环节，提高各环节的效率，同时精准衔接这四个单元使其高效贯通，进而提高整个社会再生产效率。其二，数字经济通过数据共享，使得政府和市场实现紧密连接，减少了两者间的信息不对称，有效克服市场配置中存在的盲目性，减少政府对市场资源的直接配置，引导要素自主有序流动，进而提高市场的资源配置效率[17]。其三，政府相关部门可以通过数字技术实时采集宏观经济运行的数据，了解市场情况，掌握风险动态，形成更加科学精准的经济研判，增强宏观调控的前瞻性和稳定性，提高公共品供给效率。

（三）应用逻辑：场景适应力的拓展

场景是数字经济融入实体经济的关键切入点，供给端和需求端通过场景实现精准对接，促进消费升级、产品迭代，数字技术与应用场景相互融合、相互作用，带动技术进步、产业升级。

第一，场景是连接供给与需求的纽带。在传统的经济体系中，企业是价值创造的主体，经济活动以产品导向为主，消费者仅仅只是被动地接受产品，企业出于成本考虑通常选择进行大规模批量化的生产，消费者的个性化需求往往被抑制。而随着数字经济的发展，以产品为导向的发展模式逐步被破除，转而向以用户需求为导向的模式转变。这一方面是由于在数字经济体系中，企业的产品通过嫁接具体场景，可以更好地和消费者需求进行匹配，提升产品价值，促进产品销售；另一方面是由于当消费者身处具体的场景之中，对企业提供的产品和服务可以形成最精准有效的评价，反馈给企业以推动其优化产品和服务。简言之，企业和用户通过场景实现有效链接，促进供需匹配。

第二，场景建设需要数字技术提供支撑。当前实体经济活动中场景的内涵和外延已经突破传统意义上场景的概念，场景的建设和管理都更为复杂，依靠自然人手工劳动不能建成适应现代社会经济发展的场景[18]。而大数据、区块链、人工智能、物联网等数字技术可以获取相关用户的性别、年龄、偏好、动机等多维度的个人数据信息，通过对这些数据进行处理整合及细致全面的分析，可以了解用户的整体情况和主要需求，为场景的建设提供参考依据。同时，数字技术可以维持场景全天候运行，既可以在线下提供实体化的服务，也可以在线上完成各种交易，无限拓展了场景空间。简言之，数字技术是现代化、专业化、多样化场景建设的基础支撑，并能进一步激活场景的功效，提高场景吸引力。

第三，场景适应力进一步驱动技术进步。产品和服务的创新，一方面取决于企业自身的创新能力，另一方面则取决于该产品和服务的实际需求及应用场景，如果产品和服务没有应用场景，不能被消费和使用，那创新便失去了意义。在数字技术的驱动下，网上购物、线上办公、智能问诊、数字化营销等各种数字化场景层出不穷，且处于不断变化更迭之中，相应的产品属性、服务性质也将随之发生改变，企业和消费者之间通过原来场景建立的供给和需求的匹配关系将不再适用。这将迫使企业借助各种数字技术，针对变化的场景做出动态的、即时的调整，为适应新的场景创造出更加匹配的产品和服务。简言之，场景变化产生的适应需求进一步体现了数字技术的价值并反作用于企业，推动其创新，为经济发展注入新的动力。

三、推进数字经济与实体经济融合的路径选择

数字经济是以数字技术为支撑的新经济形态，正在通过改造传统产业、加速新兴产业形成来带动产业结构升级。具体而言，数字经济可以从生产方式、经营方式和流通方式方面促进农业产业优化，从研发设计、智能生产和销售管理方面促进工业产业优化，从创新服务模式和丰富服务内容方面促进服务业优化[19]。由于数字经济的技术特征使得数字经济与实体经济融合过程会经历“数字供给创造融合需求”“融合过程寻求支撑保障”“数字需求拉动进一步融合”等三个过程。其中，数字技术、数字制度和数字思维会逐渐发展和完善，直至数字经济完全融入实体经济中，数字思维深根植入人们的生产和消费活动中。因此，数字经济与实体经济融合的实现路径也应当遵循这样的发展规律，循序渐进地完成“技术供给支撑体系”、“需求融合拉动体系”和“运行融合保障体系”的构建并形成“数字技术—数字保障—数字思维”三位一体的三螺旋结构，促进经济、社会向更高层级、更高质量发展。

（一）以“数字技术、数字人才、数字政策”构建数字经济与实体经济融合的供给支撑体系

在数字经济与实体经济融合发展的第一阶段就需要创造更多的数字供给，包括数字技术供给、数字人才供给和数字政策供给，打造强有力的数字供给支撑体系。第一，加快核心科学技术创新，促进科技成果转化。1. 加大 5G、人工智能、大数据、云计算、区块链等共性技术的研发投入，以基础学科和共性技术的突破加深数字经济与实体经济的融合，并实现数字经济为实体经济广泛赋能，推动生产过程数字协同化。2. 加强“卡脖子”技术攻坚。支持链主企业积极开展核心技术攻关，鼓励探索下一代“无人区”科技，推动数字产业的形成和发展。加强政产学研联动，开展关键核心技术的攻关，引导集成电路、人工智能、新能源等战略性新兴产业的链主企业与高校、科研院所和行业上下游企业合作，共同组建创新联合体。3. 促进基于数据要素的成果转化。数据要素的高效配置是推动数字经济产业发展的关键一环。促进数字技术开发者、数据产生者、数据拥有者和使用者共同参与科研成果的融合应用，联合多方科研力量持续强化新一代关键数字技术的研究，创造更多数字要素的应用场景。第二，加快数字人才培养引育，激发创新持续动能。1. 加强数字人才生力军建设。鼓励企业自主引进数字经济高端人才；联合高校做好本科生和研究生复合型数字人才培养工作，鼓励高效跨学科领域培养数字经济人才。2. 完善数字经济人才培育机制。一方面，鼓励企业与高校、科研院所、培训机构等共同开设数字经济培训班，设置专门的数字人才专题培训，高质量、高标准培育数字人才；另一方面，充分发挥企业数字人才的实战优势，集中选送企业数字经济专业人才和数字化管理人才到高校、科研院所兼职，支持企业与高校、科研院所合作建立数字经济高校毕业生实践实训基地。3. 优化数字经济人才发展环境。建立不同行业、不同领域的数字人才数据库，完善数字人才引进政策，提升数字经济专业人才精准支持力度；对于数字经济“卡脖子”型人才，通过探索“揭榜挂帅”政策，进一步破解数字经济与实体经济深度融合的人才瓶颈，增强数字经济高质量发展的内生动能。第三，优化

完善数字经济政策，提升政策实施绩效。1. 加大数字基础设施的政策支持力度。加快推动网络基础设施建设，扩大数字网络覆盖，实现互联互通；支持前沿共性数字科技服务平台建设，推动服务平台业务拓展与应用推广。2. 探索促进数据资源开放共享的政策合力。推动工商、税务、商务、科技、经信、交通、电力、自然资源等政府部门将不涉及国家安全的公共数据向企业、社会公众开放，加快建立与完善政府公共数据开放共享制度；完善数据采集规范和标准，建设数据开放共享公共服务平台，提高数据的社会开放度；充分汇集供应链、产业链、创新链等数据资源，推动数据的开放共享以及深度应用。3. 强化基础科学研究和核心技术突破的政策激励。梳理数字经济相关基础科学研究和核心技术的重点突破清单，加大对清单内技术研发投入的支持；依托国家科技重大专项、国家重点研发计划等科技计划，加强对基础科学研究和核心技术突破的支持，科学、准确地跟踪评估计划实施成效。

（二）以“数字生产、数字生活、数字场景”构建数字经济与实体经济融合的需求拉动体系

在数字经济与实体经济融合发展系统中必须保证数字经济的发展活力，在市场思维下打造数字生产、数字生活和数字场景有序开发的数字经济需求拉动体系。第一，发挥市场主导、政府引导的双重作用，以智慧城市建设场景为总牵引，促进数字技术与实体经济深度融合。1. 以行业需求为导向，对产业发展进行市场化科学分析，鼓励成长中的创新型数字企业与转型中的传统产业企业结对协同发展；寻找新的生产方式和转型方向，打造具有行业特色的数字技术应用场景。2. 围绕数字金融、数字商务、数字贸易、数字文化等领域，构筑数字经济产业生态圈，推动市场趋势变化和产业结构升级相互促进、市场信息和市场资源有效整合、传统产业和产业链协同改造，加快发展数字消费业务、打造国家化数字消费商圈、做实数字生活服务，全面提升企业对数字经济的获得感。3. 推进产业大脑建设，选择优势行业开展应用试点，探索产业大脑的基础架构、运行机制、管理模式以及业务场景等，形成

可复制、可推广的模式与经验。第二，推动数字经济统计、交易体制建立，明确数字社会化发展方向。1. 推动数据交易市场发展，培育壮大数据交易服务企业，建立数据资产价值评估体系，健全和完善数据交易产业链。2. 健全和完善数字经济统计体制，明确数字经济产业的边界划分，同时做好数字产业指导目录的编制研究。按照标准的统计口径健全数字经济的统计分类目录、运行监测体系和其他相关指标体系。3. 树立主动服务的数字化思维，建议在政府机关内部设立“首席数据官”，以数据的思维方式拓展数据的应用场景，将部门数据主动应用到为人民、为企业办事上，主动拓展数字技术应用场景。第三，打造数字生活消费新场景，拓展数字生活新思维。1. 要引领消费升级，培育高品质数字生活。以实现“丰富线上生活服务新供给”“满足线下生活服务新需求”“打造数字生活消费新场景”等为目标，聚焦新兴消费领域，大力培育生活需求的服务平台。2. 促进生产与需求的精准对接，推动高质量的微观经济发展。探索精准响应消费需求的个性化定制新模式，通过互联网等信息技术建设网络化开放式个性化定制平台实时对接客户个性化需求；创新服务模式和商业模式，以共性服务平台为用户在线提供产品定制等服务。3. 进一步融合数字应用需求和数字技术供给，拓展数字经济发展可能性。更加有效地利用数字经济打破供给与需求双方的界限，改善信息不对称、降低交易成本，提升消费者剩余与企业利润空间，实现数字经济生态圈的共赢。

（三）以“数字金融、数字立法、数字安全”构建数字经济与实体经济运行保障体系

在数字经济与实体经济融合发展的全过程都必须保障经济稳定有效运行，在危机意识中打造数字金融、数字立法和数字安全有效推进的数字经济运行保障体系。第一，为数字经济与实体经济融合提供现代化、数字化的创新型金融支持，打通融合的融资“堵点”。1. 加快金融业改革创新，不断推出适应科技创新需求的产品和服务；既要引导银行等传统金融机构优化信贷结构，为科技创新提供充足资金支持，也要更好发挥多层次资本市场作用，完善促

进科技创新的直接融资体系，拓展市场主体融资渠道，更好满足创新型中小企业的发展需求。2. 发挥金融“四两拨千斤”的助推作用，通过设立数字转型专项贷款、数字产业发展基金等形式，为推动数字经济和实体经济融合发展提供关键资金支持，给传统产业注入新动能、新活力，最终推动实体经济发展迈向更高质量，真正实现金融与实体经济的共生共荣、共同成长。3. 促进金融科技的发展，进一步提升金融数字化程度，创造更平等的获取金融资源的机会，并从提升金融体系效率、提高智能风控水平和增强金融服务实体经济能力三个方面有效遏制金融风险。第二，完善数字经济领域的法律规范体系，提升综合治理效应。1. 健全相应的司法保障机制。充分运用数字化共性科技手段探索智慧司法新模式；通过建立系统集成、数据集成、功能集成于一体的在线诉讼平台，实现便捷、高效、公正的司法服务；积极探索“区块链 + 司法”新模式。2. 建立精准、协调、有效的监管治理体系。行业垄断、数据滥用、算法操纵、技术性拒绝等数据风险对传统监管治理方式提出了挑战，亟须创新监管思维，借鉴先进监管手段，构建精准、协调、有效的监管治理体系。要探索关于数字经济监管的新路径新方法，持续完善以《反垄断法》《反不正当竞争法》等为主体的法律体系，加强数字经济行业与平台监管的顶层设计，进一步完善分领域、分行业的数字经济监管，加快建立全方位、多层次、立体化的监管体系。3. 注重数字经济领域法律与已有法律衔接。切实推动数字经济政策落地落实，从规定政府法定义务与法律责任角度，在规划、财政、产业、预算、税收、投资、人力、融资和资源等各个环节做好支持数字经济发展的政策保障。第三，打造安全可靠的数据治理体系。1. 完善数据生产与流转过程的管理。在规范数据隐私安全保护的基础上，加快完善数据资源采集、处理、确权、使用、流通、交易等各环节的制度法规和机制化运营流程。建立原材料、装备、电子信息等行业信息库，打造分类科学、分级准确、管理有序的数据治理体系。2. 提升数据安全技术的应用。突破数据要素流通关键技术，建设大数据安全共享与开发利用平台；大力支持数据服务模式创新，鼓励更多数据服务型企业开展数据标注业务，支持众包、外包等数据创新型标注组织模式。3. 试点建立数据交易平台。培育数据交易机构，探索数据衍生品的增值开发和数据资产评估等新业态新模式；同时，加快建立和健全数据流通与交易行为的管理规范。

（作者分别系南京市社会科学院研究员，江苏省扬子江创新型城市研究院专家；南京市社科联党组书记、主席，南京市社科院院长，江苏省扬子江创新型城市研究院首席专家。本文发表于《江苏社会科学》2023 年第 1 期。）

参考文献：

[1] 习近平．高举中国特色社会主义伟大旗帜为全面建设社会主义现代化国家而团结奋斗——在中国共产党第二十次全国代表大会上的报告［M］．北京：人民出版社，2022：30.

[2] 张帅，吴珍玮，陆朝阳，张娜．中国省域数字经济与实体经济融合的演变特征及驱动因素［J］．经济地理，2022（7）．

[3] 习近平出席二十国集团领导人第十四次峰会并发表重要讲话［N］．人民日报，2019-06-29.

[4] 陈昌盛，许伟．数字宏观：数字时代的宏观经济管理变革［M］．北京：中信出版社，2022：2.

[5] 白永秀，宋丽婷．数字经济对经济活动影响的政治经济学分析［J］．兰州大学学报：社会科学版，2021（4）．

[6] 石勇．数字经济的发展与未来［J］．中国科学院院刊，2022（1）．

[7] 彭红枫，梁子敏．“双循环”新发展格局的金融支持研究［J］．经济与管理评论，2021（5）．

[8] 任保平．数字经济引领高质量发展的逻辑、机制与路径［J］．西安财经大学学报，2020（2）．

[9] 杨新铭．数字经济：传统经济深度转型的经济学逻辑［J］．深圳大学学报：人文社会科学版，2017（4）．

[10] 江红莉，侯燕，蒋鹏程．数字经济发展是促进还是抑制了企业实体投资——

来自中国上市公司的经验证据［J］. 现代财经：天津财经大学学报，2022（5）.

[11] 赵志君. 数字经济与科学的经济学方法论［J］. 理论月刊，2022（2）.

[12] 何大安，许一帆. 数字经济运行与供给侧结构重塑［J］. 经济学家，2020（4）.

[13] 陶金元，王晓芳. 数字经济驱动创新发展的挑战与对策［J］. 宏观经济管理，2021（6）.

[14] 杨栋，张宇婷，胡登峰. 数字经济赋能高质量发展路径研究——基于长三角一体化中心城市的组态分析［J］. 华东经济管理，2021（10）.

[15] 荆文君，孙宝文. 数字经济促进经济高质量发展：一个理论分析框架［J］. 经济学家，2019（2）.

[16] 王佳元. 数字经济赋能产业深度融合发展：作用机制、问题挑战及政策建议［J］. 宏观经济研究，2022（5）.

[17] 任保平，何厚聪. 数字经济赋能高质量发展：理论逻辑、路径选择与政策取向［J］. 财经科学，2022（4）.

[18] 左鹏飞，陈静. 高质量发展视角下的数字经济与经济增长［J］. 财经问题研究，2021（9）.

[19] 陆岷峰. 新格局下强化数字技术与实体经济融合发展路径研究［J］. 青海社会科学，2022（1）.

[20] 迟明园，石雅楠. 数字经济促进产业结构优化升级的影响机制及对策［J］. 经济纵横，2022（4）.

非物质文化遗产的保护机制与活化路径

林　琰　李惠芬

非物质文化遗产是以人为核心的文化遗产，是一个国家和民族历史文化成就的重要标志。随着全球化进程的加速，文化多样性受到了严重威胁，非物质文化遗产保护成了联合国教科文组织关注的重要对象之一，并于1987年正式被确定为保护对象。保护好、传承好、利用好非物质文化遗产，关系着中华民族的未来。我国非物质文化遗产丰富，是联合国教科文组织《保护非物质文化遗产公约》的最早缔约国之一，党和政府对非物质文化遗产保护非常重视，2003年，我国的非遗保护工作正式启动。党的十八大以来，以习近平同志为核心的党中央对非遗保护的重视程度进一步提升，将非遗保护融入了乡村振兴、"互联网+"、可持续发展、文旅融合等国家战略；融入了国家《"十四五"文化发展规划》等文件。在新时代开展"探究如何处理好非遗保护与旅游开发之间的关系，实现非遗从回归生产实践向融入现代生活的转变；探索非遗保护的创新发展模式、寻找可复制的非遗保护利用方案、建构具有中国特色的非遗保护理论"等研究，对构建符合中国实际的非遗保护体系、创新非遗保护治理路径具有较大的现实意义与理论价值。本文立足于推动非物质文化遗产活态传承的时代性课题，搭建了价值功能分析框架，对非遗发挥其"象征性符号"在历史上的传承作用、"独特性资源"在丰富精神生活上的作用、"工具性商品属性"在开发中的作用进行了阐释，提出了在过程性保护中高质量提升非遗存续力的创新路径，为非遗保护研究与实践提供了可供参考的理论依据与鲜活案例。

一、非物质文化遗产保护理论的拓展

非物质文化遗产是人类文明的重要瑰宝，在批判性研究与文化实践中，提出了“非物质文化遗产”概念，厘清了“原真性”“活态性”等非遗本质特征，产生了“生产性保护”等方式，这是文化遗产保护理论的一次飞跃。从无形文化财到非物质文化遗产，非遗保护理论在实践进路与学理思考、规范解析中不断完善。

（一）非遗概念演变：从“无形文化财”到“非物质文化遗产”

“非物质文化遗产”概念在学者们的批判性研究与大众的文化实践过程中，经历了从无形文化财、民间传统文化、人类口头和非物质遗产、非物质文化遗产的历史演变，完成了知识建构，这为非遗在当代及未来的再生产方式、非遗保护中不同主体的行动逻辑等提供了学理上的支撑。[①] 1950 年，日本首次提出了“无形文化财”概念，此后，韩国、法国等国家对包含传统戏剧、音乐、工艺技术及其他无形文化载体的无形文化财开展了保护实践。1977 年，联合国教科文组织在遗产保护第一次中期计划（1977—1983）中首次将文化遗产分为“有形”和“无形”两种类型。1989 年，联合国教科文组织通过的《保护传统文化和民俗的建议案》提出了“民间传统文化”概念，将其定义为“是文化团体基于传统创造的全部，通过群体或个人表达出来，被认为是就文化和社会特性反映团体期望的方式；其标准和价值是通过模仿或其他方式口头流传的。其中，其形式包括：语言、文学、音乐、舞蹈、游戏、神话、礼仪、习俗、手工艺品、建筑及其他艺术”。[②] 1998 年，《人类口头和非物质遗产代表作条例》对“人类口头和非物质遗产”进行了定义，这一概念仅在原“民间传统文化”定义中增加了“传统形式的传播和信息”这一形式，其余内容基本一致。2001 年，联合国教科文组织正式用“非物质文化遗产”这一新名称取代了“人类口头和非物质遗产代表作”。2003 年，《保护非物质文化遗产公约》首次以法律形式对“非物质文化遗产”进行了定义：“被各群体、团体、有时为个人视为其文化遗产的各种实践、表演、表现形式、知识和技能及其有关的工具、实物、工艺品和文化场所。各个群体和团体随着其所处环境、与自然界的相互关系和历史条件的变化不断使这种代代相传的非物质文化遗产得到创新，同时使他们自己具有一种认同感和历史感，从而促进了文化多样性和人类的创造力。”[③]该概念强调了人、物、环境的统一性。此后，作为联合国的法规性概念、指导实践的框架性概念，非物质文化遗产一词在全球范围内得到认可并作为不同国家与地区的本土化概念使用，非遗保护成了保护文化多样性的重要实践。2005 年，依据《保护非物质文化遗产公约》，结合我国非遗保护实践，国务院办公厅在《国家级非物质文化遗产代表作申报评定暂行办法》中将非遗定义为：“各族人民世代相承、与群众生活密切相关的各种传统文化表现形式（如民俗活动、表演艺术、传统知识和技能，以及与之相关的器具、实物、手工制品等）和文化空间。”

（二）非遗保护理念变迁：从“原真性”到“活态性”

随着研究与实践的深入，当代西方保护理论将原真性作为遗产保护的价值判断，强调应从关注遗产美学与历史真实性向关注主观的判断与价值观转变[④]，这一理念的转向为非遗保护从关注“物”向关注以人为核心的“活态遗产”转变提供了理论支撑。1964 年的《威尼斯宪章》在国际上最早将“真实性”“完整性”作为文化遗产保护的基本准则之一，该准则对非遗保护产生了重大影响。“原真性”是对文化遗产历史真实状态的一种理论呼应，但在“活的财富”这一语境下，仅从客观的历史真实性这一标准判断非遗的价值已不能满足理论与现实需求。“活态性”是非物质文化遗产区别于物质文化遗产的关键特性之一。一是强调了非遗守护者和创造者的重要作用。1993 年，联合国教科文组织通过了建立“活的人类财富”的建议案，将“在表演和创造非物质文化遗产具体要素时所需的知识和技能方面有着极高造诣的人”确立为“活的人类财富"[5]，并于 1994 年启动了"活的人类财富"行动计划。2000 年，联合国教科文组织开始实施"人类口头和非物质遗产代表作"计划。二是作为非遗活动主要场所的"文化空间"成为非遗保护的重要范畴。国外学者对非遗"文化空间"进行了持续多年的辩论，非遗保护理论研究中对非遗持有者（创造者和实践者）在文化空间中的中心作用达成了基本共识。《传统文化和民俗的建议案》要求"创建博物馆或在现有博物馆中开辟民俗区，从而使传统通俗文化得以展示"。《人类口头和非物质遗产代表作申报书编写指南》对文化空间进行了明确定义："这种空间可确定为民间或传统文化活动的集中地域，但也可确定为具有周期性或事件性的特定时间；这种具有时间和实体的空间之所以能存在，是因为它是文化现象的传统表现场所。"[6]"社区"是非遗项目认定的必要条件，《保护非物质文化遗产公约》更注重非遗生命力的延续与文化传承的过程性，是国际上第一个高度承认"社区参与"必要性的文化遗产条约。这一保护理念的转变，也为实施非遗整体性保护提供了依据。此后，社区参与不足、政府部门过度干预、商业化过度开发等非遗保护的主体性问题成了非遗保护理论研究的重要内容。

（三）非遗保护理论嬗递：从"抢救性保护"到"生产性保护"

"非物质文化遗产"作为联合国教科文组织指导实践的框架性概念，完成了从工作文件术语到学术文献概念，再到实践指南工具的演变，在多重转换、生成之间[7]推动非遗保护实践与理论的不断完善。我国确立了以"保护为主，抢救第一，合理利用，传承发展"的非遗保护方针，推动非遗保护从"抢救性保护""整体性保护"，再到"生产性保护"的进阶。抢救性保护是对濒危遗产的一种紧急保护，随着非遗保护实践的深入，向预防性保护转变已成为非遗保护的一种趋势。整体性保护是我国的一个创造性举措，强调的是从系统角度保护非遗，2004 年，刘魁立在我国最早提出非遗保护要坚持整体性原则；2005 年颁布的《关于加强我国非物质文化遗产保护工作的意见》提出要"坚持非物质文化遗产保护的真实性和整体性"，此后，文化生态区建设成为了非遗整体性保护的重要方式。生产性保护强调的是资源转化与创新，注重的是“发展性”与“活态性”。2006年，王文章首次提出了“生产性保护”概念，学者们对“在生产实践中通过资源性转化推进非遗保护、实现保护与经济社会协调发展的良性互动”达成了共识。2012年颁布实施的《关于加强非物质文化遗产生产性保护的指导意见》正式明确了生产性保护的概念：“是指在具有生产性质的实践过程中，以保持非物质文化遗产的真实性、整体性和传承性为核心，以有效传承非物质文化遗产技艺为前提，借助生产、流通、销售等手段，将非物质文化遗产及其资源转化为文化产品的保护方式。”⑧非遗是一种源于民间的活态文化，非遗保护是一个动态的、全方位的、多层次的生态系统，将非遗融入生活、实现共享、保护文化多样性、推动可持续发展成为生产性保护理论研究的重要内容，不同学科的学者将研究内容聚焦于非遗数字化、非遗与旅游融合发展、多维“融活”场景搭建等领域，并开始对非遗保护理论进行反思。但总体而言，我国在将“非物质文化遗产”从实践概念转向学术概念的过程中，对非遗保护的“原真性”“生产性”“生活性”等理念与内在逻辑的学术阐释、非遗保护价值功能的理论阐释、非遗保护理念与发展模式创新的学理思考等研究还相对薄弱。

二、非物质文化遗产的价值功能解析

非物质文化遗产源自人民群众的生产生活，在中华优秀传统文化传承与弘扬中占据重要位置。遗产保护与文旅融合在发展目标、价值功能上存在一致性。从价值传承系统来看，在赓续中华文明中，非物质文化遗产通过技艺、文学、艺术等形式，成了中华文明绵延传承的生动见证；在文化强国建设中，非物质文化遗产通过群众参与、合作、交流等形式，丰富了人民群众的精神生活，成了涵养社会主义核心价值观、坚定民族文化自信的重要源泉；在共同富裕进程中，非物质文化遗产承担了文化生产的工具功能，通过深化资源转化、扩大传播等方式，实现了社会效益与经济效益的双效统一。可见，非物质文化遗产的历史价值、文化价值与经济价值在可持续发展中相辅相成，文化价值与经价值是非物质文化遗产在当代社会发展中活态发展的表现，历史价值是文化价值与经济价值的根，三者构成了非遗价值传承系统（如图 1 所示）。

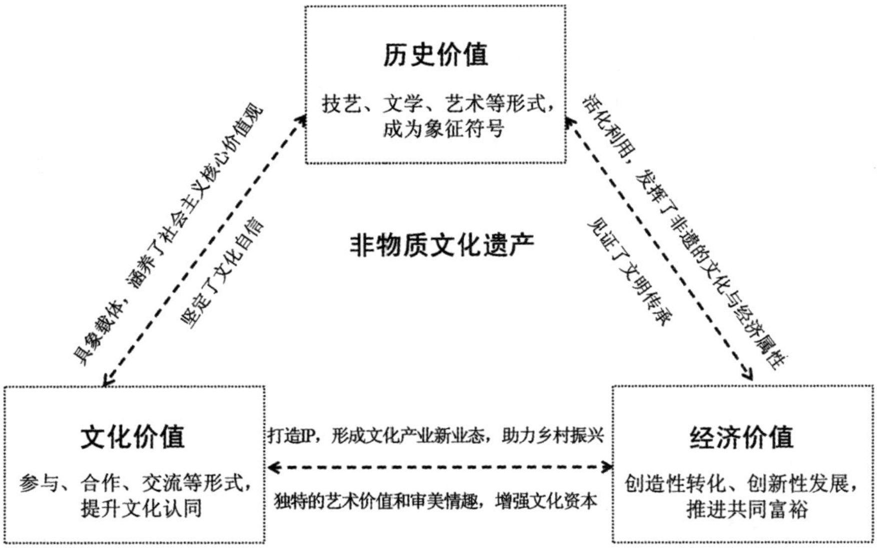

图 1　非物质文化遗产价值传承功能关系图

（一）历史之维：有利于赓续中华文明

中华文明是世界上最古老的文明之一，也是世界上唯一没有中断过的文明形态。千百年来中华民族始终保持统一完整，中华文明始终赓续不断，除自然地理因素外，主要的原因是中华传统文化一直传承、延续、发扬光大至今。中华传统文化以其顽强的生命力、包容性的同化力、变革性的创造力和民族历史意识，成为中华文明架构主体和绵延不断的重要支撑，而非物质文化是其极其重要的组成部分。回看中华文明史，从史前仰韶文化彩陶，龙山文化蛋壳黑陶，到秦汉原始青瓷，再到唐宋以后官窑瓷器，陶瓷及其蕴藏的文化密码已成为中华文明的符号，中国的代名词。从仰韶文化、荥阳青台文化遗址中发现的丝织物，到商周、春秋丝绸发端，到唐宋江南丝业大兴，再到明清丝业鼎盛，以及以此为织物的“四大名绣”、金陵云锦，传统丝绸及刺绣成为畅销世界的中国标识。由此，秦汉以来形成的陆路和海上交通商路也被命名为“陆上丝绸之路”和“海上丝绸之路”。再从唐卡、敦煌壁画，到口头说唱《格萨尔王》、蒙古族长调民歌；从传统戏曲京剧、昆曲、越剧、黄梅戏，到春节、中秋、端午、重阳等传统节日，悠久的历史孕育出无数瑰宝，串成中华文明历史长河中的绚烂彩带，铸就成中华民族不朽的根与魂，汇聚成为中华民族文化认同的集体记忆。我国目前共有 43 个项目入选联合国教科文组织非物质文化遗产名录、名册，入选项目个数位列世界第一。各民族各类非遗代表性项目 10 万余项，其中列入国家级非遗代表性项目 1557 个，非遗传承人 3062 名，非遗成了联结民族情感、维系国家统一的重要基础，成了中华文明绵延传承的生动见证。

（二）文化之维：有利于增强文化自信

文化是一个国家一个民族的灵魂，文化强则国家强，文化强则民族强。习近平总书记多次强调：中华优秀传统文化是中华民族的精神命脉。党的十九届五中全会明确提出了到 2035 年建成文化强国的远景目标。文化是精神的载体，精神是民族的灵魂，建设社会主义文化强国是实现大国崛起、民族复兴的基础支撑，大力发展社会主义文化不仅为推进这一历史进程提供了有力思想保证、精神动力，还发挥着重要的引领作用。从先秦、秦汉中国传统文化的奠基，至大汉雄风、盛唐气象、雅韵两宋，中国传统文化无论是道德哲学、书画音乐、诗词歌赋、武术医术还是造纸、印刷等文化技术，可谓万千气象，灿若星河。至元、清，虽少数民族入主中原，却依然为中华文化强大的包容性所同化。进入新的历史时期，实现民族复兴，大国崛起已进入不可逆的发展阶段，更需要大力发展社会主义先进文化，建设好中华民族共同的精神家园和情感纽带。发展社会主义先进文化，保护和传承包括非遗在内的传统文化有着不可替代的作用。非遗的本源是文化，中华传统文化中尤其是精神遗产中的价值追求、道德理想、人文精神等，与中国特色社会主义文化一脉相承。从浩如烟海的古代典籍中不难发现，“先天下之忧而忧，后天下之乐而乐”“苟利国家生死以，岂因祸福避趋之”的家国情怀；“中也者，天下之大本也；和也者，天下之达道也”“和为贵”的和谐大同；“诚者，天之道也；思诚者，人之道也”“君子之修身也，内正其心，外正其容”的仁爱礼仪、诚信守正；“圣人无常心，以百姓心为心”“为政之道，以顺民心”的民生为本，以及“遥闻爆竹知更岁，偶见梅花觉已春”“八月十五云遮月，正月十五雪打灯”的民族民俗表达等，都是坚定民族文化自信、实现文化自强、繁荣发展社会主义先进文化的重要基础。此外，非遗的文化属性和活态存在，使之具有独特的艺术价值和审美情趣，是唤醒民族传统生活的具象载体，尤其在现代化、城市化进程中，精神空间被严重挤压，非遗已成为人们寻根、怀旧的传统表达和多样性文化诉求的重要途径。

（三）经济之维：有利于促进共同富裕

习近平总书记指出：“共同富裕是全体人民共同富裕，是人民群众物质生活和精神生活都富裕，不是少数人的富裕，也不是整齐划一的平均主义。”[⑨]可见，文化在推进共同富裕进程中发挥着重要作用。文化既具有政治属性，又具有经济属性，文化发展是“五位一体”总体布局的重要组成部分，在总体布局中起着基础性、支撑性作用。新时代中国特色社会主义建设实践充分证明，中华优秀传统文化的保护、传承、弘扬，对社会的文明、进步、健康、和谐以及经济的可持续发展起着巨大的促进作用。其中，非物质文化遗产在文化认同、民族意识、人文精神、价值理想、行为导向等方面提供了积极的借鉴作用；作为战略性资源，非遗在城市更新、社会治理、民生改善等方面发挥了重要作用。而且，在探索可持续发展路径中，非遗保护突破了纯“公益性”“消耗性”的被动保护局限[⑩]，尤其是传统工艺在有效保护前提下坚持生产性传承。一方面，适应市场经济发展需求，坚持文化产业供给侧结构性改革与需求侧改革同时发力，发挥非遗不可复制性、稀缺性的特性，通过非遗 + 文创、非遗 + 电商等形式嵌入文旅产业，推动一大批非遗工坊、非遗特色景区、非遗产品走向市场。2022 年，淘宝平台非遗店铺数为 32853 家，较

2020 年增长 9.5%；非遗交易额较 2020 年增长 11.6%。[11] 另一方面，非遗与旅游深度融合，既培育与弘扬了工匠精神，又促进了就业；既形成了一种新的旅游业态，成为各地文旅 IP 发展的新方式，又助力了乡村振兴，实现了社会效益与经济效益的双效统一。截至 2023 年 2 月 10 日，利用天眼查平台以“非物质文化遗产”为关键词进行搜索，共有 9021 家企业；2021—2022 年间，全国共建设了 2500 多家非遗工坊，2022 年“非遗购物节”前后，全国非遗产品销售额超过 20 亿元。[12]

三、非物质文化遗产保护中存在的问题

近年来，我国的非遗保护成绩显著。政策法规体系不断健全，截至目前已出台 10 部国家级法规，全国 31 个省（区、市）均出台了非遗保护条例；保护机制不断完善，制定了传承人认定、资金投入与绩效管理、非遗人才培养等多维度的政策文件与实施方案；非遗保护利用的地方性实践不断创新，在服务国家战略的同时，成为了服务经济社会发展和社会治理的重要力量。[13] 但研究也发现，非遗也存在保护与开发理念冲突，出现了过度化开发等问题；硬件基础建设与软性共享服务结合度不够，出现了档案式保护等问题；传统“师徒式”培养与现代学校培养、岗位需求之间衔接度不够，出现了非遗传承项目“后继乏人”等问题；内容创新与市场需求联结度不够，出现了非遗传承度不广等问题。

（一）过度化开发：文化与商品属性双重受损

旅游开发逐渐成为赋予非遗活力的重要手段，但与此同时，我们不得不正视破坏非遗原生性和发展规律的过度商业化开发，这不仅会伤害非遗的传承保护，同样会反噬旅游的发展。以宜兴紫砂陶制作技艺为例：始于明朝正德年间的紫砂陶品因色泽浑厚、造型古朴，加之禅茶一味的中国百年茶艺文化，一度成为当地非遗文化与旅游市场结合最为突出的项目，20 世纪 90 年代在世

界旅游市场掀起了一股“紫砂热”。但由于过度产业化、规模化的开发，以及现代工业技术的过度参与，紫砂陶的创新性开发既缺乏对非遗“文化与商品”双重属性的系统维护，又弱化甚至异化了其传统文化属性，导致短短几年内紫砂陶品从疯狂抢购跌入乏人问津的局面，紫砂陶制作技艺也受到了严重冲击，还降低了游客对旅游景区的好感度。

（二）档案式保护：非遗数字化内在生命力不足

非物质文化遗产最大的特性就是其“非物质性”，民间动态活态的流传，大多没有具体的文字记载。《中华人民共和国非物质文化遗产法》规定：“文化主管部门应当全面了解非物质文化遗产有关情况，建立非物质文化遗产档案及相关数据库。”[14]多年来，各级政府部门、机构、学界、行业协会及许多社会人士都在积极为非遗“建档”。通过组织开展大量信息的采集、文档扫描、老照片翻拍、音视频转录等非遗数字化记录工作，积累了较多的素材和资源，为实现互联网背景下非遗档案由显性到隐性、保护载体由物质到虚拟、传播方式由单一到多元、传承意愿由被动接受到主动融入等转变夯实了基础。但从全国范围来看，尚未出台整体的规划，各级政府对非遗建档格式和体例的制定、记录手段和方式的标准要求等也不统一，加之属地数据资料大多处于内部保管状态，缺乏信息沟通和资源共享机制，非遗数字档案共享数据库至今尚未真正建立起来。这对非遗关键信息记录和储备的管理、非遗和旅游资源的梳理筛选定位和匹配度调试等带来了一定的困难。

（三）培养体系不完善：项目传承“后继乏人”

非遗是以人为本的活态遗产，“承载着非物质文化遗产技艺、技术或知识的优秀传承人是非物质文化遗产延续的决定性的因素”[15]。我国的非遗传承人培养体系不够完善，一方面，从民间非遗传承人自培养体系看，非遗传承人面临代表性项目传承人不均衡，部分项目处于弟子太少甚至无弟子的尴尬境地。许多传统技艺难度高、强度大、耗时多、收入低，尤其是主要靠口传心授方式开展传承的非遗项目，随着老艺人逝去，面临着“艺随人亡”“人走歌绝”的危机。如国家级非遗浦东说书已无传人，川剧、吴歌、三林瓷刻、木板大鼓、皮影戏、石阡木偶戏等后继乏人，还有很多省级以下非遗项目更是早已无人传承。另一方面，从政府非遗人才管理体系看，大都存在非遗保护工作人员匮乏、专业性不强等问题。各地非遗保护中心多设在各级文化馆，但由于文化馆旧有的人事体制和运转机制，专职开展非遗工作的人员较少，从事非遗理论研究的人员更是少之又少，这在很大程度上对非遗保护工作的科学化、规范化，对新形势下非遗传承保护和创新活化的研究和推动形成了阻碍。第三，从学校非遗人才培养体系看，高等教育非遗人才培养体系不够完善，虽然“非物质文化遗产保护”在 2021 年被正式列入普通高等学校本科专业目录，但目前全国仅有 11 所高校正式备案开设了非遗保护本科专业；[16]中小学非遗普及教育大多处于“接非遗、看非遗、演非遗”这一粗线条、浅层次、碎片式的阶段。[17]

（四）被动式传播：非遗项目现代性传承度不广

非物质文化遗产鲜活地扎根生存于民族民间，与生俱来的动态性和活态性特点使其在调试与适应周围环境及相互关系中不断产生出新的文化表现形式。在全媒体传播格局下，非遗的传播方式也在不断创新，云公益性展播、在线直播、短视频等成为了当下诸多非遗的传播手段。但也有部分非遗在切入现代人生活休闲频道中过分依赖传承人、依赖传统传播路径，导致传播范围不够广、传播方式碎片化、传播受众老化流失等困境。如源于太湖沿岸江南地区的锡剧，因其鲜明的地域特色和民间气息被誉为“太湖红梅”，曾与越剧、黄梅戏并称为华东地区三大剧种。但随着时代的发展，锡剧在传播方式上更多执着于对旧式传统方式的固守，在传播内容上缺少结合剧种特色、观众审美、市场需求的新剧，在传播媒介上缺乏现代传播方式的融入和运用，导致受众迅速老化流失的同时，既没有提升群众参与保护传承的积极性，也未能缩小非遗项目与现代年轻观众的审美情趣、欣赏习惯的距离。缺乏了创新的非遗，降低了与时代的关联度，在“还俗于民”这一创新性传承中留下了“遗产”却没有了“生活”，留下了“过去”却没有了“未来”，[18]使非遗缺少了繁荣生长的动力。锡剧的保护传承现状是我国相当一部分非遗传统戏曲类项目的缩影。据统计，近 40 年来，全国地方戏曲种类有一百多个已经消亡。

四、建立非物质文化遗产保护长效机制

构建完善的长效保护机制是新时代推进非遗高质量保护传承利用的关键。立足于顶层设计与底层逻辑结合贯通的保护机制，既要从宏观高度统筹非遗保护中各方面、各要素之间的关系，制定科学的制度，也要从非遗保护的本质出发，寻找正确发挥“指挥棒”作用的解决方案。基于政府与社会两个维度，从上下联动、横向协同的工作机制，精准化、可执行力强的政策体系，常态化、动态化的考核评估体系三个维度，构建了非遗保护机制运行框架（如图 2 所示）。

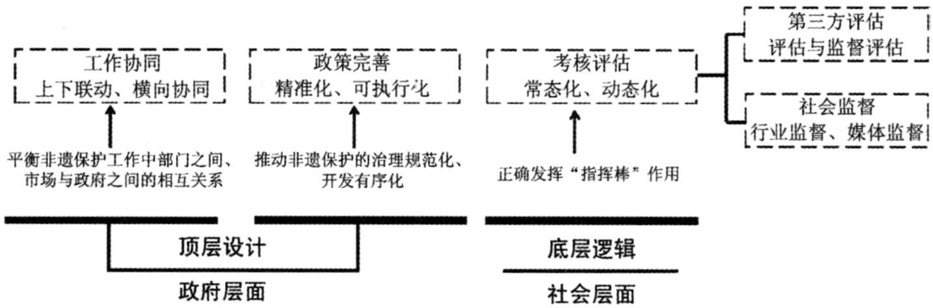

图 2　非物质文化遗产保护机制的运行框架图

（一）健全科学化的非遗协同工作机制

一是建立上下联动、多部门协同的工作机制。在贯彻国家《非物质文化遗产保护工作部际联席会议制度》基础上，在省级层面增设非物质文化遗产局，

在市级文旅行政部门增挂非物质文化遗产保护局，加快建立健全省、市、区（县）三级非物质文化遗产保护中心及上下联动的工作机制，督促落实相关政策法规的执行度，协调区域之间、部门之间非遗保护工作的重大事项与问题。二是建立主动融入和服务国家战略的机制。推动非遗保护传承积极融入长江经济带、粤港澳大湾区、乡村振兴等国家战略，融入国家、省区市发展规划，融入国家文化公园建设，强化区域内文旅差异化发展与协同共进，促进非物质文化遗产实现区域性流动和共享。三是完善非遗项目的多元化资金扶持体系。各级政府应将基本保障经费常态化纳入本级财政预算，建立与非遗保护工作相适应的经费保障机制，并逐步增加投入；鼓励调动各方力量参与非遗保护，拓宽保护资金筹集的渠道，如设立集政府出资、机构融资、企业投资多元联动的非遗保护基金，并建立公开的资金使用及配套监管制度。

（二）构建精准化的非遗保护政策机制

一是加强非物质文化遗产政策法规的制定。各级政府应根据本地非遗发展中存在的个性化、突出性问题，在《中华人民共和国非物质文化遗产法》以及省市地方性非遗保护条例基础上，对非遗保护举措进行细化、补充与完善，并制定相应的政策，提高政策的服务引领性。二是提高非遗保护政策的精准性与可操作性。针对省级以上层面非遗法规政策以宏观性、原则性、指导性为主，可操作性不强的现状，地方性法规的制定可借鉴宜兴紫砂陶政策法规制定的经验，切实保障和推动非遗保护和活化前置，有效推动系统性保障机制形成。宜兴紫砂陶围绕如何处理好技艺保护与开发利用之间的关系，出台了《无锡市宜兴紫砂保护条例》《宜兴紫砂陶制作技艺保护规划》等一系列针对性强、目标精准度高、操作性实的政策法规，为“陶式生活”文旅品牌打造、非遗良性生产性保护开发提供了政策保障。截至 2021 年，宜兴紫砂及其配套产业从业人员已逾 10 万人，年生产总值 200 亿元，带动实现本地文化产业增加值 45 亿元。

（三）建立动态化的非遗考核评估机制

一是全面落实政府职责，将非遗工作纳入各级地方政府年度考核评价体系，建立目标明确的保护工作职责。二是建立完善的非遗项目、传承人考核评估机制。在国家级非遗代表性传承人传承活动评估工作基础上，鼓励省市相关部门邀请第三方机构对非遗项目与非遗传承人进行定期评估、长期跟踪，并把考核结果直接与奖励津贴的发放挂钩；完善动态调整举措，在国家文化大数据中心建立非遗传承人与传承项目动态调整数据库专栏，对获得荣誉授予和被清退的非遗传承人、非遗传承项目进行数字化奖惩备案。三是探索建立第三方评估监督机制。在非遗主管部门建立第三方评估监督小组，制订第三方评估监督管理制度，对第三方机构的非遗工作评估进行过程性监督，避免权力寻租；发挥媒体与行业组织的监督功能，对非遗评估结果的运用进行跟踪，形成监督合力。

五、推动非物质文化遗产高质量发展的活化路径

在维护人类文化多样性理念下，理顺人、技术、开发与生活的关系，是构建高质量、可持续、“见人见物见生活”的非物质文化遗产大生态的内在要求。在非遗保护大生态系统中，合理开发利用是前提，数字技术是载体，传承人梯队是关键，“融活”场景是核心，四要素互通互联、相辅相成，形成了有机统一的非遗保护优化路径解释框架（如图 3 所示）。

（一）找准保护与开发的平衡点，促进非遗保护和旅游开发良性互动

一是在产业化开发中坚守非遗保护的原真性。习近平总书记强调：原生态是旅游的资本，“发展旅游要以保护为前提，不能过度商业化，让旅游成为人们感悟中华文化、增强文化自信的过程”。[19] 旅游开发是赋予非遗生命

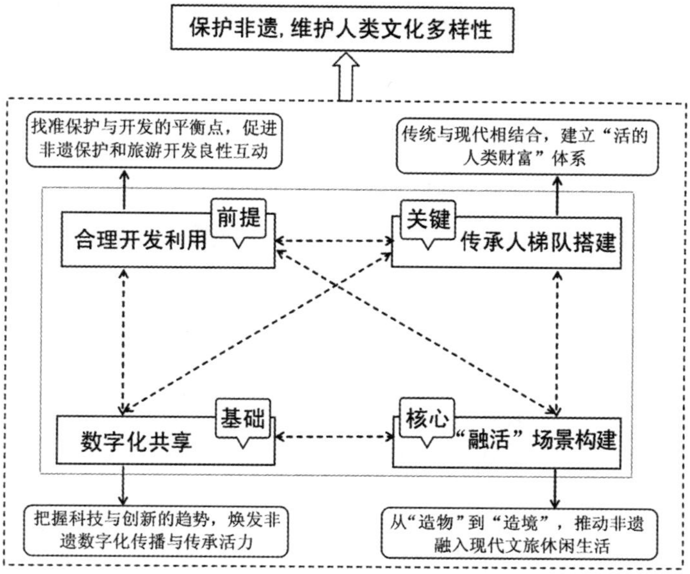

图 3　非物质文化遗产优化路径结构图

力的重要手段，原真性一定程度上代表了非遗的价值和吸引力，是旅游产品差异化的保障。应将原真性及其价值阐释覆盖作为文化遗产旅游开发中活化非遗的基本原则，避免因非遗的文化属性被商业属性僭越而导致非遗价值的破坏，出现非遗产品变为景区小商品、非遗展示成为不断复制的“伪民俗”“舞台化”、游客体验感和满意度降低等问题。二是找准非遗产品保护与合理开发的平衡点。践行非遗“生产性保护”理念，在确保非遗文化属性核心不被破坏的前提下，鼓励非遗尽可能融入旅游市场，通过商品属性的合理开发利用、切实可行的市场运作，合理开发非遗产品，让非遗回应现实生活的需求。以非遗活态性为原则，打造集体验、展示、教育、旅游等于一体的非遗产品生产链，推进非遗产品品牌建设，提升消费者对非遗产品的认同度，激发消费动能，实现非遗产品社会效益与旅游经济效益双丰收。

（二）把握科技与创新的趋势，焕发非遗数字化传播与传承活力

一是搭建非遗数字化传播矩阵。实施数字化战略，用数字科技赋能非物质文化遗产传播，提升非遗数字资源访问体验感，是贯彻党的二十大精神、

落实国家文化数字化战略的创新实践，也代表着非遗数字化未来发展的方向。提升非遗传播广度，应用好三维动画、3D 打印、VR、AR、AI、5G 等数字影像传播技术，加快非遗数字影像记录和沉浸式传播与智慧旅游的融合。用好微博、微信、抖音、快手、B 站、小红书等新媒体传播渠道，将长视频、短视频和直播等多形式视频流融合，全方位开展非遗线上活态呈现及推介。二是提升非遗数字文创产品持续创造能力。结合热点 IP，将 IP 的大流量转化为用户观看后产生的搜索，实现从非遗产品消费向内容消费的转变。结合非遗旅游活动、项目、视听创作、教育等，引导设置公众议程，形成兴趣社群等虚拟文化空间，增强非遗旅游文化产品的用户黏性，拓展非遗传统文化在新时代的张力。三是构建非遗数字资源库建设标准体系。构建非遗数字资源库，开发非遗资源共享系统，搭建国家—省—市—区（县）上下联通、平层互动的数字资源库大数据体系，提升非遗在知识传播、学术研究、文化交流、数字体验等层面的数据网络共享水平；出台与之相配套的涉及共享范围、使用权限、传播规范等一系列系统完整的工作管理规范与细则，完善非遗数字化传播与传承的保护体系。

（三）强化传统与现代培养方式的结合，建立“活的人类财富”体系

一是进一步深化文旅融合体制机制改革，把非遗人才培养目标纳入各级文旅融合战略部署并加强贯彻落实。要从文旅融合角度确定阶段性重点项目，有针对性地培养一支具有文旅融合意识、有技术、懂经营的新生代非遗职业文化中介人；打破行业壁垒开展科学选徒带徒，并设立奖项对具有卓越贡献的非遗传承人予以重奖。二是树立“非遗兴旅”人才目标，政府部门应依法明确非遗管理职能部门，统筹使用编制资源，增设非遗保护专业技术职称及评审制度，依托省、市级大师工作室、非遗项目传习所及传承示范点，加强对基层文旅行业工作人员与非遗传承人才的培训、轮训。三是广泛开展人才交流，组织非遗人才多参与国内外的重要文旅活动等，推动本土非遗人才拓

宽视野和思路。四是加快推进相关学科内容建设与非遗学校教育，把非遗与文旅创新人才培养融入国民教育体系，为中小学生编写非物质文化遗产传承普及辅导读物，在高校开设非遗传承和创新班，着力探索非遗人才学院派培养模式，培养和储备一支由素质好、专业强的技艺传承人和复合型文旅人才组成的非遗传承队伍。五是推进“专家智库”建设，联合高校专家学者、相关企业、研究机构等共同组建科研团队，鼓励师生、企业员工等在传承的基础上开展科学研究、创新非遗物化成果，激发各行业专业人才在非遗保护实践中的创新活力与内在潜能，拓宽非遗人才梯队建设渠道。

（四）注重从“造物”到“造境”[20]的转变，推动非遗融入现代文旅休闲生活

一是打造城市非遗客厅，搭建非遗互动体验场景。在现代城市快速更新过程中，推进本地非遗内容挖掘与现代旅游吸引力元素有机结合，搭建集展示、展销、展演、体验、培训、讲座等功能于一体的非遗对外展示窗口，为游客提供具有辨识度、个性化的人文环境和体验氛围。鼓励互联网企业、各类文旅企业建设线上线下联动的非遗体验馆，不断拓展非遗旅游传播空间，培育激发受众从“在线”感受转变为“在场”体验的意愿，打造本土非遗带动当地旅游发展的良好模式。二是延展非遗产业业态，构建从“融合”到“融活”的多维非遗活化场景。鼓励引导非遗高规格布局，多形态深层次融入各类旅游景区，营造“见人见物见生活”的非遗活化场景。创新推动“非遗＋美丽乡村”“非遗＋特色小镇”“非遗＋文化街（园）区”等多元融合新业态，助推文旅融合从“区域旅游”向“全域旅游”、“传统观光”向“生活体验”转变，形成新的区域文化产业生态，实现非遗价值再造。三是完善多层次非遗科普体系，培育非遗生活美学场景。鼓励文化旅游、教育等部门携手挖掘非遗中的思想、情感、文化，结合不同层次学生群体的教学需求开发不同的研学线路和内容，让学生以实践、体验等方式系统直观地认识和了解非遗，感受中华优秀传统文化的绚丽多姿，激发保护、传承中华文化的责任感与使

命感。

（作者分别系无锡市公共文化艺术发展中心副研究馆员；南京市社会科学院研究员，江苏省扬子江创新型城市研究院研究员。本文发表于《南京社会科学》2023 年第 3 期。）

参考文献：

[1] 龚浩群，姚畅 . 迈向批判性遗产研究：非物质文化遗产保护中的知识困惑与范式转型［J］. 文化遗产，2018（5）.

[2] 联合国教科文组织 . 保护传统文化和民俗的建议 [OL].https://www.ihchina.cn/ Article/Index/detail？ id=15720.

[3]《文化遗产监测国际文献选编》编译组 . 文化遗产监测国际文献选编［M］. 上海：上海大学出版社，2020：59.

[4] 唐璐璐 . 非物质文化遗产的本真性：实践中的概念误用与路径混淆［J］. 文化遗产，2022（6）.

[5] 孙尚武译 . 建立“活的人类财富”国家体系指南［J］. 非遗传承研究，2017（2）.

[6] 联合国教科文组织 . 人类口头和非物质遗产代表作申报书编写指南［OL］. https：//china.findlaw.cn/chanquan/fwzwhyc/sb/5085.html.

[7] 韩成艳 .“非物质文化遗产”概念的理论建设尝试［J］. 广西民族大学学报：哲学社会科学版，2020（2）.

[8] 习近平 . 扎实推动共同富裕［J］. 求是，2021（20）.

[9] 黄永林，李媛媛 . 新世纪以来中国非遗保护政策发展逻辑及未来取向［J］. 民俗研究，2023（1）.

[10] 文旅产业指数实验室 .2022 非物质文化遗产消费创新报告［N］. 中国旅游报，2022-11-23.

[11] 郑海鸥 . 非遗助力乡村振兴焕发生机活力［N］. 人民日报，2022-12-26.

[12] 党的十八大以来我国非物质文化遗产保护成效显著［N］. 中国文化报，

2022-09-27.

[13] 文化部非物质文化遗产司 . 非物质文化遗产保护法律法规资料汇编［M］. 北京：文化艺术出版社，2013：5.

[14] 王文章 . 汇真集［M］. 北京：北京时代华文书局，2017：301.

[15] 于日锦，张崇福 . 非遗教育：突破红火背后的困局［N］. 光明日报，2018-07-12.

[16] 黄永林，李媛媛 . 新世纪以来中国非遗保护政策发展逻辑及未来取向［J］. 民俗研究，2023（1）.

[17] 全面建成小康社会 乘势而上书写新时代中国特色社会主义新篇章［N］. 人民日报，2020-05-13.

[18] 周计武，吴维忆 . 从“造物”到“造境”：手工艺非遗保护的范式转换［J］. 文化艺术研究，2021（5）.

基层智慧治理创新：内涵、成效与风险

王泗通　任克强

经济全球化的深化发展，正在重新塑造全球性的世界社会，并在一定程度上影响着世界各国地方化的社会治理实践①。很多学者指出，社会治理改革将直接关系国际能力，换句话说，国家需要借助社会治理改革推动政府职能转向，特别是在社会治理改革过程中，如何更好地吸纳社会主体成为社会治理改革的重点任务②。基层社会治理创新又是社会治理改革的关键所在：一方面，政府职能下放，给予基层政府广泛的管理权限，可以充分发挥好基层政府贴近普通民众的优势；另一方面，政府职能整合，即坚持将相同或相似职能进行精简归并，实现不同职能部门的有效合作③。治国安邦重在基层，基层是一切工作的落脚点。如今“智慧社会”悄然来临，大数据、物联网、人工智能等智能技术飞速发展，给传统基层治理模式带来挑战的同时也带来机遇。如何运用智能技术更好地满足基层民众日趋多元化、个性化的公共服务需求，提升基层治理效率，成为基层智慧治理创新的重要议题。然而，智慧治理中所应用的智能技术在表现出较高价值的同时，也带来一定的智能技术应用风险。由此，本文拟以基层智慧治理创新实践为切入点，在厘清基层智慧治理创新基本内涵基础上，深入分析基层智慧治理创新的实践成效，并着重探索基层智慧治理创新的潜在风险及其规避策略，以此探讨智能技术如何更好地应用于基层社会治理创新，进而达成基层社会治理现代化的目标。

一、基层智慧治理创新的基本内涵

城市社会治理创新的走向应该是不断优化政府管理和为民服务，使得一线服务更加精准精细。换言之，城市社会治理创新的根本在于推动基层社会治理改革创新，全面提升基层治理效能，从而真正实现基层治理体系和治理能力现代化。从既有实践经验来看，智能技术已成为政府社会治理创新的重要支撑。比如为响应国家智慧治理的新变化新要求，2018 年上海首次推出“一网通办，一网统管”的基层智慧治理创新实践，以此不断整合基层政务服务资源和提升基层政务服务能力，并由此开创城市基层治理现代化的新格局。随后北京、广州、南京、杭州等城市都加强了基层治理创新，并提出了构建智慧城市的基本设想。因而，以智能技术探索城市社会治理创新不仅为城市社会治理注入新的活力，而且还成为城市社会治理现代化的重要路径。故而，基层智慧治理创新的基本内涵可概括为以下三个层面：

（一）理念创新：提升基层精细化治理理念

关于社会治理的研究由来已久，主要缘于社会治理重视社会主体参与，而关于社会治理精细化的认知则在近些年随着国家政策导向，政府愈发重视社会治理精细化而加强。社会治理精细化的实质是政府治理理念的转变，有学者指出社会治理精细化是以政府治理理念转变为前提，其本质是政府职能定位、政府官员角色定位以及政府治理思维方式的外在反映和行动逻辑[④]。也有学者认为，社会治理精细化应以规范化、科学化、人性化为基本目标整体推进宏观领域的社会治理精细化实践，推进社会治理精细化实践的关键在于推进社会治理机制和社会治理主体关系精细化[⑤]。借助智能技术，建设各类综合性的社会治理和社会服务平台，既是提升社会治理精准化的内在要求，更是重构社会治理理念的重要基础[⑥]。基层智慧治理创新不仅加大了政府各层级各部门之间数据的协同共享，而且还有助于深挖数据背后的社会治理归类，实现社会治理理念的新突破。

（二）模式变革：强化基层“一核多元”治理模式

理念是行动的先导，以智能技术重塑城市社会治理精细化理念，势必会推动城市社会治理的技术化变革。以技术推动社会治理变革已是我国社会治理创新实践的主导逻辑，既有研究也表明，虽然不同领域在治理模式转型时，指向目标和面临的挑战不尽相同，但表现出一些类似的实践逻辑，即将体制和结构层次的问题化为行政技术的问题[7]。对于政府来说，技术治理的兴起，主要使其产生两个方面的变化：一方面，政府不再是技术决策的唯一权威，在相关领域、群体甚至非政府组织组成的技术治理权威联盟中，政府转变为重要的参与者和各种利益互动的推动者和协调者[8]。另一方面，政府权力运行不再是简单的自上而下的垂直结构，而是转变为上下互动、左右融通的同一层面的网状结构，各个主体共同参与到社会事务的治理之中。换言之，类似上海、北京、广州、南京、杭州等城市的基层智慧治理创新，使得政府社会治理模式从单一的政府发号施令或政府决策转向多元主体参与模式，尤其是作为政府与社会桥梁的基层政府能够愈发重视多元主体参与公共事务治理，这在本质上已经改变政府传统大包大揽的治理模式，使得基层治理迈向更加民主化的治理新模式。

（三）机制优化：重塑基层“立体化”治理机制

智能技术在社会治理领域的深入推进，引发社会治理模式变革的同时，势必带来社会治理机制的优化。一是以智能技术建构的智慧平台将会打破管理者与被管理者的行政边界，推动政府、社区、公众等主体关系扁平化和地位平等化。二是以智能建构的智慧平台能够使得社会治理相关主体各司其职，形成“国家—市场—社会”清晰的治理格局，其中每一个节点的意思表达真实且被广泛倾听、收集，从而降低了公众参与决策的成本，又保证了民意的真实可信[8]。显然，基层智慧治理创新势必会带来基层治理机制的优化，即基层智慧治理创新赋予基层政府与社会主体全新的互动方式，即企业、普通民众等社会主体的相关事务逐步可以通过网上平台快速解决，这在一定程度上改变了基层政府与社会主体的互动方式，不仅使得基层政府与社会主体的互动更快捷，而且也使得两者之间的互动更透明，有利于基层政府重塑“立体化”治理机制。

二、基层智慧治理创新的实践成效

基层智慧治理是当前地方政府推进基层社会治理创新的重要实践。在人工智能技术的辅助下，地方政府不仅形成较强的治理能力和治理效率，而且也有效地打破了政府的行政壁垒[10]。基层智慧治理创新还是城市治理的牛鼻子工程，更是将基层的治理工作做实、做细、做精的过程。基层智慧治理创新的关键创新举措是应用“互联网＋政府服务”不断深化社会服务改革，即人工智能技术，将政府不同部门、不同层级间的职能、流程和权力进行整合，以整体化形象为普通民众提供更为便捷、更切实的服务[11]。总而言之，基层智慧治理实践，不仅推动政府社会治理逐步向信息化、数字化以及智能化的智慧治理转型，还倒逼地方政府进行治理改革，不断优化基层社会治理机制，为民众提供精细化服务。换言之，基层智慧治理创新也是地方政府更好地践行“以人为本”“为民服务”理念的重要体现。

（一）推动社会治理创新，引领基层治理高质量发展

19 世纪以来，科学技术在征服和改造自然中取得了卓越成就，激发了人们将科学技术运用到社会治理和公共政治中，以期提高社会的运行效率，进而形成以技术治理为核心的系统的社会治理理论。换言之，科技是以追求效率和实用为基本价值目标，使得技术治理试图将科技的价值目标作为政治活动唯一价值理念的技术治理工程[12]。因而以行政技术的调整、优化来应对体制转型的压力已经成为一种实践者视之当然的观念并逐渐发挥稳固的制度内化作用[13]。基层智慧治理创新关键在于将人工智能技术及其治理产品应用到

基层治理的不同场景和领域中[14]。基层治理成为人工智能技术场景应用的重要阵地，形成了形式多样的技术治理体系，比如智慧服务、数字政府以及智慧城市，并且这些人工智能技术的场景应用直接推动与企业、民众等社会主体接触较为紧密的基层政府改革[15]。

我国智慧治理最早始于20世纪90年代的电子政务，随后政府治理改革才逐步转入信息化和数字化阶段，最终进入到当前以现代信息技术为基础的智慧治理阶段。2012年住房和城乡建设部印发的《国家智慧城市试点暂行管理办法》中更是明确提出整合信息资源，提升城市治理能力和服务水平。总体而言，基层智慧治理有力地推动基层社会治理创新，一方面，基层社会治理不仅更加重视技术创新，还更加重视治理能力提升；而随着基层治理能力的提升，基层治理效能必然也会随之提升，进而推动基层治理能力与基层治理效能形成良性促进作用。另一方面，基层社会治理更加重视社会主体的利益诉求，特别是智慧治理所依托的新技术使得社会主体能够更为便捷地反馈相关利益诉求，同时也使得基层政府能够更好地回应社会主体的利益诉求。某种意义上说，基层智慧治理不仅是地方政府社会治理创新的有效范本，还实现了基层社会治理改革，实现了依托新技术引领基层社会治理高质量发展。

（二）倒逼政府治理改革，优化基层治理机制

高度透明化已是当前社会发展重要特征之一，那么又是什么导致社会趋向高度透明化？主要还是缘于社会的信息化特征越来越明显，尤其是信息社会将建立在互联网、智能设备以及社会智能化程度不断提升的基础上，这意味着人工智能将帮助人更加精准地了解社会，甚至在某种程度上人工智能还能代替人对社会信息进行整合、分析以及决策[16]。或许很多人认为当前人工智能技术仍处于探索阶段，并没有真正使得社会变得透明化，但就以互联网、大数据、5G等人工智能技术在社会治理领域的应用而言，政府在这些人工智能技术的辅助下，能够较为清楚地了解普通民众的日常生产生活信息，尤其是能够更加精准地了解到普通民众的多元化需求。而且随着云计算技术的发

展，政府还可以将收集的信息进行计算分析，从而形成有针对性的智能决策。比如在信息社会之前，政府在进行公共事务治理时，往往需要花费较大精力去辨析遇到冲突或矛盾的各方民众话语的真实性和可靠性，但是随着现代信息技术的发展，很多民众的生产生活轨迹是被实时记录的，因而这些被记录的数据就被政府作为辨析社会冲突或社会矛盾的重要依据，任何试图从中逃避责任的民众也将无从辩解[17]。

然而，尽管人工智能技术在政府治理领域的应用，使得政府治理能力和治理效率得到显著的提升，但是这些现代信息技术在推动社会透明化的同时，也使得政府治理手段、治理环节以及治理模式变得更加透明化[18]。随着基层政府治理手段、环节以及模式的透明化，反而能够有效规范基层政府管理治理行为，从而提升普通民众对基层政府的信任程度，进而更加有助于基层政府推进各项公共事务治理。换言之，基层智慧治理创新在帮助政府提升社会治理效率和推进社会治理现代化的同时，也给普通民众提供了更为便捷地获得政府信息和参与政府治理的途径，使得政府与普通民众之间的信息交流更加通畅、社会互动更加有效，极大地提升了普通民众对政府治理过程的参与和监督程度，从而在一定程度上倒逼政府不断推动和完善社会治理改革。大量研究也表明，有效的社会治理离不开政府与社会的良性互动，即政府要能顺应社会发展规律小心翼翼地介入社会，以促使社会良性发展，才能最终推动政府与社会在双向互动中走向合作关系[16]。基层智慧治理创新实践使得政府部门之间、上下级之间以及政府与社会之间的互动模式逐渐转向扁平化、去中心化的立体互动模式，有助于政府与社会的良性互动。

（三）提升基层“智治力”，推动社会服务精细化

当前改革处于攻坚期深水区，社会管理面临新情况新问题，迫切需要通过深化改革，实现从传统社会管理向现代社会治理转变。虽然社会管理到社会治理只有一字之差，但其基本内涵却发生了重大转变；在目标上更加着眼于维护普通民众的根本利益；在主体上更加重视政府由一元垄断转向多元参

与[20]。因而当前社会治理的根本在于人人有责、人人尽责、人人享有。一方面，社会治理需要解决人民最为关心的现实问题和满足人民最基本的利益诉求，形成人人有责、人人尽力、全民参与的新格局；另一方面，社会治理创新的最终效果将直接以人民能否享有创新成果为基本衡量标准，创新社会治理的根本目的也就是让政府改革发展成果惠及全体人民，进而实现共同富裕的根本目标[21]。此外，社会治理创新实际上是建立以人民为中心的判断标准，政府推进治理改革的政策出发点和归属点，以及判断治理改革效果，都将以人民是否满意为标准[22]。所以地方政府在推进基层社会治理创新的过程中，也能够较好地围绕以人民为中心不断创新社会治理体制机制，进而不断提升社会治理效能。

基层智慧治理创新实践，有助于提升决策科学化水平、为人民提供精细化的服务。首先，智慧治理创新的着力点在于更为便捷地为民服务，通过“自上而下”的层层放权，便于普通民众更为便捷地享受基层政府提供的各种公共服务，从而提升基层政府的治理效率。其次，智慧治理创新的突破点在于更为有效地精准决策，尤其是“自上而下”建立涉及多部门多层次的大数据决策平台，对大数据信息进行收集、处理、分析、决策，既打破了政府科层体制中的部门壁垒和层级界限，又提升了政府不同部门和不同层级之间的协同合作能力，从而达成更好的治理目标。最后，纵观智慧治理创新，在不断践行以人民为中心的同时，其实也在寻求更为有效的基层治理体制机制，特别是其在现代信息技术的辅助下，能够实时了解普通民众的需求，实时对公共事务进行结果分析和智能决策，实时把握基层社区基本民意，切实解决普通民众困难，这在很大程度上又体现了中国共产党为中国人民谋幸福、为中华民众谋复兴的初心和使命。

三、基层智慧治理创新的潜在风险

智慧治理创新在提升基层社会治理效能的同时，由于很多现代信息技术尚处于探索阶段，也就面临诸多不可预知的社会风险，需要地方政府在应用现代信息技术时更加慎重。归结而言，智慧治理创新的本质在于应用智能化信息系统或信息平台实现社会治理手段、模式以及机制的变革，然而在社会治理变革过程中，智能化信息系统或信息平台的技术“陷阱”以及使用者的不合理操作，都会导致智慧治理陷入多重社会风险[23]。一方面，智慧治理系统存在“不确定性”的风险，一旦智慧治理系统遭遇外界的黑客攻击，就会造成智慧治理系统运行不畅，甚至还有严重的信息泄露风险；另一方面，智慧治理系统主要由政府各层级、各部门进行操作使用，不同层级、不同部门的行动策略将会影响智慧治理系统运作，有可能出现因部分政府工作人员的不合理操作，导致智慧治理效果大打折扣。因此，结合基层智慧治理创新实践，其潜在风险可概括为以下三个层面。

（一）安全风险：导致居民信息泄露

智慧治理创新中的信息安全风险主要是指智慧治理系统或平台存在信息泄露的风险。就智慧治理创新实践而言，智慧治理以大数据为基础，以互联网为平台，实现对大数据的收集、存储以及使用。因而大数据在智慧治理系统或平台运作的各个环节都存在一定的信息泄露或违规使用的风险，如何保护智慧治理系统或平台使用者的信息安全就成为智慧治理创新面临的现实挑战。由于大数据具有较大的应用价值，互联时代人的隐私受到越来越大的威胁，这种威胁在一定程度上又会影响大数据的可持续使用。理想状态下，当使用者在使用智慧治理系统或平台时，其活动的轨迹、个人信息都会被系统或平台记录下来，甚至系统或平台借助大数据推算，能够对使用者的偏好和需求进行精准分析。随着智慧治理系统或平台的日趋完善，现代人完全是“信息裸人”。信息安全将是人工智能最为重要的风险之一[24]。因而在实践中，普通民众在使用政府所提供的智慧治理端口或 APP（应用程序）时，对其端口或 APP 中的个人信息安全存在较大的担忧，甚至有部分民众为了能够规避信息安全风险，还尽可能降低对政府提供的智慧治理端口或 APP 的使用，这些都在很大程度上影响了智慧治理创新实践效果。

（二）科层风险：压缩基层自治空间

科层制应现代政治需求而生，成为现代政府管理的理性代表，它经由人类理性设计用以治理人类社会事务、建立社会秩序的规则集合和制度安排[25]。韦伯认为科层制建立在法理型权威基础之上，官员更多是按照各种既定的标准和要求行使自己的职权，进而形成服从上级权威、明确界定职务层级、政绩晋升机制以及系统的纪律控制等职务要求[26]。然而，政府科层制金字塔式的组织结构和信息权的高度垄断，在一定程度上抑制了政府工作人员的创造性和灵活性[27]。基层智慧治理创新的重要目标便是打破既有政府科层制的体制壁垒，进而吸纳社会主体参与政府治理，从而提升政府治理效能。但就智慧治理创新实践而言，大数据系统或平台依然没有跳出科层制的权力不平等弊端，反而大数据系统或平台衍生出“虚拟科层”，使得上级政府不断强化对下级政府的“管控”，尤其是强化了上级政府对下级政府的日常问责考核。随着上级政府依托大数据系统或平台加强对基层政府日常考核监督后，基层政府反而将更多的精力放置在如何应付上级政府的日常考核，导致基层政府更多关注大数据系统的数据收集或平台的目标任务，不仅导致基层政府陷入追求精准数字或目标的“内卷化”，而且也使得基层政府的自治空间不断被压缩，导致基层政府官员难以真正发挥基层治理自主性和能动性。

（三）秩序风险：引发社会结构解组

随着现代信息技术不断被应用于社会治理领域，基层社会治理发生质的变革，即变革的不再只是社会治理理念、模式以及机制，还引发社会秩序的变革。吉登斯结构化理论认为人的行为既被社会结构赋予能动性又被社会结构所束缚，而组织为人嵌入社会提供重要载体并实现了人与组织、人与社会的多重互动[28]。换言之，个体的理性行为形成了多元化组织，组织有序行动是社会结构的基本特征，社会的结构性特征又是个体理性行为以及组织有序行动的最终结果。随着人工智能技术的快速发展，尤其是人工智能技术已渗透社会各个领域，并持续引发社会变迁和社会结构转型。故而，基层智慧治理创新最终将会不断推动社会治理中由人承担的工作被人工智能技术所取代，人工智能技术演变成虚拟的“社会主体”，如果不能构建嵌入智能技术的新秩序，就有可能导致整个人类社会结构出现严重的社会解组风险[29]。其实还可以发现，当人类对新技术的风险不可预测时，往往就会对新技术产生畏惧。人工智能恰恰是很多普通民众难以真正预测社会风险的新技术，特别是人工智能在原社会结构中对人的替代和组织的改革，导致人与人、人与组织以及组织与组织之间的交互方式发生巨大的变革，这些变革都改变了人对新技术的常规性认知，引发人类对人工智能技术解组社会结构的畏惧和担心。

四、结论与讨论

随着大数据的快速发展，以人工智能技术为核心的智能化已成为基层治理创新的主流趋势。人工智能技术在基层治理领域应用深度和广度的拓展，不仅丰富了基层治理手段，而且也为基层治理现代化提供了可能。因而，以人工智能技术为支撑的基层智慧治理创新，不仅能够提升基层治理精细化的内在要求，重构基层政府社会治理理念；而且还能推动基层社会治理模式变革，使得基层政府治理模式从单一的政府发号施令或政府决策转向多元主体参与模式。同时，以智能技术建构的智慧平台将会打破管理者与被管理者的行政边界，进而改变了基层政府与社会主体的互动方式，有助于优化基层机制。就地方政府推进基层智慧治理创新实践而言，在人工智能技术的辅助下，基层治理能力和治理效率得到了显著的提升。首先，基层智慧治理成为社会治理创新的风向标，引领基层社会治理迈向更高质量的发展；其次，基层智慧治理推动基层治理向数字化以及智能化治理转型，倒逼基层政府治理改革，不断优化基层治理机制；最后，基层智慧治理在推进基层社会治理创新过程中，能够更好地践行为人民服务的基本宗旨，有助于为群众提供更加精细化的社会服务。

然而，由于人工智能技术尚处于探索阶段，人工智能技术在基层治理领域表现出较高价值的同时，在推动治理理念、模式以及机制变革过程中，也衍生出一系列的潜在风险。一方面，由人工智能技术构建的智慧平台，使得现代人完全成为“信息裸人”，如果不能对智慧平台信息进行有效监管，就会出现居民重要信息泄露的安全风险；另一方面，当前大多数智慧治理平台并未完全跳出科层制的权力不平等弊端，反而智慧治理平台衍生出“虚拟科层”，造成了基层自治空间不断被压缩的风险。此外，基层智慧治理创新使得社会治理中由人承担的工作被人工智能技术所取代，人工智能技术演变成虚拟的“社会主体”，由此可能引发人工智能技术解组社会结构的风险。因此，基层智慧治理创新的潜在风险，要求政府在推动基层治理创新时要进一步引导和规范人工智能技术的应用。具体而言，可以从以下 3 个方面予以优化：

一是分析智慧治理创新实践潜在风险的生成条件与情境，提升个体和组织的风险应对能力。由此，政府在推进人工智能技术应用基层治理过程中，应当充分保障人工智能技术的透明性，特别是不同智能技术可能存在的信息安全风险，要及时将相关信息告知基层政府和普通居民，进而确保基层政府和普通居民能够在充分了解人工智能技术应用信息安全风险的基础上，从主观上、心理上主动接受基层智慧治理的稳步推进。这样基层政府和普通居民不仅能够共享基层智慧治理带来的便捷，还能够增强人工智能技术应用的风险感知能力，做好提前防范人工智能技术应用的潜在风险。

二是基于平等性原则，确立政府、社区、居民等在智慧治理中的主体作用，实现多元主体协作化解基层智慧治理创新风险。大量社会治理实践表明，政府必须要让社会主体充分发挥参与优势，才能真正实现社会善治。因此，政府在推进基层智慧治理创新过程中，需要赋予社区、居民等社会主体监督其合理使用人工智能技术，进而形成吸纳政府、社区、民众等多元主体协作化解智能化治理的风险机制[30]。本质而言，多元主体协作风险化解机制在很大程度上是调动社会主体积极参与政府的权力监督，使得基层政府在应用人工智能技术过程中，能够充分注意人工智能技术应用的边界和尺度，从而才能真正确保社会主体的根本利益诉求。

三是紧扣制定、执行、反馈及修正的政策过程，有序推进规范智能化应用政策的实施，实现借助政策构建防范智能化应用风险的长效机制。一方面，政府要出台有关规范基层智慧治理标准的政策体系，包括人工智能技术的研发标准、管理标准以及应用标准，确保基层治理相关人工智能技术研发到应用的安全性。另一方面，政府要出台规范基层智慧治理相关使用主体行为的政策体系，即加强对政府官员在基层智慧治理过程中不规范行为的实时监督，特别是要防范由人工智能技术应用导致的权力向上级政府和上级政府管理者过度集中的问题，进而确保基层智慧治理相关使用主体的合法权益都能得到有效保护。

（作者分别系南京林业大学人文社会科学学院讲师；南京市社会科学院研究员，江苏省扬子江创新型城市研究院专家。本文发表于《现代城市研究》2023 年第 4 期。）

参考文献：

[1] 邱道隆 . 新一轮政治失序是重塑民族国家的反馈［N］. 社会科学报，2017-05-11（3）.

[2] 周雪光 . 国家治理规模及其负荷成本的思考［J］. 吉林大学社会科学学报，2013，53（1）：5-8.

[3] 鹿斌，金太军 . 国家治理现代化进程中的社会治理创新［J］. 天津社会科学，2016（2）：79-83.

[4] 陶希东 . 大数据时代中国社会治理创新的路径与战略选择［J］. 南京社会科学，2016（6）：85-90.

[5] 赵孟营 . 社会治理精细化：从微观视野转向宏观视野［J］. 中国特色社会主义研究，2016（1）：78-83.

[6] 刘中起，郑晓茹，郑兴有 . 网格化协同治理：新常态下社会治理精细化的上海实践［J］. 上海行政学院学报，2017，18（2）：60-68.

[7] 黄晓春，嵇欣．技术治理的极限及其超越［J］．社会科学，2016（11）：72-79.

[8] LYALL C，TAIT J. New modes of governance：developing an integrated policy approach to science technology，risvironment[M].Burlingtong：Ashagate Publishing Company，2005.

[9] 任剑涛．国家治理的简约主义［J］．开放时代，2010（7）：73-86.

[10] 钟伟军．地方政府的分散创新与中央主导下的创新整合：长三角政务服务“一网通办”的实践路径［J］．江苏社会科学，2022（1）.

[11] DAVIES J S. The limits of joined-up government：towards a political analysis［J］.Public administration，2009，87（1）.

[12] 刘永谋．技术治理的逻辑［J］．中国人民大学学报，2016（6）：118-127.

[13] MEYER J W，ROWAN B. Institutional organizations：formal structure as myth and ceremony［J］. American journay，1977，83（2）：340-363.

[14] 吴楠．智慧社会的治理模式探析［J］．河海大学学报：哲学社会科学版，2018，20（5）：70-76.

[15] 韩志明，李春生．城市治理的清晰性及其技术逻辑：以智慧治理为中心的分析［J］．探索，2019（6）：44-53.

[16] 尼葛洛庞帝．数字化生存［M］．胡泳，等，译．北京：电子工业出版社，2017.

[17] 马克·波斯特．信息方式：后结构主义与社会语境［M］．范静哗，译．北京：商务印书馆，2014.

[18] 陈阿江．从熟悉社会到透明世界：监视视角下的社会类型演变［J］．江海学刊，2022（2）：100-107.

[19] 汪锦军．合作治理的构建：政府与社会良性互动的生成机制［J］．政治学研究，2015（4）：98-105.

[20] 杨立华．人民治理：国家治理、社会治理和政府治理的共同本质［J］．学海，2021（2）：64-75.

[21] 沈荣华，刘洋．习近平社会治理思想创新与贡献［J］．理论探讨，2019（3）：

5-10.

[22] 郭强，杨胜荣 . 习近平社会建设思想的理论创新与精神实质［J］. 东岳论丛，2017（7）：12-21.

[23] 维克托・迈尔—舍恩伯格，肯尼思・库克耶 . 大数据时代［M］. 盛杨燕，等，译 . 杭州：浙江人民出版社，2013.

[24] 孙伟平 . 人工智能与人的“新异化”［J］. 中国社会科学，2020（12）：119-137.

[25] 马克斯・韦伯 . 经济与社会（上）［M］. 林荣远，译 . 北京：商务印书馆，1997.

[26] 马克斯・韦伯 . 经济与社会（下）［M］. 林荣远，译 . 北京：商务印书馆，1997.

[27] 叶荣，易丽丽 . 科层制下组织成员的参与自主性：困境与超越［J］. 中国行政管理，2006（3）：32-34.

[28] 邱泽奇 . 技术与组织：学科脉络与文献［M］. 北京：中国人民大学出版社，2018.

[29] 谢新水 . 人工智能发展：规划赋能、技术自主性叠加与监管复杂性审视［J］. 浙江学刊，2020（2）：78-87.

[30] 韩传峰 . 基于区块链的社区治理机制创新研究［J］. 人民论坛・学术前沿，2020（5）：66-75.

数字乡村建设的现实矛盾与优化路径

——基于多重政策关系视角

秦国伟　李　瑶　任克强

一、问题提出与文献综述

当前，数字已成为一种新型生产要素，在全面推进乡村振兴中，数字乡村建设发挥着促进农业生产方式进步、改善农村生活条件、提高农民生产技能的重要作用，越来越彰显时代价值和现实意义。数字乡村顾名思义是以数据为主要生产要素，通过互联网平台加速实现乡村全面振兴的农业生产和农民生活数字应用的新集合或新形态。2018 年，《中共中央、国务院关于实施乡村振兴战略的意见》明确提出，实施数字乡村战略，大力发展数字农业。2019 年，中共中央办公厅、国务院办公厅印发《数字乡村发展战略纲要》，强调数字乡村既是乡村振兴的战略方向，也是建设数字中国的重要内容。2022 年中央一号文件指出，实施数字乡村战略，做好整体规划设计，弥合城乡数字鸿沟。可以预见，加快数字乡村建设已成为我国实现农业农村现代化的重要内容和重大任务。当前，我国数字乡村建设还存在基础设施尚不完善、建设主体单一、建设方式滞后、建设资金不足、场景应用不多、支撑保障不强等一系列现实问题，亟待从学理上厘清数字乡村与其他国家战略的多重关系，从顶层设计上进一步优化建设内容和应用模式，完善数字乡村建设的实现路径。

“数字乡村”是一个具有中国特色的概念，在新时代农村信息化发展进程中，其数字产业化、产业数字化、服务在线化和治理精准化等天然优势，有力推进了乡村振兴战略的实施。20世纪90年代，西方兴起“数字治理”研究，主要以数字化进程如何促进城市与乡村的发展为主线。有学者指出可持续发展目标是联合国所有成员国致力发展的目标，各国应该通过加强建设数字政府能力来实施，并根据国家政策背景不断进行调整。[①]也有学者指出信息和通信技术在城市环境中的许多应用，在很大程度上定义了学界对智慧社会和社区背景下可持续发展的理解。然而，这种转变几乎没有在农村留下痕迹，农村社区面临着巨大的转型障碍，如缺乏信息和通信技术基础设施、在地理上与技术进步隔绝以及各种社会不平等。[②]自数字乡村建设被提出后，中国各界就这一重大战略部署做出了广泛而积极的探索。这是立足“三农”、对标城市、承上启下的一项重要举措，对乡村发展具有深远的政策意义。

近些年，国内学者从不同角度对数字乡村建设基本议题进行了有益探索。在建设之初，有必要构建科学的数字乡村经济评价指标体系，[③]明晰数字乡村战略的整体推进逻辑。[④]多数学者关注数字乡村的有效治理，[⑤]从数字乡村治理的内涵出发，[⑥]到数字乡村建设的作用机理与实践成果，[⑦]这整个过程中所涉及的建设主体、[⑧]发展对象、[⑨]建设内容、[⑩]发展资源[⑪]等，均已有了一定的研究基础。在方法论上，数字乡村建设由早期的外源式发展理论逐步走向内源式发展理论。众多学者对于数字乡村建设方式与思路都体现了这一方法论指导。[⑫][⑬]现实经验也表明，中国数字乡村建设要坚持顶层设计、试点探索与基层创新相结合的方法论。[⑭]

通过对现有文献进行总结归纳，可以发现大多数研究都是从数字乡村建设自身出发，回应了数字乡村为何建设、建设什么以及如何建设等基本问题，但对于数字乡村建设过程中与其他重要农村发展政策在理论与实践层面的呼应与补充等问题，既有成果并未做出积极回应。事实上，数字乡村建设并不是孤立的，应将其置于乡村发展的战略全局中综合考虑。目前结合国家战略背景，从国家战略布局角度分析数字乡村建设与同期其他相关政策之间的内在关系及差别之处的研究较为薄弱。数字乡村建设的提出与推进，不仅与乡村振兴战略契合，也是高质量发展战略推进过程中的重要手段。一方面，贯彻新发展理念、构建新发展格局、实现高质量发展作为我国当前发展的主要目标，其目标的实现与乡村的发展息息相关。[15] 以数字化转型驱动乡村生产生活的全方位变革，从而实现全域高质量发展，与数字乡村建设具有目标的内在统一性与发展逻辑的一致性。另一方面，数字乡村建设中强调的数字化信息技术的运用也是乡村振兴发展的潜在功能和客观载体，数字乡村建设为乡村振兴有效赋能。因此，本文选择将数字乡村建设与高质量发展战略和乡村振兴战略纳入同一框架下进行分析。在现有研究基础上，从多重政策关系视角，对标国家政策方针，探讨数字乡村建设与现行政策环境的契合之处与机遇所在，以期从顶层设计层面为数字乡村建设的进一步深化做出改进。逻辑框架如图 1 所示。

二、以系统思维认识数字乡村建设：基于多重政策的丰富关系

数字乡村建设与相关重要国家战略既在目标和内容上相互统一，又在实现方式上相互指导和互为助力。厘清数字乡村建设与乡村振兴、高质量发展的多重政策关系，有助于理解数字乡村建设的战略地位与建设重点，有利于发挥政策合力作用，最大化政策效果。

（一）数字乡村与乡村振兴：建设内容和发展模式的高度融合

2019 年 5 月，中共中央办公厅、国务院办公厅印发《数字乡村发展战略纲要》，提出以“数字乡村”助推乡村振兴。发展数字乡村对于乡村全面振兴至关重要，两者在发展方向上具有强关联性，在表现形式上具有内在一致性。随着数字基础设施在乡村的大力建设和推进，以数字技术为依托的数字乡村建设内容也深刻地影响着乡村生产生活方式，并为全面赋能乡村振兴、优化乡村振兴发展模式指明方向。数字技术赋能乡村振兴的主要内容与机制如图 1、

图 2 所示：

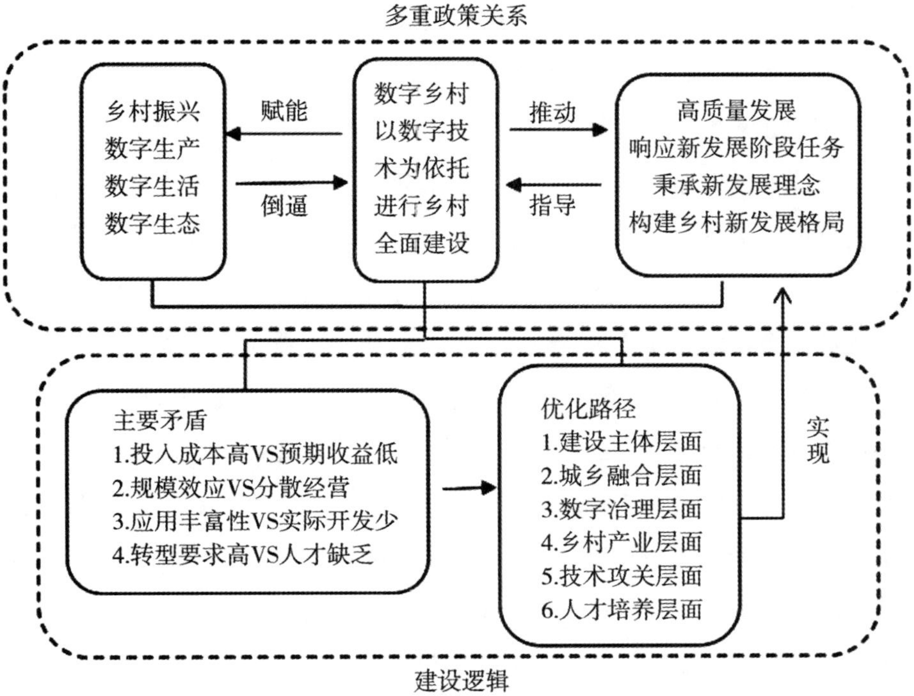

图 1　数字乡村建设逻辑框架图

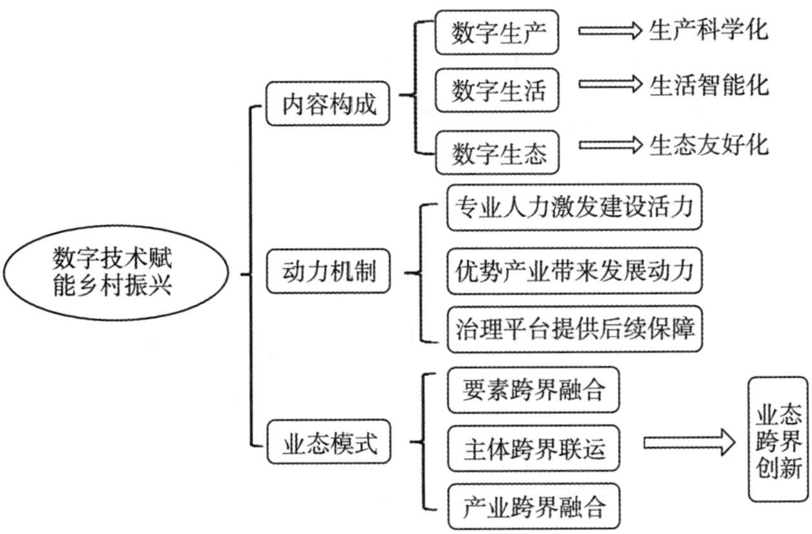

图 2　数字技术赋能乡村振兴的结构示意图

1. 数字乡村建设为乡村振兴赋能提速

数字乡村为全面赋能乡村振兴提速，主要体现在从数字生产、数字生活和数字生态三个方面将数字技术的影响全方位融入进乡村振兴过程中，数字乡村已经成为乡村振兴的重要推手。

第一，数字技术赋能数字生产，特别是在农业生产管理的全过程中，数字技术发挥着重要作用。互联网、人工智能、区块链等数字化技术为农业全产业链价值升值赋能，提高农业生产效率与利润。第二，数字技术赋能乡村数字生活。数字技术通过统筹乡村优势要素，整合互联网、物联网、遥感传输等领域的新技术与新成果，合理布局乡村生活提质重点，优先保障乡村基础设施的数字化和民生保障服务的数字化。通过将数字技术与数字乡村建设的多场景深度融合，满足群众对数字化应用的个性化需求，创新更加智能化的便民利民生活方式。第三，数字技术赋能乡村数字生态。生态资本价值实现是乡村生态振兴的源动力，[16] 生态资本的数字化是将信息技术与生态环境相结合，提高生态资源数字化管理水平和生态环境数字化防治水平。数字化技术赋能生态环境治理，体现在通过农村生态系统监测平台、农村人居环境检测平台等新型环境评估方式倒逼环境治理高效化，同时，数字技术的应用有助于绿色生产和消费，进而有效化解乡村发展过程中的资源利用低效和环境污染问题。

2. 数字乡村建设激发乡村振兴内生动力

数字乡村建设过程会自主地引进一批乡村建设人才，产生一批效率高、技术强、前景优的优势产业，形成更高效的治理平台，这些都构成了加速实现乡村振兴目标的动力来源。

第一，数字技术为乡村振兴提供了专业人才保障。在数字时代之前，城乡教育资源分布失衡，且乡村教育与城市教育相比设施相对薄弱，人才吸引力不足。乡村师资力量欠缺严重制约了乡村人才资源的培育。数字时代来临之后，数字技术弥补了高素质人力资源不足的劣势，通过数字技术为乡村教育赋能，通过广泛开展线上共享课堂、云教育平台等形式为乡村输送高质量的教育资源，有效解决乡村人才缺失的难题，突破乡村人才培育的瓶颈。越来越多的高素质人才为乡村振兴建设提供动力源泉。第二，数字技术为乡村振兴提供了产业发展活力。近年来，互联网经济使人们的生产生活方式发生了全面而深刻的变革，互联网时代乡村逐渐兴起一定规模的“流量型经济”，依托大数据平台乡村产业蓬勃发展，产生了诸如“县长直播带货”“乡村特色吃播”等喜闻乐见的网络宣传方式，数字技术使乡村产业发展实现“弯道超车”成为可能。[17]依托数字技术，农村农业发展呈现新业态，农村网络零售额的逐年递增，农村电商行业规模的扩大，为乡村振兴激发动力。第三，数字技术为乡村振兴提供了高效治理平台。随着人口结构、社会关系等变化，乡村社会治理基础也应然改变，[18]数字治理则能适应这种转变。一方面，数字技术扩大了村民与外界沟通的途径，如利用网络平台与市场对接，参与乡村与企业的外部治理。另一方面，数字技术深化了乡村内部治理，以“互联网+政务服务”“互联网+党建”等新模式进行数字治理改革，有利于建成服务型政府，为基层群众提供更为便捷高效的政务服务。内外部沟通渠道有效激发乡村主体参与公共事务的内生动力。

3. 数字乡村建设丰富乡村振兴业态模式

数字乡村建设为乡村振兴提供了发展新方式和新动能，如何将新动能真正转化为促进乡村发展的效能，造福广大农民，关键在于创新乡村发展模式，利用数字乡村建设契机实现业态跨界创新。具体来看：

第一，数字乡村建设加速要素跨界配置。数字乡村建设进一步打通了要素流通渠道，农业生产、加工、销售、物流等环节都顺应数字乡村建设要求进行数字化升级，不仅打通买卖双方的信息屏障，提供更全面的市场预估与供求分析，更加速了上下游企业的资源互通和城乡要素的高效流动，通过有效整合资金、土地、人力、技术等生产要素资源，提高了资源配置效率，为乡村振兴业态模式的丰富性提供要素支持。第二，数字乡村建设促进主体跨界联动。数字乡村建设充分对接乡村振兴发展需求，推动多元主体融入现代产业发展。通过具有数字能力的新农民、掌握先进数字技术的地方企业、制定数字化发展规划的农村干部等多元主体合力，形成乡村振兴的数字化优势，特别是依托电商、直播等数字经济新业态，充分利用流量经济带动农产品促销和农民增收，最大限度保证乡村振兴业态模式的生态活力，拓宽乡村振兴业态模式发展空间。第三，数字乡村建设强化产业跨界融合。数字乡村建设带来的数字技术与农林牧渔、农副产品加工、乡村旅游、文化产业等产业深度融合，使得乡村经济的内部结构发生根本性变化，传统农业主动适应这种关系重构，从根本上盘活本土资源，催生了一二三产业融合的新业态模式，形成了诸如认养农业、创意农业、观光农业等新型农业形态，丰富了现代乡村产业体系的内涵。

（二）数字乡村与高质量发展：发展目标和现实逻辑的高度统一

贯彻新发展理念、构建新发展格局、实现高质量发展是我国当前发展的主要目标。数字乡村助力高质量发展意味着以数字化转型驱动乡村生产生活的全方位变革，从而实现全域高质量发展。二者具有目标的内在统一性与发展逻辑的一致性，如图 3 所示。

1. 数字乡村是立足新发展阶段的重点任务

“十四五”时期我国正式步入新发展阶段。对于数字乡村的建设而言，第一，新发展阶段应坚定秉承数字乡村建设的理念。从试点示范到全域推广的全过程中，都要严格落实信息化、产业化、数字化的新发展要求，利用好数字技术溢出效应和带动作用，结合新发展阶段技术供给、应用需求、产业环境以及要素结构的新变化，做好全面、系统、精细化、全域性的数字乡村建设顶层设计，实现全域高质量发展目标；第二，新发展阶段应坚持提升数字乡村治理的效能，注重完善乡村治理体系，从治理主体、治理内容、治理手段等方面加强数字化治理能力。数字乡村建设为进一步推动全民参与共治提供了良好的公共平台，使不同主体的话语权能够得到充分有效表达，有利于构建数字化平台与乡村治理相结合的高效治理体系，重振新发展阶段乡村治理的活力；第三，新发展阶段应着力弥合城乡“数字鸿沟”。数字乡村建设为打破传统城乡割据、要素阻滞的局面带来机遇。一方面，数字乡村建设破除导致“数字鸿沟”的外部障碍，加强建设乡村基础设施和互联网普及。

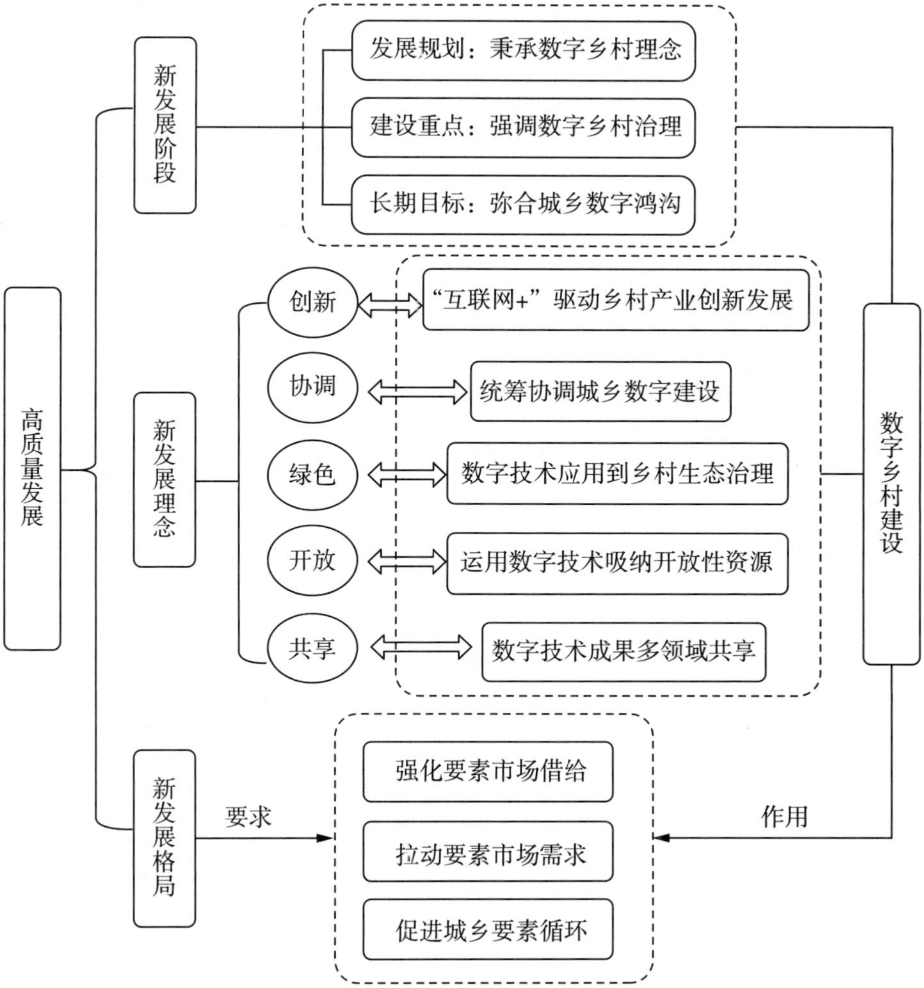

图 3　数字乡村建设与高质量发展关系示意图

另一方面，数字乡村建设强调弥合城乡"数字鸿沟"的内在因素，大力培育具有数字能力和应用能力的新农民、新干部、新人才，构建畅通城乡数字要素共建互享的体制机制。新发展阶段城乡要素供给不均、城乡发展差距等问题均得到有效改善，数字乡村建设顺应新发展阶段的总体目标，是新发展阶段的重点任务之一。

2. 数字乡村是贯彻新发展理念的重要举措

2015 年，党的十八届五中全会提出"新发展理念"，新发展理念与数字乡村建设的结合意味着要围绕"创新、协调、绿色、开放、共享"这五大发展核心目标，推动网络化、信息化和数字化技术在乡村领域的进一步推广和应用。具体来看：创新发展体现在鼓励农村地区结合地域特色，先行发展“互联网 +”特色优势产业，形成“互联网 +”产业生态圈，并积极发挥智慧应用的创新能力，改善智慧应用的用户体验感，方便用户进行线上预订、消费、售后等环节，以数字技术带动乡村产业创新发展。协调发展体现在统筹好城市与数字乡村建设发展的关系。通过城乡有序推进，营造更加开放包容公平的融合发展态势，加快形成城乡资源要素分配合理、流通顺畅，产业生态各具特色的和谐发展新格局。绿色发展体现在将碳达峰、碳中和目标贯彻到乡村环境治理的各个环节，[19] 利用数字技术整合和利用乡村生态资源，提高乡村生态环境治理效率和水平，对生态要素进行实时监测和预警，强化乡村环境治理效能，此外，依托大数据实现绿色生产智能化，促使生态产业绿色发展。开放发展主要体现在对于技术、人才、资金等开放资源的积极吸纳以及以开放包容的心态学习国外数字乡村建设的经验。共享发展体现在将信息技术与经济、社会、生态等方面紧密结合起来，形成基于大量信息聚集和智能化数据处理的新农业生产链、新综合管理平台、新农村生活模式，使得信息技术成果在多领域共享。

3. 数字乡村是构建新发展格局的具体实践

2020 年 4 月，习近平总书记指出，要构建以国内大循环为主体、国内国际双循环相互促进的新发展格局。形成强大的国内市场、培养大规模且完整的内需体系，是构建新发展格局，夯实国内大循环的应有之义。构建新发展格局离不开畅通的城乡要素循环。数字乡村建设的重要内容之一是畅通城乡要素循环，实现城乡融合发展。[20] 第一，数字乡村建设有利于强化要素市场供给。构建新发展格局需要打通生产、分配、流通、消费各环节通道，渠道畅通才能激活市场供给。而数字乡村建设为消除城乡要素鸿沟、畅通要素流通提供可能，使技术、劳动力、资金等要素有序流动，有利于完善乡村地区的市场供给体系；第二，数字乡村有利于拉动要素市场需求。数字乡村建设在数字基础设施建设、推动乡村产业重构过程中，为农民提供更多就业岗位，有助于农民收入水平稳步增加，增强农民消费能力。与此同时，农村地区依托数字技术也催生出更多消费方式和消费需求，助推超大规模国内市场的形成，为构建新发展格局激活农村内需体系。第三，数字乡村建设有助于促成城乡要素循环。城乡融合发展的关键在于减轻资源约束、时空限制、政策桎梏。数字乡村建设从政策上支持乡村农业转型、农村发展、农民增收；从技术上支持城乡要素循环渠道畅通，通过互联网渠道有效实现线上交易与在线沟通；从资金上支持乡村地区的资源约束，缩小城乡要素差距，加大对构建城乡要素循环渠道的资金支持力度。

三、我国的数字乡村建设：基本特征事实与多重现实矛盾

基于多重政策关系分析可以看出，我国数字乡村建设的目标与发展逻辑与全局战略相适应，但在重点内容与具体实践上依然存在不相匹配的地方，导致数字乡村建设面临一定阻碍。如数字乡村建设依然存在农村经营规模小、综合效益低、数字市场开发不足以及数字人才缺乏等难题，制约了数字乡村建设助力乡村振兴的动力构建、不利于数字乡村建设与高质量发展目标的实现。具体来看：

（一）数字乡村设施建设成本高与农业综合收益相对低的矛盾

数字乡村建设成本包括购买硬件设备、数字系统开发和应用、数字平台搭建以及相关服务费用等大额支出，高成本直接加重了农业数字化发展的资金约束，降低了农民数字化转型意愿，制约了农业数字化发展。与数字化基础设施建设资金需求相比，地方政府财政投入相对不足。据 2020 年农业农村部信息中心统计数据显示，全国有超过一半的县（市、区）用于数字农业农村建设的财政投入低于全国平均水平，2019 年该项财政投入占全国农林水财政支出的比例低至 0.8%，且县域用于农业农村信息化建设的平均财政投入呈现出东高西低的不平衡增长趋势。[21]

数字乡村建设过程中的财政投入力度相对不足，在一定程度上造成了中

国农业数字化水平较之工业、服务业数字化水平有较大差距。受资金和成本约束，我国乡村在较短时期内提高数字技术水平和数字基础设施建设水平较难实现。同时，因涉农产业投资大、周期长且农业经营边际收益相对较低，抗风险能力较弱，民间资本也大多处于观望状态。资本在市场运作的前提下，涉农产业数字化进展缓慢，农业综合生产能力不够强，农业经营能力不足等问题日渐凸显。[22]农业经营收益难以覆盖数字基础设施建设的高成本，使得农业数字化转型更为困难。可以说，数字乡村基础设施成本约束导致的供给相对不足与农业综合收益低的矛盾加重了乡村数字化失衡程度，不利于高质量发展目标的实现。

（二）数字乡村需要规模效应支撑与大国小农分散经营的矛盾

中国是一个具有悠久农业文明的国家，传统农业发展史中形成的以家庭为单位、自给自足的小农经济模式使得中国农村基本分布呈现出高度分散化、村庄小规模聚集、人口分布不均的特征，这种小农经济模式使得数字规模效应难以实现。在市场机制下，农村天然的规模不足导致的规模不经济问题已经渗透到数字乡村建设的各个方面，[23]如农村地区规模分摊不足导致线下物流成本过高，网络销售交易受阻；农村企业的用户规模较小，缺乏市场竞争力而易被边缘化等，这类规模不经济问题使得数字红利在农村土地未能得到释放。

而数字乡村需要规模效应支撑。从交易配套设施角度来看，规模效应有利于降低交易成本，破除物流障碍，促进网络零售交易发展，解决“买难卖难”问题。从农业企业自身发展模式来看，规模效应有利于为农业产业数字化过程匹配到合适的人力、物力和财力，增强生产端活力，改变长期以来我国农村经济以小农经济为主的农业生产模式。并且，在流量经济时代，规模效应有利于为乡村企业培养在线用户，在网络市场上形成用户规模优势，避免网络集聚效应使得大部分数据和用户流量涌向少数优势企业，使乡村企业在网络市场中被边缘化。总的来说，数字乡村需要规模效应支撑与大国小农分散经营的农业生产模式之间存在内生矛盾。

（三）数字乡村场景应然的丰富性与实际开发应用少的矛盾

随着数字化水平的提高和乡村生产生活方式的多样化，数字乡村场景应然的丰富性也应不断拓深，对于教育、健康、文化、低碳、生产、建筑、智慧、交通、治理等全方位数字化应用场景的需求也在不断增加。同时，智能化应用在日常生活中的不断渗透和深化也使得高标准、多类型、具有个体偏好差异的数字乡村场景需求进一步扩展。可以预期，未来数字乡村场景应然的丰富性、个性化以及覆盖范围还会继续加强。

而数字应用实际的开发度、知晓度和活跃度却尤显不足。数字乡村建设中数字场景应用普遍存在水平较低且重复建设的问题，实际开发应用不足，适用场景欠缺，未能充分满足乡村生活对数字场景应用的需求，特别是针对乡村地区留守老人较多的现状，老年人在互联网接入过程中存在劣势[24]数字场景应用的开发未能充分体现“以人为本”的开发理念，其对于设备、平台、技术等的专业要求往往制约了群众特别是老年人的掌握，给数字场景应用的普及和推广带来阻碍。服务于老年群体的应用开发相对不足，据 2021 年中国互联网络发展状况统计调查显示，目前老年群体常用的应用主要集中在实时通讯、网络视频、互联网政府服务等基本生活应用，[25]且缺乏对老年群体友好型的应用开发导向，造成数字场景在乡村地区进一步推广的难度增加。数字乡村场景应然的丰富性与实际开发应用少之间的矛盾制约了数字化成果融入乡村生产生活之中，也在一定程度上降低了数字应用迭代升级的积极性，不利于数字乡村建设助力优化乡村振兴的业态模式。

（四）数字乡村建设转型要求高与农村数字人才缺乏的矛盾

数字乡村建设涉及到数字基础设施建设和高新信息技术应用与农村生产生活形态的深度融合，是一项涉及面广、时间跨度长、技术要求高的乡村地区全面的数字化转型。总体来看，我国乡村地区的数字化基础依然较为薄弱。[26]数字乡村建设对农村的信息服务水平、数字信息服务平台建设、信息资源的后续加工、信息传输、以及专业服务等方面均提出较高要求，数字乡村建设中的重要一环——农业生产数字化更是有赖于大数据的获取、分析和运用能力的提高，以及 5G 信息网络建设、作物传感器技术、农业人工智能研发领域等的长足发展，这些现实需要意味着数字乡村建设亟待实现全方位多元化的转型。

数字乡村建设的转型要求势必对人才产生巨大需求。要求在数字乡村建设过程中招贤纳士，吸引一批既愿意扎根于农业农村，又具备数字技术的人才。然而长期以来，农村地区中青年劳动力流失严重，特别是对大学毕业生、高技能工人等人才的吸引力不足，使得本地缺乏建设数字乡村的人力资源，各项数字乡村建设工作的开展面临瓶颈。同时，部分地方政府领导干部和相关工程负责人自身对数字乡村认识水平有限，建设方案和相关指令下达存在缺失和不足，相应制度建设和人员配置与数字乡村建设目标配适度不高。可以说，目前农业生产群体中懂信息、懂数据、懂技术的新型需求人才匮乏，制约了数字乡村建设的进程，不利于数字乡村助力乡村振兴的动力构建。

四、我国数字乡村建设的优化路径

优化数字乡村建设路径需要结合数字乡村建设现存矛盾与现实基础，对标国家政策方针和高质量发展要求，充分发挥数字技术在乡村全面振兴中的推动作用，将数字乡村建设过程与高质量发展的全局谋划相适应。借助数字化平台促进乡村转型发展，高质量推进数字乡村发展，具体从以下几个方面实施：

（一）强化顶层设计，推动多元主体协同

在数字乡村建设过程中，应注重激发多元建设主体积极性与联动性，鼓励建设主体主动参与数字乡村的建设、治理和提升中。对于政府主体，要进一步统筹国家力量，有序推进各项资源合理分配与运用，协调解决公共事务中的纠纷矛盾，发挥政府在乡村治理中的重要作用。并建立健全数字乡村建

设政策支持体系和配套机制，促进产业政策、财政政策、金融服务、医疗资源、教育资源等配套政策与乡村数字化发展模式的匹配性，营造有助于多元主体自主提升、协同共进的良好政策环境。对于涉农企业与农民主体等，要加强协同合作，强化利益联结，形成利益共同体。龙头企业应先行实现数字化转型，创新农业生产经营模式，吸引合作社、家庭农场等新型主体积极加入，引导小农户广泛参与和融入到乡村现代产业中。对于科研机构、大学毕业生、返乡创业者等建设主体，要积极探索数字乡村建设的技术突破口和经济增长点，为数字乡村建设提供技术支持和新鲜血液，推动实现数字乡村建设中要素的融合和主体的联动。

（二）加快融合发展，弥合城乡数字鸿沟

数字乡村建设过程中要突出解决城乡发展差距问题，以乡村基础设施数字化为契机促进城乡协调融合发展，具体体现在：更加注重城乡之间交通设施的优化，实现城乡要素互通互联、资源高效流通、成果共建互享。在向城乡融合发展迈进阶段，一方面，要对乡村道路进行升级改造，鼓励政府对乡村道路拓宽完善，在有条件的地区，建设智慧便利的交通体系。对于发达地区，交通设施已相对完善，应加大城市资源向农村倾斜，而对于偏远山村地区，要进一步落实“村村通工程”的全覆盖和后续保障工作，进一步缩小城乡差距。另一方面，要立足于数字乡村建设的战略取向，打通城乡之间要素流通渠道，特别是数字要素的调配与流通，以更好地构建城乡融合发展机制。这就需要发挥政府主导作用，对交通不便、设施陈旧和偏远乡村地区加大数字支持力度，加强互联网普及工程和数字基础设施建设，促使城乡之间形成平等互利、融合发展的关系形态。

（三）突出治理应用，丰富配套制度供给

村级治理是数字乡村建设的重要着力点，和群众联系最紧密、能够最大

范围、最大程度地调动群众参与数字乡村建设的积极性，应该以服务群众便捷参与治理为导向，开展数字乡村的应用场景建设。数字应用场景的完善要以基层群众的实际需求和现实问题为依据，切忌想当然或者过度追求数字化而使简单问题复杂化，要从群众关注的教育、医疗、交通、政务公开等方面设计和丰富应用场景。数字应用场景的完善还要以结果为导向，对于开发出的治理应用要切实走到实践中，再由实践反馈结果进一步优化升级，从开发到推广，都要牢牢把握住利民便民的设计目标。同时，数字乡村建设要求政府进一步完善治理体系，确保基层治理有效运转，彰显国家制度优势。这需要优化和丰富配套制度供给，包括建立健全治理应用开发推广的市场规则，营造规范有序的政策环境，加强网络安全、信息安全建设，维护好用户权益，进一步完善数据安全风险评估体系，降低数据采集、存储、分析、处理过程中存在的风险，构建网络安全空间命运共同体。

（四）嵌入乡村产业，厚植发展内生动力

乡村产业是有力撬动数字乡村建设的支点。将数字乡村建设嵌入乡村产业的根本在于利用数字化产业链更好的带动农产品销售，激发农业农村活力。首先，数字乡村建设要更加注重第一、二、三产业融合，畅通乡村供应链循环，通过数字技术优化产业结构体系，不断催生乡村产业新业态、新模式，引领新的经济增长点。依托本地主导产业，打造乡村特色农产品品牌，发展如地方特色餐饮业、康养旅游服务业等一系列特色产业，盘活本地资源，将乡村资源优势转变为切实利益。其次，加快发展农村电子商务，丰富数字化营销形式和营销策略，通过微店、淘宝店铺、微信朋友圈等途径打造全方位新网络销售平台。再次，整合农村经济产业链、供应链，在大数据分析的基础上，明确把握市场变化，有针对性的开展农产品销售，对产业进行合理规划，进一步拓宽农产品销售市场。最后，将数字化思维贯穿于全产业链发展过程中，推进现代化数字产业发展理念和生产组织方式在乡村产业的应用，促进产业链价值升值。

（五）加大技术攻关，注重平台企业升级

平台企业为数字乡村建设带来优势和机遇，数字乡村建设迫切需要平台企业的创新升级，以创造出更多利润。主要表现在：在技术运用上，加大数字技术攻关，提高技术运用能力，充分挖掘数字信息技术在乡村地区的应用价值，构建与平台企业建设相匹配的技术体系，为平台企业提供更好的外部环境。在运营方式上，继续提升乡村金融普惠程度，普及数字人民币、支付宝、微信、手机银行等多种新兴支付方式，为电商业态在乡村全面发展提供便利。借助电商业务，增加平台企业贸易量和收益，提高市场运行效率。在发展模式上，利用数据优势帮助农户对接大市场、优化对接渠道、拓宽市场空间，鼓励平台企业发挥线上优势，积极发展订单农业等新型农业生产经营模式。为了使平台企业进一步融入到乡村地区，应积极对村民开展相关培训，加强对电商基础知识、网络直播方式和农业技术等方面的指导，利用平台企业拓宽数字乡村发展赛道。

（六）注重人才培养，不断增强发展后劲

数字乡村建设的发展后劲需要有更多人才支撑。应从人才的数量、结构以及质量上全面加强。增加人才数量需要完善激励政策，鼓励更多数字化人才回乡创业，同时广泛开展乡村居民的数字化教育培训活动，创新数字技术下乡形式，提升村干部的数字建设决策意识，培养乡村主体的数字素养和应用能力，推动掌握数字技术的新型农民队伍的壮大，加快形成人才集聚效应。完善人才结构需要特别注重对农业农村创新带头人、农村电商人才、技术专家等的引进、培养和使用。对于数字乡村建设中紧缺的人才加大政策补助力度，可以通过货币补贴、家属福利等方式吸引其留在乡村、建设乡村。提高人才质量需要加强乡村与地方科研院所、高校、行业组织等协同合作，注重高校毕业生、技术人员等到农村进行产学研活动，为数字乡村建设所需要的各类应用型人才和管理型人才提供进步空间。通过不断发展、壮大数字乡村人才

队伍规模，为数字乡村建设增强发展后劲。

五、结语

本文从多维政策视角阐释了数字乡村建设在战略全局中的地位和作用，将数字乡村建设与高质量发展战略、数字乡村建设与乡村振兴要求纳入到同一分析框架中，进一步明确数字乡村建设的政策着力点和重要抓手，并就现阶段数字乡村建设存在的不足与现实矛盾进行了梳理，发现农村经营规模小、综合效益低、数字市场开发不足以及数字人才缺乏等难题制约了数字乡村建设助力乡村振兴的动力构建，不利于数字乡村建设与高质量发展目标的实现。后续发展过程中应进一步关注数字乡村建设与宏观战略不相适应的问题，优化政策体系，增强发展后劲，提高政策施策效果。研究结果为数字乡村建设提供了一定的宏观指导：数字乡村建设与乡村振兴战略、数字乡村建设与高质量发展的多维关系是指导解决数字乡村建设困境的重要突破口，以系统思维看待数字乡村建设的重点内容、识别制约数字乡村建设的主要因素、把握数字乡村的前进方向，从而最终实现数字乡村的优化发展。

目前对数字乡村建设的探索已经初显成效，但如何形成一个完备、协同、互为激励的政策体系，如何从战略全局高度完善数字乡村建设的政策体系，仍然任重道远。未来学界可进一步关注以下研究议题：一是数字乡村建设与相关战略在理论与实践上的功能划分与协同机制、历史演变与时代价值等；二是挖掘数字乡村建设的政策联动效果，分析其在政策体系处所发挥出的经济、社会、生态等联合效应，以及政策效果在地域、产业环境等方面的异质性；三是系统梳理发达国家在数字乡村建设中的经验做法，结合中国特色和现实基础，探索在中国乡村地区最大化发挥政策效果的路径。

（作者分别系安徽省乡村振兴研究院特聘教授；中国社会科学院大学应用经济学院博士研究生；南京市社会科学院、江苏省扬子江创新型城市研究院研究员。本文发表于《云南民族大学学报（哲学社会科学版）》2023 年第 1 期。）

参考文献：

[1] Janowski T.Implementing Sustainable Development Goals with Digital Government–Aspiration–capacity gap［J］. Government Information Quarterly，2016（4）.

[2] Li R，Chen K，Wu D.Challenges and opportunities for coping with the smart divide in rural America［J］. Annals of the American Association of Geographers，2020（2）.

[3] 崔凯，冯献 . 数字乡村建设视角下乡村数字经济指标体系设计研究［J］. 农业现代化研究，2020（6）.

[4] 彭超 . 数字乡村战略推进的逻辑［J］. 人民论坛，2019（33）.

[5] 沈费伟，袁欢 . 大数据时代的数字乡村治理：实践逻辑与优化策略［J］. 农业经济问题，2020（10）.

[6] 陈晓琳，李亚雄 . 字乡村治理的理论内涵、数字化陷阱及路径选择［J］. 理论月刊，2022（10）.

[7] 王胜，余娜，付锐 . 数字乡村建设：作用机理、现实挑战与实施策略［J］. 改革，2021（4）.

[8] 方堃，李帆，金铭 . 基于整体性治理的数字乡村公共服务体系研究［J］. 电子政务，2019（11）.

[9] 沈费伟，陈晓玲 . 技术如何重构乡村——乡村技术治理的实现路径考察［J］. 学术界，2021（2）.

[10] 王久波 . 辽宁省数字乡村建设现状、做法及面临的若干困境［J］. 农业经济，2019（9）.

[11] 陈潭，王鹏 . 信息鸿沟与数字乡村建设的实践症候［J］. 电子政务，2020（12）.

[12] 邢振江 . 数字乡村建设的国家逻辑［J］. 吉首大学学报：社会科学版，2021（6）.

[13] 李志强 . 城乡融合演进历程的乡村振兴：阶段特征、动力逻辑与发展导向

［J］. 贵州社会科学，2020（9）.

[14] 曾亿武，宋逸香，林夏珍，傅昌銮 . 中国数字乡村建设若干问题刍议［J］. 中国农村经济，2021（4）.

[15] 文丰安，王星 . 新时代城乡融合高质量发展：科学内涵、理论基础与推动路径［J］. 新视野，2020（3）.

[16] 何寿奎，徐建卿 . 乡村振兴与生态资本价值实现融合的内在逻辑、机制与路径研究［J］. 云南民族大学学报（哲学社会科学版），2022（5）.

[17] 曾亿武，郭红东 . 电子商务协会促进淘宝村发展的机理及其运行机制——以广东省揭阳市军埔村的实践为例［J］. 中国农村经济，2016（6）.

[18] 肖平，周明星 . 新时代乡村社会治理创新：基础、困境与路向［J］. 云南民族大学学报：哲学社会科学版，2021（4）.

[19] 李云燕，崔涵，朱启臻 . 从碳达峰碳中和目标愿景看乡村环境治理的困境与出路［J］. 行政管理改革，2021（8）.

[20] 杨江华，刘亚辉数字乡村建设激活乡村产业振兴的路径机制研究［J］. 福建论坛：人文社会科学版，2022（2）.

[21] 夏显力，陈哲，张慧利，赵敏娟 . 农业高质量发展：数字赋能与实现路径［J］. 中国农村经济，2019（12）.

[22] 吴思栩，孙斌栋 . 信息化助推乡村振兴：机制、条件与对策［J］. 南京社会科学，2021（9）.

[23] 吴新慧 . 老年人互联网应用及其影响研究——基于 CSS（2013）数据的分析［J］. 云南民族大学学报：哲学社会科学版，2017（4）.

[24] 董志勇，李大铭，李成明 . 数字乡村建设赋能乡村振兴：关键问题与优化路径［J］. 行政管理改革，2022（6）.

调研新论

在建设中华民族现代文明上探索新经验

曹劲松

建设中华民族现代文明，是推进中国式现代化的必然要求，是社会主义精神文明建设的重要内容。习近平总书记在江苏考察时提出了在建设中华民族现代文明上探索新经验的明确要求，既是对江苏文化发展和精神文明建设所取得成绩的充分肯定，又是对中华民族现代文明江苏实践探索的殷殷期待。如何谱写“强富美高”新江苏现代化建设的新篇章，在提高社会现代文明程度上探索新经验、形成新示范，成为全省宣传思想文化工作的时代主题和光荣使命。使命在肩，唯有奋发。作为文化大省的江苏要以马克思主义基本原理同中华优秀传统文化相结合的又一次思想解放为引领，牢牢把握坚定文化自信、秉持开放包容、坚持守正创新的基本原则，在中国式现代化的新征程上进一步筑牢文化根基，持续增强人民的精神力量，以新的社会现代文明高度展现文化强省的时代风采。

坚定历史自信，筑牢文化根基

建设中华民族现代文明，必须用马克思主义激活中华优秀传统文化中富有生命力的优秀因子并赋予新的时代内涵，既要坚守马克思主义这个魂脉，又要筑牢江苏现代化发展的文化根脉，把马克思主义思想精髓同中华优秀传统文化精华贯通起来。

习近平总书记指出，“江苏要加强优秀传统文化的保护传承和创新发展，积极参与建设长江和大运河两大国家文化公园”。建设国家文化公园，是以习近平同志为核心的党中央作出的重大决策部署，是推动新时代文化繁荣发展的重大工程。国家文化公园作为国家实施的文化工程，创新了中华文化保护、传承、发展和繁荣的体制机制，是推动中华优秀传统文化创造性转化和创新性发展的重大举措，不仅具有构建中华文化重要标志的传承作用和价值引领意义，而且成为文化强国以坚定的历史自信、文化自信开创文明新篇的精神支撑。江苏位于长江下游，长江干流东西横贯省域中南部入海，拥江海交汇之地利；同时大运河南北纵贯省域中线，形成与长江干流的十字交叉，得通江达海之先机。这一独特的水运枢纽区位奠定了江苏在全国经济社会发展中重要的通济功能与历史贡献，同时也形成了水韵江苏、富济天下、仁和社会的文明基础和文化格局，构筑起江苏的人文底色。

江苏的人文底色浸润着中华优秀传统文化的精华，是中国式现代化江苏新实践的文化根基。新时代加强优秀传统文化的保护传承和创新发展，就是要把优秀传统文化中蕴含的民族精神和丰富智慧更深层次地注入到马克思主义，注入到中国式现代化建设实践中来，形成理论创新与实践创新相统一的新优势新成果，开创中华民族现代文明的历史新篇。长江国家文化公园和大运河国家文化公园作为中华文化的标志性空间，承载中华文明智慧，彰显中华民族伟大精神，为人们弘扬民族精神、创造现代文明提供强大的精神动能。江苏要以参与建设两大国家文化公园为契机，在集中展现江苏文脉保护和有序传承的基础上，将新时代文化繁荣发展的勃勃生机和现代文明创造的新成果融汇其间，为中华文化标志镶嵌上璀璨明珠。

拓展素质教育，增强主体力量

人民群众是历史的创造者，是历史发展的主体。中国共产党团结带领中国人民进行新的历史创造，建设中华民族现代文明，以中国式现代化全面推进中华民族伟大复兴，必须依靠和发挥人民群众的主体力量。现代科学技术的飞速发展使人类文明进入到知识创新时代，实现科技自立自强、建构中国自主知识体系，成为中国式现代化取得成功的关键。在建设社会主义现代化强国的历史进程中，唯有全面提升人民群众的科学文化素质，才能有效增强实现强国目标的主体力量。

习近平总书记强调，“要大力发展现代科技、教育事业，全面提升人民群众的科学文化素质”。教育、科技、人才是全面建设社会主义现代化国家的基础性、战略性支撑，教育是基础，科技是关键，人才是根本。中国现代化建设人才来自人民群众，全面提升人民群众科学文化素质，不仅是国家深度开发人力资源的客观需要，形成社会物质财富和精神财富创造的生力军；而且为高质量人才自主培养提供更多的人才来源，形成人才培养体系的高素质人群基础。江苏教育基础雄厚，有着较强的科技发展实力，在坚持教育优先发展、科技自立自强、人才引领驱动上走在全国前列，为进一步发展教育和科技事业打下了坚实基础。如何发挥好这一基础优势，在全面提升人民群众的科学文化素质上实现新跨越，需要不断拓展素质教育，促进优质教育资源均衡覆盖，促进现代科学技术普及应用，加快建设全民终身学习的学习型社会，为新时代促进人的全面发展和经济社会可持续发展注入强大动能。

崇文重教是江苏的文化传统，科技创新是江苏的时代脉搏，两者深深地植根于中国式现代化江苏新实践的沃土。南京作为江苏省会城市和中国四大古都之一，教育和科技资源集中度高，各类专业技术人才汇聚广，位居国家创新型城市排名第二，在全面提升人民群众的科学文化素质上有着得天独厚的条件。南京要充分发挥教育与科技的综合优势，形成全民素质拓展与提升的示范和引领效应，进一步加快学习型社会建设，厚植人才培养的素质基础、社会基础和群众基础，打造新时代“天下文枢”“创新之枢”“人才之枢”。

丰富精神滋养，提高文明程度

中国式现代化是物质文明和精神文明相协调的现代化，既要物质富足，又要精神富有，两者统一于社会主义现代化的实践进程。现代化的根本目的是促进人的全面发展，物的全面丰富是人的全面发展的基础和条件，而人的精神富有则为全面发展提供价值追求的持久动力，创造更为广阔的文明视域。社会主义精神文明是社会主义现代化建设的重要目标和重要保证，决定着我们建设什么样的国家和社会、培育什么样的公民。精神文明建设的目标就是要在全社会形成与社会主义现代化国家相适应的理想信念、道德观念、精神风貌和文明风尚，持续激发人民的创新创造活力，谱写中华民族现代文明的新篇章。

习近平总书记指出，“要繁荣发展文化事业和文化产业，持续推进城乡公共文化服务标准化、均等化，扎实开展城乡精神文明创建，加强公民道德建设，推进书香社会建设，提高社会现代文明程度”。社会主义文化繁荣发展是中国式现代化的内在要求，离不开文化事业和文化产业相互促进的共同作用。以文化事业发展提升社会公共文化服务水平，以文化产业发展满足人们丰富的精神需要，是人们获得美好生活体验不可或缺的文化条件。城乡精神文明创建将社会主义核心价值观融入社会生活的各个方面，成为人民群众日用而不觉的内生精神力量，是实现社会主义现代化强国目标的重要保证。通过营造积德行善、知书达理的和谐社会氛围，让真善美成为人们的内心向往和行为向导，是中华民族现代文明具有强大感召力的源泉所在。江苏人文底蕴深厚、城乡经济协调发展，能够提供较为优越的公共文化服务条件，同时形成了比较完备的文化产业体系，为文化强省打下了坚实的基础。如何在新的起点上推进文化繁荣，需要持续加大公共文化服务投入力度，以标准化、均等化解决好文化服务质量中的短板问题。同时，持续深化城乡精神文明创建，引导和激励人们自觉提高道德修养和知识素养，完善社会德育和美育体系，让美好生活滋养美好心灵，让美好心灵引领美好生活。

江苏是文明城市创建的先行区，也是受全国表彰的文明城市的集聚区。在建设中华民族现代文明的新征程上，要以实施文明创建工程为抓手，持续发挥文明城市标杆的引领作用，推进城乡精神文明建设融合发展，培育中国式现代化江苏新实践的新风新貌，不断在文明实践中探索新经验、取得新成效、做好新示范。

（作者系南京市社科联党组书记、主席，南京市社科院院长，江苏省扬子江创新型城市研究院首席专家。本文发表于《南京日报》2023年7月12日A06版。）

提升公共文化服务效能
夯实共同富裕文化基础

曹劲松

打造新时代公共文化服务高地，提升公共文化服务效能，是筑牢共同富裕的文化基础的重要手段。党的二十大报告提出，健全基本公共服务体系，提高公共服务水平，增强均衡性和可及性，扎实推进共同富裕。习近平总书记强调，共同富裕是全体人民共同富裕，是人民群众物质生活和精神生活都富裕。我们要紧扣“强富美高”发展总目标，聚焦均等化、数字化、融合化、集约化，打造新时代公共文化服务高地，建设文化强国先行区，进一步提升公共文化服务效能，夯实共同富裕的文化基础，促进精神生活共同富裕，为谱写中国式现代化建设江苏新篇章提供文化支撑。

聚焦均等化，提升文化惠民效应。查找现有指标与国家、省域发展规划以及相关省市的差距。加强对省域范围内各类、各层级文化设施的全面摸底研究，重点对社区（村）一级文化设施的布局加强研究，弥合缺口。加强省域范围内小剧场的培育布局，推进中小型剧团发展。结合人口分布情况有步骤、有重点地推进边缘地区的重大文化设施建设。

以科技提升文化设施的精准化服务水平。充分利用科技资源，将公共文化设施空间数据库与公共文化设施电子地图结合，构建包含城市公共文化服务设施数据集、农村公共文化服务设施数据集和 GIS 基础地理信息数据集在内的综合性数据库和电子地图，实现信息资源按照地理空间位置进行整合，为基层公共文化设施精准化建设提供技术保障。

提升公共文化设施建设覆盖率。以高效、便捷利用为原则，力争到“十四五”末，文化设施实现“人均”与“地均”目标值，打造中心城区 500 米服务半径、中心城区外 1000 米服务半径的文化圈。到 2035 年，将江苏文化设施建设打造成能够覆盖所有居住社区、城乡一体的公共文化圈设施网络，“无处不在的城市文化空间”。

聚焦数字化，优化文化服务效能。提升公共文化服务数字化水平。加强规划引导和政策指导，打通江苏各层级公共文化数字平台，打造公共文化数字资源库群，建设江苏文化大数据体系。深化“江苏省数字文化馆云服务与管理平台”建设，充分整合江苏省所有文化馆、站（中心）提供的公共文化服务资源，提升文化演出、艺术普及、场馆预定、数字阅读、综合信息管理等功能。建设智慧图书馆、智慧博物馆、智慧书店、智慧广电等，积极发展云展览、云阅读、云视听、云体验，促进供需在“云端”“指尖”对接。

抓好文化设施统筹建设与综合利用。健全支持开展群众性文化活动机制，加大对基层的扶持引导力度，培育一批扎根基层的群众文艺团队。深化“结对子、种文化”，拓展群众文化参与度。对文化阵地实施“星级管理”，每年综合考评。选优配齐“文化管家”，引导民间社团、志愿者入驻结对、常态服务，真正让文化阵地大门常开、活动常新、群众常到。

创新供给效果评估机制。构建江苏公共文化服务大数据库，提供数据分析、基础数据、评价数据等多种功能，分析居民的文化参与情况、公共文化消费偏好等信息，打造精准文化服务“供应链”。建立公共文化服务项目资源库，实现江苏省文化项目需求库联网，推动公共文化服务从“政府制造”向“群众创造”、从“政府端菜”向“民众点单”转变。

聚焦融合化，拓展文化服务功能。推动文化和旅游业态融合。积极打造国家文化产业和旅游产业融合发展示范区和国家级旅游休闲城市和街区。推动博物馆、美术馆、图书馆、剧院、非遗展示场所等成为旅游目的地，培育主客共享的美好生活新空间。发展智慧旅游，加快发展度假休闲旅游、康养旅游、研学实践活动等，打造一批国家全域旅游示范区、国家文化和旅游消费示范城市、国家精品旅游带、国家旅游风景道等。探索建立景区文化评价制度，形成彰显江苏特色、体现行业示范性的文化和旅游产业融合发展模式。

引导文化设施与城市商业空间、特色景点、公共开放空间等相融合。鼓励在新建的综合体中设置小型文化艺术空间，依托城市主要商圈的人流量，设置小型剧场、演出场所等设施。借鉴法国巴黎蓬皮杜艺术中心的经验，促进博物馆、文化馆、图书馆向复合型文化设施转型。促进影剧院从单一的电影播放功能向中小型剧场和文化娱乐中心等综合功能转型，形成多功能、高能级的文化设施。鼓励图书馆、书店借鉴“诚品模式”打造集商场、餐厅、画廊、实验剧场、艺文空间、音乐空间等于一体的复合式文化综合体。推广德基美术馆经验，利用商业设施建设特色艺术馆、美术馆，全面提升商业空间的文化艺术氛围。树立“将博物馆搬至云上”“整个城市就是一座博物馆”的理念，探索在历史街区、文化景区设置小型博物馆、美术馆、艺术馆的方式方法，在有条件的历史建筑内设置展览馆、纪念馆等公共文化设施。

推进基层文化设施的融合利用。推动综合性文化服务中心整合农家书屋、社区书屋、数字电影固定放映点、体育健身点、小型博物馆等多种功能空间。推动工、青、妇等公共服务资源与基层综合性文化服务中心融合发展，实现原先分布在不同部门、分散孤立、用途单一的基层公共文化资源综合管理和利用，不断提高使用效益。鼓励支持园区、厂区、学校、社会组织向社区（村）居民开放内部文化设施，实现文化设施的互联互通、共建共享。

聚焦集约化，促进新型文化消费。以新型文化消费拓展内需新空间。发展文化消费夜经济，在有条件的文化场所开展夜间游览活动，打造省级、国家级夜间文化消费集聚区。积极培育文化网络消费、体验消费等消费新热点。发挥互联网科技在文化消费中的宣传和推广作用。积极开发包括虚拟偶像、二次元产业链、线下娱乐综合体、虚拟世界网络平台、新经济消费场景等文化产品。发放文化消费惠民卡、文化消费电子优惠券等，研究制定系列新消费促进方案。完善“国家文化消费试点城市（南京）智能综合服务平台”功能，积极培育和发展共享、定制、互动、体验、“智能+”等消费新模式。

构建数字消费新空间。实施网络精品出版扶持计划，鼓励文化单位和网民依托网络平台依法进行文化创作表达，加强各类网络文化创作生产平台建设，鼓励对网络原创作品进行多层次开发，推出更多高品质的网络视听节目。聚焦群众多样化文化消费需求，举办数字文化消费季、“夜生活节”等特色活动，创新开展非遗数字展销、设计大赛、文旅集市等系列展会赛事，打造高品质的数字文旅消费环境。

完善文化消费政策。制定江苏夜间文旅消费实施意见、江苏促进在线新文化消费发展行动方案等，优化文化消费补贴资源配置，将优质文化产品和服务供给项目纳入专项资金扶持范围，鼓励文化机构创作生产和引进更多的文化精品力作投放市场。用好各类文化产业引导资金、文化投资基金，对重点文化行业实行特殊扶持政策。推动文旅消费服务平台化。推广“南京文旅消费智能综合服务平台”“苏州文旅消费大数据平台”等经验，开展活动在线订、场馆在线约、演出在线看、服务在线评的“一站式”服务，建设全国文化和旅游消费示范省。

（作者系南京市社科联党组书记、主席，南京市社科院院长，江苏省扬子江创新型城市研究院首席专家。本文发表于《群众》2023 年第 4 期。）

创新业态　推进文旅经济高质量发展

邵颖萍

中央经济工作会议提出“把恢复和扩大消费摆在优先位置，着力扩大国内需求”作为2023年重点工作任务。文旅消费作为“实施扩大内需战略同深化供给侧结构性改革有机结合起来”的有效突破口和显著增长点，既是繁荣市场、扩大就业、联动产业的关键抓手，也是满足人民日益增长的美好生活需要的现实要义。江苏应坚持锚定建设文化强国先行区和世界重要旅游目的地目标，推进求“真”务“实”向“深”行“远”的文旅融合，发挥文化和旅游消费示范带动作用，在“物的全面丰富和人的全面发展”中传承中华文明，以新担当新作为推进文旅经济高质量发展。

精准化着眼供需匹配　优化江苏文旅消费产品结构

重点推进文旅消费产品内涵与中华文化价值相匹配。挖掘中华优秀传统文化一脉相承的哲学内蕴、文化底蕴、道德积蕴，从时代之变、中国之进、人民之呼中提炼主题、萃取题材，以文艺创作和文旅产品的内容创新，涵养更基础、更广泛、更深厚的文化自信。立足比较优势，彰显“水韵江苏”江河湖海之美，放大以苏州古典园林、南京云锦等为代表的文化遗产效应，推动吴文化、楚汉文化、金陵文化、淮扬文化等地域文化交融共生，注重地方符号、集体记忆和场所精神表达，实现传统文化元素在现代文旅产品中的创造性转化、创新性发展。

积极引导文旅消费产品布局与国家政策导向相匹配。紧扣“恢复和扩大消费 20 条措施”最新涉旅政策导向，聚焦住宿、餐饮等关键环节，抓牢假日、夜间等重点时段，围绕数字文娱、体育会展、康养度假、乡村旅游、商圈消费等关键领域，因地制宜创新激励措施和保障举措，进一步激发和释放文旅消费市场活力。统筹推进长江和大运河国家文化公园江苏段建设，规划布局一批重大项目，聚力建设重点区域，打造富有江河文化底蕴的世界级文旅目的地，高质量完善新时代国家级长江主题旅游线路建设清单。

提前谋划文旅消费产品形态与未来市场趋势相匹配。破解文旅供需不平衡不充分尤其是优质文旅产品供给不足的痛点，主动研判新世代、新亲子、新银发、新商旅等受众的消费偏好和支付能力，整体考量梯度化、多元化、个性化文旅产品的有效供给。重点关照能够满足情绪价值、社交价值、康养价值的特色消费，抓取氛围经济、颜值经济、知识经济等营销热点，打造富含空间品质、文化特质和美学气质的文旅消费新场景。

平台化推进融合创新　放大江苏文旅消费产业能级

有机协调“区域—地方”融合，助力文旅目的地建设。发挥国际消费中心城市、国家文化和旅游消费示范城市及试点城市的辐射带动作用，推出区域一体化消费惠民措施和一揽子消费促进活动，推动城市群文旅消费产业高水平协同发展。结合文化赋能城市更新和文化产业赋能乡村振兴，持续推广公共小剧场、无限定空间非遗进景区、乡村旅游民宿集聚区等江苏特色文旅融合实践，有序开展夜间文化和旅游消费集聚区、旅游休闲街区建设等区域创建，有选择地探索 24 小时生活圈和新型消费集聚区建设。

聚力统筹“载体—活动”融合，孵化文旅新经济形态。推动城市核心商圈创意植入高品质文化主题设施、文化景观与文化业态，深挖文化剧院、体育场馆、会展中心等城市地标大设施的文化消费潜力，打造功能集成、业态融合、设施完善的文商旅体艺新型消费中心。因势利导商圈经济、体娱经济、演唱会经济等各类文旅新经济有序发展，积极开展剧目巡演、节会赛事、博览展销等名片性活动，推行活动门票与周边景区、餐馆酒店、商场商街的联动销售模式，拉动品牌消费、服务消费、品质消费。

审慎包容“产业—业态”融合，探索文旅新消费模式。率先探索多元互补的文旅融合产业新模式，加快形成文旅与工业、农业、教育、体育等相关产业跨界延伸，创树美食巴士、园区市集、社区旅游等新消费范式。激发菜市场、小街巷等城市活跃生活消费空间，引导小而美店铺美学，通过格调场景创意、老字号跨界经营、设计师品牌集成等方式，构建都市旅游烟火日常消费，鼓励“早咖晚酒”分时态、“花艺甜品”共时态、“（夏）龙虾（冬）羊肉”历时态的融合运营，实现全时段、多业态的扩容增效。

品质化浸润氛围营造　彰显江苏文旅消费区域形象

设施效能强整合，营造主客共享幸福感。支持传统景区和度假区深化文旅融合，实施有效更新，整治优化周边环境，弱化“景区内外、景城之间”的空间隔阂与发展差距，实现从“看山看水看风景”到“见人见物见生活”的文旅体验焕新。促进文化和旅游公共服务设施功能融合，增加旅游场所文化内涵，丰富文化场馆消费功能，创新美术馆餐厅、图书馆邮局、非遗旅游服务中心等具备显著文化特征与旅游消费属性的新型文化消费空间和文化场所类旅游产品。

服务品质深优化，积攒内外共赢好口碑。深化服务型政府建设，将基础设施和公共服务与旅游业相融合，以智慧城市大脑建设、一站式保险服务等方式破解高峰期“出行难”“停车难”“如厕难”“保险难”等痛点，真正将游客需求摆在首位。重点提升机场车站、文博场馆、旅游景区、酒店商场等文旅终端从业人员的专业素养，定期开展针对城管执法队员、出租车司机、商铺经营者、停车场管理员等城市形象一线人员的服务培训，以“人人都是城市形象代言人”的担当擦亮江苏文旅城市服务品牌。

监管规范破壁垒，开拓市场共治新局面。规范区域文旅新物种发展，加快出台旅游民宿、户外露营、剧本杀、脱口秀、村 BA 等市场管理办法，研究解决文旅项目点状供地、旅游民宿特种行业许可证办理等政策堵点。建立对文旅新业态的研究监测和评估反馈机制，培育融入区域文化、契合当地生活、真正促进地方文旅消费的新业态，推动短周期网红消费向常态化品质消费转化。

数字化赋能行业革新　布局江苏文旅消费未来生态

沉浸体验新玩法，释放数实融合场景力量。加快文物数字化采集与展示，增加文旅元宇宙优质内容供给，探索虚拟数字人技术应用，研发虚拟现实体验产品和虚实结合游览线路，推出互动感、叙事感和社交氛围感强的标杆消费场景。坚持线上线下融合、演出演播并举，推广运用云旅游、云演艺、云娱乐、云展览等新型文旅服务，推动数字艺术品在文博场馆、景区、游戏等场景的跨链应用，推动“文商体旅赛”与在线经济、内容经济、场景经济等创新融合，实现在线在场消费双向提速。

产销对接新思路，集成垂直营销智慧管理。培育定制、智能、绿色等新型消费，畅通文化生产企业与互联网平台、商贸流通企业产销对接，鼓励发展反向定制和个性化设计、柔性化生产，以需定产降本增效，推进先进数字文化生产线和企业数字化建设。积极导入数字文化生产新业态与新主体，加快传统业态数字化改造升级，探索数字化文旅服务集成。

直播涌入新规则，引育跨界消费旗舰劲旅。重视平台经济对文旅产业的内容创意支撑、企业主体孵化和关联产业带动作用，关注新媒体直播平台入局旅游业最新动向，追踪平台跨界意愿，加快招引新型消费头部企业和总部企业。构建新型消费市场主体孵化体系，发布新场景新应用新产品机会清单，吸引创投资本、创新项目、创业团队聚集，推动高品质存量提升和高标准增量建设，扶持和鼓励传统文旅企业开拓全新的文化业态、消费领域和商业模式。

（作者系江苏省扬子江创新型城市研究院理事长、副研究员。本文发表于《群众》2023 年第 16 期。）

数字技术加速赋能应用场景示范性转化

黄　南　王　聪

当前，数字经济已经成为优化资源配置、重塑经济结构、驱动经济发展的关键因素。江苏省是全国数字经济大省，截至 2021 年底，数字经济规模已超过 5.1 万亿元，居全国第 2 位。然而，数字经济“大而不强”的问题仍较为明显，需要进一步提高全省数字经济的综合竞争力，充分释放其所蕴含的放大、叠加、赋能的经济效能。

数字化应用场景的建设为数字经济的技术创新提供了真实的试验环境和大规模的验证数据，有助于企业明确创新方向，加速集聚商业化所需要的各种资源。不仅推动了数字经济的快速发展，而且促进了数字经济与经济社会的融合发展。近年来，江苏省高度重视数字化应用场景建设，将其作为推动全省数字经济发展的重要手段。尤其是在此前的新冠肺炎疫情防控阶段，教育、就业、养老、社保、救助等服务场景数字化应用不断普及，但客观地说，其场景建设的碎片化现象仍较为普遍、市场机制发挥不充分、应用推广力度不足、群众获得感不强，数据安全方面也存在一些隐患问题。对此，江苏应进一步推动数字化应用场景的创新发展，发挥好其在加快数字经济中的重要作用。

制定“场景应用清单”，提升供给精准性

应用场景设计应强调问题导向和需求导向，力求聚焦经济社会发展中存在的痛点、难点问题，精准匹配应用场景供需。这不仅可以提高场景建设的

精准性和针对性，也有助于提升群众的获得感。实践中，江苏应进一步围绕经济社会发展中的问题和瓶颈，如智慧城市建设、公共卫生医疗体系建设、工业互联网建设、“碳中和”以及智慧政务建设中的信息收集、共享、处理等，精心设计“场景应用清单”，促进数字经济与经济社会发展的深度融合。建立场景征集遴选机制，广泛发动社会基层和民众力量，围绕当前需求最为迫切、遇事解决最为棘手的高频事件进行应用场景的设计，以更好地发挥数字经济在经济发展和社会治理中的赋能作用，提高群众的获得感。同时，鼓励各城市结合自身禀赋特色、产业特色以及前沿技术和企业创新发展需求开展场景创新工作，出台地方场景创新促进实施方案。依托重大建设工程和项目谋划具体应用场景，力争形成具有地方特色的地标性场景项目，为全省乃至全国探路引航。

构建“多跨应用场景”协同机制，强化建设系统性

在经历了前期大量的小范围探索以后，目前数字化应用场景建设已经进入了快速发展的阶段，其内容设计也从过去的分散式场景向系统化场景转变。江苏省也需强化应用场景建设的系统思维，以重点项目为牵引，将原先零散的应用场景进行系统化整合，突破场景碎片导致的数据壁垒，促进数据要素的有效流动和配置。要加快推进智慧城市的建设进程，推动“城市大脑”的建设，以此整合产业发展、交通运输、环境保护、公共服务、城市管理等领域的数字化场景，促进各个场景之间的无缝对接，探索构建“多跨应用场景”协同建设机制，鼓励和促进不同部门、不同领域协作联动，打破数据壁垒，实现数据资源的共建共享。还可运用区块链等先进技术推动建设大数据“目录区块链”，建构起数据共享的新规则、新秩序，并以此为基础围绕场景有的放矢地开展数据调度，促进数据资源在场景建设期间的有效流动，提高对数据资源利用的统筹和配置效率。

激发中小企业参与热情，提高组织创新性

广大中小企业是创新的主力军，但是在参与场景应标时往往处于劣势地位。因此，在应用场景的建设上应注重发挥市场机制，以开放的姿态促进广大中小企业的参与。要避免场景建设中的垄断性问题，运用市场机制进行场景建设的公开招标，降低对企业规模等方面的约束性门槛，吸引更多的企业，尤其是具有较强创新能力的民营中小企业参与应用场景建设，不断激发企业的创新能动性，构建起政府“搭台”、社会各界“出题”、企业“答题”的发展架构。鼓励场景承担者将项目进行技术拆分，或者将不同技术环节进行拆分，形成应用场景建设的企业联合体，促进更多的中小企业能够参与其中。要发挥好龙头企业的引领作用，通过应用场景的建设带动上下游中小企业，协同推动场景的开发。

注重成熟场景落地推广，突出应用示范性

目前，不少应用场景的建设存在周期长、转化率低、落地行业被动受限等问题。为此，江苏要高度重视应用场景的示范推广和应用，将“具有示范作用”作为应用场景设计和建设的重要考虑因素，对已经取得明显成效的试点项目，要加快形成可推广和可复制的经验，在其他园区、城市进行推广，并通过共建等形式在其他省市进行推广和应用。各级政府部门应积极搭建示范场景落地推广平台，鼓励各部门、企事业单位等应用或吸纳已经取得明显成效的示范场景，对于主动应用或吸纳示范场景的部门和企业给予一定的奖励。此外，还要加大对应用场景落地推广的第三方市场机构的培育，帮助已经成熟的应用场景项目寻找更加广大的市场空间，推动场景应用从“样板间”向“商品房”加速转变。

（作者分别系南京市社科院经济发展研究所所长、研究员，江苏省扬子江创新型城市研究院研究员；南京市社科院经济发展研究所副研究员，江苏省扬子江创新型城市研究院研究员。本文发表于《新华日报》2023年1月10日第15版。）

治理现代化视域下
加快数字政府建设的路径选择

黄　南

党的二十大报告指出，以中国式现代化全面推进中华民族伟大复兴，并将实现国家治理体系和治理能力现代化确定为总体目标。政府治理现代化是国家治理现代化的重要内容，也是中国式现代化的重要组成部分。加快数字政府建设是提高政府治理能力现代化的重要举措，对于提高政府部门工作效率和服务能力，提升政府部门工作协同性、决策精准性、治理有效性具有积极的促进作用。把数字技术广泛应用于政府管理服务，推动政府数字化、智能化运行，将为推进国家治理体系和治理能力现代化提供有力支撑。

一、加快数字政府建设对政府治理现代化的促进作用

提高政府治理效能，实现治理的系统化、精准化和科学化，是政府治理现代化的重要体现。加快数字政府建设，能够有效降低信息壁垒及其成本，提高政府部门在信息收集、获取、传输等方面的时效性，优化政府治理的业务流程，提升政府决策的系统化、精准化、科学化水平，加快政府治理现代化进程。

提高政府治理的系统性。政府治理是一个复杂的系统工程，不仅涉及经济社会方方面面，而且各领域、各层面之间存在着错综复杂的关联性。这就

需要政府在治理过程中运用系统化思维，从整体上统筹考虑各领域、各层级、各部门需求，根据治理过程中所遇到的问题提供系统化解决方案。数字政府建设能够有效整合各领域、各层级、各部门的政务信息系统，不仅有利于运用数字化技术提高管理和服务效率，而且能够为政策制定和管理决策提供有效的数据支撑。同时，建设数字政府有利于优化政府部门业务流程，推动政府治理理念、治理结构、资源配置、制度安排、政务流程、运行机制等深层次结构性变革，推动政府治理现代化的系统性升级。

提高政府治理的科学性。数据资源具有全天候、广覆盖、低延时等特点，提高信息获取及时性能够有效降低政府决策的信息不对称现象，帮助政府部门在决策时更加准确客观地了解各领域发展情况，及时查找各领域存在的问题，并基于大数据提供更加精准的解决思路或应对方案，从而提高政府治理的科学性。建设涵盖产业、人社、水利、生态环境、健康、交通等领域的综合信息平台，有利于汇聚各领域大数据资源。基于这些大数据资源，政府相关部门可以在超强计算能力和先进算法创新的加持下为科学决策提供强有力支持，从而使政府决策更加及时科学且更具针对性。

提高政府治理的有效性。精准掌握经济社会发展中出现的新情况、新问题，并及时出台相应解决措施，是政府治理有效性的重要体现。在这一过程中，对情况或问题进行及时准确的了解是提升有效性的关键。建设数字政府能够极大提升政府治理的有效性。如我国在新冠肺炎疫情防控期间，数字技术为重点人员管控、核酸催采、小区封控、混管追阳、风险研判等提供了全方位支撑。通过构建数字化管理系统，利用数字跟踪、居住精准码、大数据比对等技术手段，对人群流动进行跟踪监管，快速准确地摸排密接、次密接等重点人群，为相关部门高效、快速、准确掌握疫情及重点人员情况，精准把握流调信息，最终实现科学防疫、跑赢病毒创造了条件。

二、我国建设数字政府的现实基础

近年来，国家层面与部分省份均出台了加快数字政府建设的相关政策文件，明确了数字政府建设的原则和重点任务，并聚焦数字政府建设重点完善相关制度体系、强化政务数据资源整合，推动数字技术在政府治理中广泛应用，极大提升了政府治理能力与人民群众的满意度、获得感。

顶层设计不断完善，制度保障不断加强。2016 年以来，我国针对数字政府建设相继出台了《关于加快推进“互联网＋政务服务”工作的指导意见》《进一步深化“互联网＋政务服务”推进政务服务“一网、一门、一次”改革实施方案》等相关政策文件，极大推动了数字政府建设进程。2022 年 6 月，国务院出台《关于加强数字政府建设的指导意见》，进一步明确了数字政府建设的指导思想、基本原则和主要目标，并从构建协同高效的政府数字化履职能力体系、构建数字政府全方位安全保障体系等七个方面确定了数字政府建设的重点任务，为数字政府建设指明了方向，也从制度层面为数字政府建设提供了政策保障。在此基础上，地方政府积极推动数字政府建设，系统谋划数字政府建设方案和政策举措。其中，广东、江苏、湖北、山东、山西、安徽、广西、内蒙古等省份先后出台了数字政府建设专项规划或行动计划，明确了未来几年数字政府建设的目标任务。浙江、贵州等省份虽然尚未出台数字政府建设专项规划，但也在相关政策文件中提出了数字政府建设的创新举措。

加快推进机构改革，促进政务数据资源的整合与使用。在不断完善顶层设计的同时，各地加快推进机构改革，通过设置专门机构对相关部门业务职能重新组合，通过组建数字政府、大数据管理机构、集成指挥中心等汇聚和整合数据资源，为数字政府建设提供了有力保障。目前，全国 31 个省（自治区、直辖市）均已组建相应的大数据管理机构，且建设成效较为显著。《中国大数据区域发展水平评估白皮书（2021 年）》数据显示：浙江、河南两省在大数据管理机构组织建设上并列前两位（发展指数均为 53.54），四川、广东两省并列其后（发展指数均在 48 以上）。

服务型政府建设成效明显，政府治理现代化水平不断提升。在以人民为中心的发展思想指引下，各省市围绕数字政府建设发展目标深入推进数字政府建设。从近些年全国数字政府建设实际成效看，大多数地区都建立了涵盖面广、资源集聚较为明显、方便快捷的一体化政务服务平台，使大多数业务实现了从“面对面”向“键对键”的转变，“一网统管”“一网通办”“最多跑一次”在很多地区已成为现实，政府的服务和监管效能大幅度提高，人民群众的满意度、获得感不断提升。

三、数字政府高质量建设的转型方向

尽管我国在建设数字政府方面取得了明显成效，但在实际操作中仍存在一些突出问题。主要表现为：数据政府建设存在区域不均衡现象；不同部门分头管理、各自为战，“数字孤岛”现象不同程度地存在；专业技术人才相对缺乏，尤其缺乏既具有数字化技术又熟悉相关领域业务的混合型人才；技术创新能力有限，算法创新不足等。此外，数据安全也存在一定隐患，数据隐私保护面临较大挑战。加快数字政府建设，应实现如下三方面转型：

由“流程范式”向“数据范式”转型。数字政府建设，不仅是运用现代信息技术实现传统业务的替代和升级，更重要的是要实现业务流程的优化与再造。借助现代信息技术实现业务流程的整体优化和各类数据资产的高效配置，从而全面提升政府的管理效率和治理能力。因此，数字政府建设与以往的电子政务不同，更加强调业务流程变革。当前我国很多地区的数字政府建设还停留在电子政务层面，缺乏运用数字技术对政府业务进行系统优化的理念和举措，难以真正发挥数字政府对治理现代化的赋能作用。在数字政府建设过程中，应进一步推动政府治理由“流程范式”（通过流程来组织数据）向“数据范式”（通过数据组织流程）转变，以大数据思维优化和再造政府业务流程，推动管理者思维模式的整体转型。

由“用数据治理”向“对数据治理”转型。从“用数据治理”到“对数据治理”，体现了政府对数字治理认识程度的提升。“用数据治理”将数据视为治理手段，而“对数据治理”将数据视为治理对象，其中不仅包括数据要素使用、开放、交易等问题，也包括数据要素安全及网络空间秩序维护等问题。从目前我国各地区数字政府建设情况看，很多地方还处于用数据实现治理的阶段，但数字治理中存在的数据隐私泄露、数据垄断等问题已成为数字政府建设的制约瓶颈，不利于充分释放数据资源价值。为此，需要聚焦数据资源的共享与使用，促进数据融通、业务融通，同时高度重视数据安全和隐私问题，充分挖掘数据资源价值，更好地发挥数据资源赋能经济社会发展的作用。

由“纵向链式整合”向“横向多跨整合”转型。数字政府建设的关键在于实现数据融通和业务融通，提高政府治理效率和决策的有效性，这就需要在实际操作中推动业务流程由“纵向链式整合”向“横向多跨整合”转型。“纵向链式整合”主要聚焦于传统业务的数字化改造，更多强调将链式业务流程的数字资源进行整合，而“横向多跨整合”则强调不同部门间的相互协作，注重通过业务多跨整合实现数据资源共享，从而提高政府治理效率。当前我国数字政府建设仍存在“数据孤岛”“数据烟囱”现象，数据流通和共享不足制约了数据资源作用的充分发挥。数字政府建设应进一步关注部门间的业务融通，加快形成横向多跨整合的态势，促进各部门间数据资源的流动与共享。

四、中国数字政府建设的提升路径

针对当前数字政府建设中存在的瓶颈问题，应坚持以制度建设为基础、以场景建设为抓手、以数据安全为保障、以高素质人才供给为支撑，促进数字经济与政府治理深度融合，实现政府职能转变和业务流程优化，以政府治理方式变革提升政务服务效率，不断提升政府治理现代化水平。

统一数据标准，加快数据所有权制度改革。制约数据资源共建共享、形成“数据烟囱”的原因很多，其中数据标准不统一是关键问题。由于数据资源来自不同部门、不同系统、不同行政区域，而且各单位独立开展的信息化建设和数据收集容易造成政务数据海量分散。由于各类数据缺乏统一的分级分类标准，政府部门汇集形成的海量数据难以被加工、处理和应用。一是将统一数据标准作为数字政府建设的重点内容。从顶层设计角度统筹数据标准化工作，建立数据治理一体化管理制度，推进数据资源采集、处理、服务、应用标准化，形成统一的数据标准和格式规范，减少“多网并存”“二次录入”等问题，为数据资源跨部门共享创造条件。明确数据采集界限以及隐私数据采集的技术标准，完善数据流通、交易、定价标准体系，对数据交易各环节的操作标准、数据格式、交易方式、交易合同文本等加以规范，以统一的技术标准推动多源异构数据互认。二是加快推进数据所有权制度改革。建立分类分层的数据所有权制度，根据数据生产者、开发者等不同主体在数据要素形成过程中的具体贡献，从原始数据、增值数据、衍生数据等层面对数据要素进行分类分层，并在此基础上确定不同类型数据的所有权归属。此外，也可以从数据要素价值实现的各环节出发，根据不同主体的贡献度确定相应的所有权归属。三是研究和制定数据价值评估体系。向社会公众开放政务数据是实现数据内在价值的重要渠道，而对数据进行价值评估是数据交流的基础。各地区可以优先选择本地数字经济发展较好的领域，建立数据要素价值评估体系并逐步向其他领域拓展，为全国产业数据要素价值评估提供参考依据。

加快场景建设，推动数据资源共建共享。通过场景创新提高数据资源利用效率，减少不同部门间的数据壁垒从而提高公众的获得感，是数字政府建设的重要环节。一是提升大数据分析能力，为场景建设提供数据基础。通过大数据分析精准把握不同群体的实际需求，查找未被解决的问题、未被满足的需求，通过场景设计统筹推进数字教育、数字医疗、数字社区、数字生态、数字安防等建设，实现政务服务更高效、市民生活更便利。要围绕基层治理核心职能，拓展基层智慧党建应用、网格化精细管理应用、多元矛盾纠纷处理应用、智慧社区应用、数字乡村应用等场景，提升基层治理现代化水平。加快基于应用场景的业务创新，提升适老化和无障碍信息服务水平。二是加强多跨场景设计，推动地区或部门之间的数据共建共享。针对目前部门数字融通、业务融通不充分等问题，各地区可以以重点项目为牵引，对原先零散的应用场景进行系统化整合，突破场景碎片导致的数据壁垒，促进数据要素的有效流动和合理配置。构建多跨应用场景协同建设机制，鼓励不同部门、不同领域围绕共同场景进行协作开发，打破部门间数据壁垒，实现数据资源的共建共享。三是开展针对性数字场景设计，推进区域治理协同应用。立足区域一体化发展的原则，丰富和拓展区域协同应用，促进区域内主要城市之间的数字政府合作。以都市圈建设为重点，鼓励中心城市联合周边地区，共同开展医疗、交通、社会保障、养老、保险等公共服务领域一体化场景建设，在提高公众获得感的同时促进数据资源的区域内流动。

重视数据资源的安全和隐私保护。由于数据开放共享可能带来数据泄露的风险，各级政府部门对于数据的开放共享存在一定顾虑。海量个人敏感信息、重要数据和涉及国家安全数据一旦泄露，将会造成巨大的经济损失和不利的社会影响，甚至会对国家安全造成威胁。因此，数据安全和隐私问题是制约政务数据有效使用的重要瓶颈。为此，应高度重视数据资源的安全和隐私保护问题，加强对涉及国家利益、商业秘密、个人隐私等领域的数据保护，强化数据资源制度建设和技术创新。一是运用先进数字技术提高监管能力。运用多方计算、数据沙箱、联邦学习、隐私计算等技术，提供公共数据确权、溯源防伪、流通交易等服务。对于敏感数据，要推进数据脱敏使用，建立“可用不可见”的数据使用规则。明确不同部门在数据风险管理中的职责分工，建立部门间高效协作的执法机制。充分利用云计算、人工智能、区块链等数字技术，提升数据执法水平和效率。针对数据安全管理、个人信息保护等问题加大执法力度，为数据要素市场有序运行提供保障。二是深入开展算法规制研究。针对当前算法合谋等产生的算法垄断现象，应加快推动针对算法规制的相关地方法规制度建设，积极推动《互联网信息服务算法推荐管理规定》全面落实。同时，鉴于数字经济及数字技术的快速发展对算法规制带来的巨大挑战，各级政府部门尤其是相关法律部门应充分发挥技术力量在认定平台垄断行为中的重要作用。明确算法推荐服务提供者的责任和义务，建立健全相关制度和措施，对通过算法损害市场竞争、扭曲市场价格、诱导消费者过度消费等行为加强监督和管理，切实保护消费者权益，促进数据市场健康发展。三是加快政府监管数字技术创新。积极推进操作系统、数据库等领域的技术创新，构建可信、可管、可控的技术支撑体系。针对数字经济领域涌现的众包、众创、众筹、众扶等新经济业态，不断创新政府管理和服务模式，支持数字技术开源社区等创新联合体健康发展。加强共性安全能力建设，打造物理分散、逻辑集中、分层部署的数字政府安全平台，实现“事前审核—事中监控—事后溯源”的全流程安全管控。

加大数字经济专业人才培养力度。数字政府建设需要大量数字化专业人才，这些人才不仅要掌握计算机、大数据、人工智能等方面的专业知识，同时应具备政府部门相关岗位的专业知识，具有明显的复合型人才特征。一是围绕政府相关岗位业务需要，对人才需求情况进行认真梳理和分析，针对性制定数字政府人才培养计划。二是加强政府部门与高校、培训机构的合作，联合培养数字经济急需的紧缺人才。有条件的地方政府部门可以和相关高校合作，在高校设置数字经济专业课程，将数字政府的重要场景融入高校学生培养课程。依托专业化培训机构针对性开展数字政府人才培训，建立一批产教融合的数字政府实践基地。三是提升领导干部的信息化能力。定期或不定期邀请数字政府领域专家，组织政府部门领导干部开展针对性专业培训和技能培训。

（作者系南京市社会科学院经济发展研究所所长、江苏省扬子江创新型城市研究院专家。本文发表于《唯实》2023 年第 5 期。）

参考文献：

[1] 中国电子信息产业发展研究院 . 中国大数据区域发展水平评估白皮书 [R]. 赛迪研究院，2021.

[2] 黄南 . 瓶颈与路径：全国数据要素统一大市场建设探析［J］. 南京社会科学，2022（10）：35-45.

[3] 孙晋 . 数字平台的反垄断监管［J］. 中国社会科学，2021（5）：101-127，206-207.

[4] 保海旭，陶荣根，张晓卉 . 从数字管理到数字治理：理论、实践与反思［J］. 兰州大学学报：社会科学版，2022（5）：53.

[5] 蔡跃洲，马文君 . 数据要素对高质量发展影响与数据流动制约［J］. 数量

经济技术经济研究，2021（3）：64-83.
[6] 刘家明，李洁莹 . 治理能力现代化视野下数字政府升级的向度、逻辑与路径［J］. 中共天津市委党校学报，2022（10）：85-95.
[7] 刘戒骄 . 数据垄断形成机制与监管分析［J］. 北京工业大学学报：社会科学版，2022（6）：71-83.

新时代红色文化的社会化传播探索

——以雨花英烈精神为例

谭志云　何　森

一、新时代背景下促进红色文化传播社会化的时代意义

红色文化是中国特色社会主义文化的重要组成部分，蕴含着丰富的革命精神和厚重的历史文化内涵，承载着中国共产党人的初心和使命，是中华民族优秀文化的重要组成部分，体现了马克思主义与中华民族优秀文化的有机结合。党的二十大报告指出："弘扬以伟大建党精神为源头的中国共产党人精神谱系，用好红色资源。"这充分表明，在新时代实现中华民族伟大复兴的征途上，红色文化作为一种稀缺性与不可复制性资源，具有极其重要的意义。雨花英烈精神是红色文化的重要组成部分，更是南京市、江苏省乃至全国的一份宝贵的红色资源。2014 年 12 月 14 日，习近平总书记在视察江苏时发表重要讲话，指出雨花台烈士的事迹展示了共产党人的崇高理想信念、高尚道德情操、为民牺牲的大无畏精神；要注意用好用活丰富的党史资源，使之成为激励人民不断开拓前进的强大精神力量。站在新时代的历史起点上，推动红色文化的社会化传播，既有利于让红色文化穿透历史，真正"走入寻常百姓家"，书写文化自信；又有利于将红色文化转化为建设社会主义现代化国家的精神动力。

一是有助于为党的先进性建设提供"红色支撑"。习近平总书记曾强调，

把党的政治建设作为党的根本性建设，为党不断从胜利走向胜利提供重要保证。其中，加强党的长期执政能力建设、先进性和纯洁性建设构成了新时代党的建设总要求的主线。作为党的执政合法性的根本来源，作为确保党的凝聚力、战斗力和号召力的根本要求，党的先进性建设要求坚持与创新马列主义及其中国化成果，继承和发扬中华民族优秀传统。雨花英烈精神所蕴含的“理想信念”的价值取向、“一心为民”的宗旨、“集体主义”的价值观、“爱国主义”的情怀，都与党的先进性建设品格存在着互构关系，应当纳入党的先进性的研究视野，凸显其在党的先进性建设中的宝贵价值。因此，面向党员干部加强红色文化的传播，有助于使雨花英烈精神所承载的信仰力量、忠诚品格、为民情怀实现定向传播，借助开展宣传教育活动、打造宣传教育载体等多种手段激励广大党员干部弘扬革命精神，在理想信念、价值理念、道德观念上紧密团结在一起，进一步构筑新时代党的先进性建设的精神堡垒。

二是有助于为精神文明建设提供“红色风尚”。从内涵来说，红色文化具有对精神发展和人格发展起着塑造和引导作用的文化价值；具有发挥政治导向，增强党的执政能力，营造良好执政氛围和维护社会稳定的政治价值；具有发挥文化产业和文化事业的生产力作用的经济价值和指导与规范人们社会生活的教育价值。①红色文化所承载的历史事实与客观内容能够转化为大量的红色文化产品、作品，有助于将社会主义核心价值观的抽象内容具体化、实践化、生动化，转化为人民群众乐于享受、易于接受的精神文化产品，实现对人民群众思想境界、道德水平的有效渗透。雨花英烈精神的有效传播，不仅能够将社会主义核心价值观更加有效地植入人民群众的土壤之中，也能满足人民美好生活需求对精神文明发展的诉求。因此，红色文化的社会化传播将有助于提升广大人民群众的思想道德与精神文明境界，孵化正确的人生观、价值观、世界观，创造良好的社会文化氛围，同时，更能通过各种物化表征让人民群众在潜移默化中修身立德，形成爱国爱家的红色文明风尚，对于凝结建设社会主义现代化国家的社会共识具有重要现实价值。

三是有助于为社会经济发展提供“红色动能”。当今时代已进入文化驱动发展的时代，优秀的文化资源是推动经济发展的重要动力源泉。文化不仅可以为经济社会发展提供强大的智力支持、精神动力、道德支持与良好的文化氛围，还能凝聚人心，集结社会经济发展的大合力。而如果文化发展滞后，则会带来核心认知模糊、社会道德失范，缺少凝聚力和认同感等问题，一定程度上阻碍社会经济发展。从这一层面而言，红色文化不仅具有重要的政治、文化和教育功能，还是社会经济发展的重要动能，具有重大的社会经济价值。习近平总书记曾多次强调推动中华优秀传统文化的创造性转化、创新性发展。其中，红色文化的挖掘与利用是新时代文化发展的重要课题。目前，围绕雨花英烈精神，仅雨花台烈士纪念馆中就陈列了620件烈士遗物，450幅珍贵图片，以及恽代英、邓中夏等128位烈士的事迹和文献资料。这些宝贵的红色文化资源都能够在社会经济条件下衍生出新的价值形态，形成以红色文化为内核的红色文化产业。因此，作为南京红色文化中最具代表性的文化资源，"雨花英烈精神"的社会化传播，将有助于让"雨花英烈精神"走出雨花台，有助于实现南京红色文艺、红色旅游等红色文化品牌在市场经营模式下的传播，从而在保护与利用并重、社会价值与经济价值共赢的基础上，提供社会经济发展的"红色动力因"。

二、雨花英烈精神的社会化传播现状

在传播学史上，美国学者拉斯韦尔分析并提出一个完整的传播过程所具备的五种基本要素，即：谁（Who），说了什么（Says What），通过什么渠道（In Which Channel），对谁说（To Whom），取得了什么效果（With What Effect）。这五种要素构成了文化传播的5W模式，分别对应着"控制（主体）分析""内容分析""媒介（方式）分析""受众分析"以及"效果分析"。[②]从这一框架来看，目前雨花英烈精神的社会化传播现状为：

一是传播主体为政府主导下的多元主体介入。政府层面形成了"区委区政府—街道社区"的联动式传播主体。区委区政府主要承担着顶层设计的主导作用，通过将红色文化传播纳入区发展规划、出台《雨花台区红色文化城建设实施方案》等方式，做好红色文化传播的政策制定者与后勤保障者的角色。

街道社区构成面向人民群众的日常化传播主体，通过诗歌朗诵会等形式尝试将红色文化传播与群众日常生活实践相结合。社会层面，学校、媒体、典型人物正成为雨花台区红色文化传播的重要力量。学校的课堂式教育是传播主体，通过开发适合青少年立德益智的精神文化产品、把雨花英烈精神纳入中小学校本课程、举办雨花台区学校红色主题教育成果现场会等方式面向青少年传播红色文化。媒体的积极报道是广泛传播的有效保证，如以“追寻信仰、传承信念”为主题的快闪活动得到人民网、央视新闻、共青团中央、中国文明网等主流媒体的转载、推荐，传播效能大大增加。同时，借助独有的红色文化，典型人物成为雨花台区红色文化传播的重要主体，如雨花台革命烈士孙津川的侄女孙以智自 1980 年起担任雨花台区实验小学“孙津川中队”的校外辅导员。

二是传播内容涵盖“人”“物”“事”“魂”四个维度。红色文化在内容上可以分为物质层面和精神层面。[③]物质层面主要是雨花英烈相关的革命遗址、文物。在雨花台烈士纪念馆中陈列了 620 件烈士遗物、450 幅珍贵图片。通过定期组织党员干部参观雨花台烈士纪念馆内陈列物，听讲解，让党员干部身临其境，切身感受烈士精神。精神层面主要是雨花英烈的革命经历，通过在雨花英烈诞辰日时组织“雨花大讲坛”，邀请专家学者讲解雨花英烈故事实现社会化传播。

三是在传播方式上形成了分众化、多样化、精准化的传播方式。针对中小学生，主要运用故事化、形象化的方式传播红色文化，通过雨花台微故事，用手绘连环画及微电影等生动的形式再现雨花英烈的故事。同时开设校外辅导站，通过将科技活动融入党史国史、爱国主义教育、社会主义核心价值观教育，以激发学生知党、爱党、信党、跟党走的信念。针对认知水平较高、具备较强知识吸收能力的大学生，则通过话剧、音乐剧、实地学习、理论宣讲、科研项目、组织生活、社会实践活动等方式实现传播。针对党员干部，主要运用党员宣誓会、签名墙、红歌会、现场教育、实地参观等多样活动，让党员干部深入体会烈士精神，提高党员干部党性修养。针对广大群众，主要通过建设革命故事讲解队伍、革命歌曲歌唱队伍、舞蹈队伍“三支队伍”，举办红色诗歌朗诵会、文艺创作汇演等方式将红色文化以广大群众喜闻乐见的方式呈现出来，实现“接地气”的表达。

四是传播受众实现了多类人群的覆盖，传播效果实现了红色基因向居民价值取向的嵌入。雨花英烈精神的受众主要包括六类人群：① 机关事业单位的党员干部；② 学校的青少年学生；③ 非公企业内的党员；④ 各类社会组织的负责人和从业人员；⑤ 驻区部队官兵；⑥ 普通群众。通过教育引导、舆论宣传、文化熏陶、实践养成、内涵挖掘等多种手段，“雨花英烈精神”广为传播，正成为广大干部群众与青少年不断开拓前进的精神力量，实现了红色基因向居民信仰生成、价值选择的正向嵌入。

但同时，对标新时代红色文化创造性转化、创新性发展的要求，可以发现，雨花英烈精神在社会化传播中还存在内容特色不够凸显、新兴媒体运用不够充分、受众导向意识不够明确等问题：在内容形态上，目前雨花英烈精神传播上存在特色性不足、差异性不明显的问题，主要突出的是个人英雄主义色彩，对人物内心精神世界的阐述尚显不足，未能将红色文化所伴随的巨大社会变迁与个人的现实命运紧密结合起来，往往呈现出“大杂烩”式介绍、宣讲英雄人物事迹、红色文化历史的模式，模式化、程式化、脸谱化的问题还未得到有效解决，红色文化的穿透力还有待提升；在传播方式上，雨花英烈精神在传播上对新媒体、互联网平台的运用相对不足，网络平台的推送以文字插图和短视频为主，缺少动画、H5、游戏等，未能充分利用当前网络新媒介的优势；在传播导向上，雨花英烈精神传播的红色文化信息多为自上而下的“硬”新闻，是典型的“诉诸理性”的说服式传播，有明显的宣传色彩和浓厚的说教味道，缺乏与受众的有效互动与体验，导致无法引起受众的足够关注与情感共鸣。

三、推动雨花英烈精神社会化传播的路径探索

习近平总书记曾强调：“红色基因就是要传承。中华民族从站起来、富起来到强起来，经历了多少坎坷，创造了多少奇迹，要让后代牢记，我们要

不忘初心，永远不可迷失了方向和道路。”新时代红色基因的传承，需要有效的红色文化传播。应通过充分挖掘特色、加强顶层设计、推进分众传播、注重 IP 构建，形成雨花英烈精神社会化传播水平的立体矩阵，从而发挥好红色文化赋能社会主义现代化国家建设的作用。

（一）充分挖掘特色，找准红色文化社会化传播的内容定位

红色文化传播力的强弱很大程度上取决于对其内涵与特色的挖掘是否深入。只有这样才能打破同质化、套路化的叙事，彰显特定红色文化的独特魅力与受众吸引力。从内涵上来看，信仰至上、慨然担当、大爱为民是雨花英烈精神的核心内容，“信仰、忠诚、为民、担当”是对在雨花台牺牲的革命烈士精神品质的高度凝练和升华，构成雨花英烈精神最具特色的精神内涵。④一是突出雨花英烈“信仰至上”的精神灵魂。“为信仰而献身”作为雨花英烈精神的核心灵魂所在，最为突出且独特，构成进行理想信念教育的重要资源。应将信仰教育作为雨花台红色文化社会化传播的重要内容，从理论宣讲、舆论宣传、实践体验、行为养成、文化浸润等多个方面深入阐释雨花英烈的坚定信念，使受众通过“触摸”雨花英烈精神，坚定对马克思主义的信仰、对中国特色社会主义的信念。应在雨花台烈士陵园中有计划、有步骤地设计和建设标志性、有特色的、规范的、样板性的党员信仰教育固定场所，使这一场所成为最庄严、最神圣又最有感召力的信仰教育传播圣地。二是彰显雨花英烈“慷慨担当”的英雄作为。雨花台英烈始终战斗在党最需要、革命最危急的关头，其所表现出的担当精神是中国共产党的脊梁精神。⑤而这种慷慨担当的英雄作为反映在当下就是为了人民的美好生活向往而积极作为，是新时代使命意识的重要体现。应将使命教育纳入雨花台红色文化的社会化传播，发挥雨花英烈精神的熏陶作用，帮助受众启迪使命认同，激发使命意识，培养使命情感，强化使命能力，担当使命行为。应融通雨花英烈精神与新时代共产党人的使命，使之转变为当下不断开拓前进的精神动力。三是强调雨花英烈“大爱为民”的理念精髓。雨花台英烈之所以能够用必死的决心投身革命，

就在于他们把个人追求深深融入谋求民族振兴、人民幸福之中，他们最根本的追求是实现人民幸福，最大的爱是爱人民[⑥]，是典型的“大爱”精神。应在雨花台红色文化的传播过程中突出“大爱”特色，用“大爱文化”铸就区域特有的精神标志，弘扬爱党爱国爱人民的良好社会风尚。应针对党员干部开展大爱教育，以雨花英烈精神的感染力与穿透力引导党员干部戒除“旁边心态”，真正把人民群众的困难与问题当作第一要务。

（二）加强顶层设计，提高红色文化社会化传播的战略站位

红色文化的社会化传播是一项系统工程。对于雨花区而言，既需要确立具有地域特色的红色文化传播内容，也需要各个具体的传播平台、传播渠道的构建，更需要精准把握人民群众的精神文化需求。因此，必须通过顶层设计和总体规划，做到整体推进和重点突破，实现对红色文化社会化传播的系统观照。一是制定全面系统详细的《红色文化社会化传播整体方案》。从组织领导、平台建设、资金投入、线路设计等方面进行组织规划研究，将红色文化传播纳入“十四五”发展规划与区域文化发展战略，为红色文化的传播创造良好的政策环境。应进一步提升传播主体作为“把关者”的知识水平与文化素质，提升红色文化传播的质量与效果。二是实现多元传播主体联动，集结红色文化传播大合力。以整体性、系统性思维为主导，通过政府牵头，整合党史、宣传、档案、文物、文旅、共青团、街道、社区等相关部门，构建资源共享、优势互补的红色文化传播复合体系。区委区政府与宣传部应发挥统筹优势，统一制定规划，促进各类红色文化传播主体之间的联系互动，实现以雨花台烈士陵园为主的红色实体资源、研究机构的人才和信息资源、大众媒体的受众资源的“跨界”整合。三是推动红色文化传播与雨花台区全民教育体系的对接。将传播雨花台区红色文化作为加强全民党史国史教育的重要内容，开展常态化的、全社会的、从娃娃抓起的社会教育与社会传播活动。以“红色教育”引领学校德育工作，制定《雨花台区中小学红色教育实施指南》，把红色文化纳入教师进修课程，把雨花英烈精神纳入中小学校本课程，在中

小学校打造一批“英雄中队”，举办雨花台区学校红色主题教育成果现场会。成立“雨花英烈精神与两史教育”领导小组，在居民社区中设立“雨花英烈精神与两史教育”联络员，结合社区文化站设置“雨花红色转角”，积极推动红色文化传播“每月一主题，周周不停歇”的长效态势。将红色文化传播注入商务楼宇，专门建立企业“红色传播员”队伍，为非公企业支部开展红色文化传播活动提供预约服务，以量身定制的特色活动积极推进辖区内新社会组织、新经济组织中的红色文化传播。

（三）推进分众传播，明确红色文化社会化传播的精准方位

受众是文化传播的“目的地”，又是文化传播效果的“显示器”。在红色文化社会化传播过程中，必须在考虑受众接受特征的基础上建构有利于受众理解的红色文化传播环境，才能实现有效传播。对于雨花英烈精神的社会化传播而言，应当树立受众意识，积极推进分众传播，提高红色文化传播的精准性。一是针对党员受众与体制内受众，持续推进有组织的常态化传播。精心研究辖区内党政机关、事业单位、非公企业、社会组织、驻区部队官兵等不同群体的心理需求，围绕理想信念、党性教育、正风反腐等方面，分类打造党员红色文化传播活动，通过党课、纪念、瞻仰、慰问、走访、座谈等多元形式构建全方位的传播平台，着力做好雨花英烈精神的新时代阐释。二是针对青少年学生群体，拓展研学实践等情境式、渗透式传播。避免简单地对青少年进行灌输和填鸭式的宣传和教育，灵活设置研学实践课程，引导青少年群体将课内外、书内外结合起来。设立雨花英烈精神研学实践“打卡地”，同时通过网络投票、资源报名等方式，选拔各个资源点的“小小代言人”。依托“五四”“六一”“七一”“十一”等重要节点，在各个资源点开展读红色书籍、讲红色故事、忆红色历史、办红色讲堂、唱红色歌曲、绘红色事迹等活动，增强研学实践类活动的情感体验。三是针对广大群众，推动红色文化传播的生活化。推动文艺产品创造与雨花英烈精神的全面融合，推出更多更好的红色文艺佳作，让人民群众接受感情滋养、道德教化和价值引领。

发挥红色旅游在面向更大范围内的人民群众的传播作用，串联雨花台、皖南事变三烈士墓等红色资源，推进雨花英烈精神“进地铁”“进站台”，打造雨花英烈精神文化旅游品牌。四是借助融媒体技术形成符合现代受众需求的传播模式。采用声音、影像、动画等多种媒介的表现手段增强雨花英烈精神社会化传播的美感与艺术吸引力，制作 H5、图解、漫画、微视频等全媒体产品进行传播。与微博、抖音“大 V”、网络红人合作，推送雨花英烈精神的微文本，增强对“90 后”“00 后”受众的吸引力。

（四）注重 IP 构建，拓展红色文化传播的发力点位

所谓 IP，就是二次或多次开发，其内涵在于“核心竞争力 + 产业链”。在红色文化的传播中，IP 的构建将有助于在内容生产的基础上形成更多具有核心竞争力的红色文化传播载体。应当在雨花英烈精神的社会化传播过程中牢固树立 IP 意识，形成可持续的传播力。一是开发红色文创产品。采用自主研发，与高校及设计类、创意类企业合作研发等多种模式，设计以“雨花英烈”为主题的文创产品，将红色文化与当代人的生活、审美、需求对接起来，进一步丰富目前旅游纪念品、商务纪念品、专题仪式纪念品三个系列的产品内容，打造“带回家”的传播载体。针对目前国内市场中红色文创产品趋同性强、内涵挖掘不够的问题，研发实用有趣且具有雨花特色的红色文创产品。加强红色文创产品的线上线下融合互动，以“互联网 + 红色文创”的形式为雨花红色文创产品制作线上专题、党课视频等传播内容，通过历史图片、历史声音等生动的展现方式推动红色文化传播。二是建立红色文化视觉识别系统。围绕雨花英烈的红色事迹，邀请专业团队设计雨花台区红色文化视觉识别系统，并在此基础上衍生办公用品、标志系统、城市家具方面的产品设计。三是推出红色文艺作品。创新红色文艺作品形式，除话剧《雨花台》、大型演出《雨花颂·信仰》、越剧《丁香》等传统文艺形式外，依托雨花英烈精神的丰富内涵开发浸没式戏剧、环境戏剧等，形成具有时空代入感的传播体验。四是打造红色精品课程。借助红色教育基地，开设“雨花英烈精神现场课”，

丰富红色文化展示内容，推广研究式、案例式、体验式、模拟式授课，突出仪式感，做到史论结合、情理交融。

（作者分别系南京市社会科学院、江苏省扬子江创新型城市研究院研究员；南京市社会科学院、江苏省扬子江创新型城市研究院副研究员。本文发表于《文化产业研究》2023 年第 1 期。）

参考文献：

[1] 张华波，邓淑华 . 红色文化与社会主义核心价值观培育［J］. 重庆邮电大学学报：社会科学版，2017（6）：7–14.

[2] 哈罗德·拉斯韦尔 . 社会传播的结构与功能［M］. 何道宽，译 . 北京：中国传媒大学出版社，2013.

[3] 夏春花 . 红色文化研究的现状与思考［J］. 才智，2016（11）：195–196.

[4] 王跃 . 雨花英烈精神的时代价值［J］. 群众，2016（7）：18–19.

[5] 吴光祥 . 雨花英烈精神的当代价值及传承向度［J］. 群众，2016（8）：32–33.

[6] 王燕文 . 共产党人要有牺牲精神：雨花英烈精神的当代启示［N］. 人民日报，2016–06–28.

激发企业创新活力　助力科技自立自强

郑琼洁

党的二十大报告指出，必须坚持科技是第一生产力、人才是第一资源、创新是第一动力。近年来，江苏省不断加大研发投入力度，提升创新能力，取得明显成效。2022 年，我省科技型中小企业数量超过 7 万家，是我国首个突破 7 万家的省份。江苏成为创新氛围最浓厚、创新资源最密集、创新活动最活跃的地区之一。

江苏企业创新投入与发展成效显著

江苏创新氛围浓厚、创新资源密集、创新活动活跃，企业创新投入与发展成效显著，主要体现在以下几个方面。

创新投入规模不断扩大。加大科技投入是推动科学技术发展、提高自主创新能力和实现高质量发展的必然要求。2021 年江苏共投入 R&D 经费 3438.6 亿元，比上年增加 432.6 亿元。其中，企业 R&D 经费增长 14.8%，占全省 R&D 经费的 87.8%；企业资金投入增长 14.9%，占 R&D 经费的 89.1%。可见，江苏企业在全省科技创新中发挥了主导作用，是推动全社会研发投入增长的主力军。

创新投入结构不断优化。江苏企业根据自身的特点和优势，合理安排创新投入的比例和方向，处理好基础研究、应用研究和试验发展之间的关系，增强科技创新的原创性和引领性。数据显示，2021 年企业用于基础研究的经费投入比上年增长 63.6%；企业用于应用研究的经费投入比上年增长 15.6%；企业用于试验发展的经费投入比上年增长 14.4%。这些数据表明，江苏不断加大对基础研究和应用研究的支持力度，提升了研发投入的质量和效益。同时，江苏企业还通过调整产品结构和产业结构，增加对战略性新兴产业和现代服务业等领域的创新投入。

创新驱动成效显著。2022 年江苏省拥有国家高新区 18 家，数量位居全国第一，率先实现设区市的全覆盖。数据显示，2012 年到 2021 年，全省万人发明专利拥有量从 5.7 件提高到 41.2 件，高新技术企业总数从 1.3 万家增加到 3.2 万家，高新技术产业产值占规模以上工业产值比例从 37.5% 上升到 47.5%，科技进步对经济增长的贡献率从 56.5% 提升到 66.1%。企业授权量占比从 2011 年的 59.51% 提高至 2021 年的 85.28%。可以看出，江苏企业的研发投入有效转化为创新成果，为全省经济社会发展提供了强大的科技支撑。

江苏企业创新发展面临的主要问题

江苏企业创新投入与发展成效显著，但在核心技术、企业创新资金链、科技人才吸引力等方面还面临一些问题，具体表现在以下几点。

一些核心技术受制于人。一是基础技术支撑乏力，企业基础研究和原始创新能力不足，导致底层技术和配套产业基础技术支撑乏力。二是技术供需存在鸿沟。大部分企业实现其关键技术突破主要通过自主研发获得，产学研结合低。各类产学研合作平台发布信息不及时，不利于企业了解各高校技术项目研究现状。三是供应链“难替代”。一些产品在寻求国际第三方或国内替代产品后，导致质量下降或成本上升，降低了企业市场竞争能力。

企业创新资金链承载压力大。企业资金流紧张主要集中在几个方面，一是回款“慢”。受到市场大环境影响，现有回款周期普遍拉长。企业间承兑汇票挤占现金流现象明显。二是融资“难”。虽然银行放宽担保条件、下调贷款利率、降低贷款门槛，但部分中小微企业受到复杂环境影响，经营情况大幅下滑或融资超限，难以符合银行授信要求。

科技人才吸引力不足。江苏高等院校云集，是科技人才的主要供给地，但对科技人才的吸引力较弱。一是人才招引渠道窄。普惠性人才政策，尤其针对大学生优惠政策偏少，缺乏针对不同层次、不同类型、不同领域人才的精准招聘渠道。二是人才认定门槛高。部分人才认定标准较高，政策无法惠及企业真正所需的实用型和技能型人才。三是海外引才难度大。国外对技术创新关键领域的人才供应"卡脖子"，对相关创新人才计划设限，海外高端人才招引难。

"四个提升"助推江苏企业创新迈上新台阶

江苏坚持把提升企业创新能力作为事关长远发展的基础性、全局性、战略性重大任务。迈向新征程，可通过"四个提升"助推江苏企业创新发展。

提升技术创新力，激发企业创新潜能。一是要创新对关键核心技术的支持模式。集中组织战略力量，实施"卡脖子技术攻关工程"，制定科学合理的技术路线图和攻关计划。引导行业龙头企业研发布局前移，加强基础研究和创新性、引领性科技攻关。二是构建产学研创新圈层。构建大学师生、科研机构人员、企业家和风险投资家等创新核心圈层，进一步推动企业科技创新与研发。允许高校把科研成果的专利权以独家许可或非独家许可的形式授予企业，加快高科技项目的产业化速度。三是建设重大项目攻关平台。启动关键领域核心技术验证平台建设，优化重点领域科研平台研发布局和力量部署，建立技术需求库和科创供给库，进一步促进科技创新资源的有效流动和利用。

提升资金支持力，增强企业创新韧性。一是畅通信息渠道实现"精准画像"。组织利用税务、工商、司法、环保等信息，建立大数据服务平台和信息共享机制，搭建企业信息综合服务平台，提升对市场主体画像的精准度，提高融资审批的便利性。二是创新支付方式实现"精准滴灌"。积极引导我省产业链核心企业以及政府采购部门，按照合约如期支付企业账款；鼓励银行设立承兑贴现窗口，进一步降低贴现利率。三是创新金融产品实现"精准对接"。积极运用营收账款质押、存货质押等质押产品，推广上游供应链企业保证贷款模式。

提升人才吸引力，强化企业创新动能。一要创新常态化民间引才机制。改变政府主导引才模式，积极与国际一流猎头机构等机构建立长效沟通机制，借力第三方组织开展招才引智工作。将现有定期式人才引进方式转化为常态化人才引进方式。二要做好重点人才名录管理。对于引进的人才归类管理、做好服务。对地区关键产业，可以按照产业链布局，建立重点产业链人才名录，定期做好跟踪服务，积极解决人才所面临的困难和问题。三要拓宽间接引才渠道。建立多模式的“引智工程”，加大和支持各类研究人员建立海外科研合作网，鼓励海外人才以多种形式参与到国内不同的研究项目中。

提升创新协同力，优化企业创新生态。一是建立多层次的创新协同机制。根据不同层面和领域的创新需求和特点，建立多层次的创新协同机制。如建立跨地区产业技术创新中心，推动产业链上下游企业、高校、科研院所等多方主体的联合攻关和成果转化。二是完善多元化的创新协同平台。利用现代信息技术手段，构建覆盖全省乃至长三角地区的创新协同平台，为企业提供科技需求发布等一站式服务，实现科技资源和信息的共享和流动，提供便捷高效的创新服务和支撑。三是积极参与构建全球创新网络。利用国际大科学计划、国际科技交流活动等平台，推动技术对接与合作。参与深时数字地球等国际大科学计划，与国际一流科研机构和专家建立合作关系。加强与“一带一路”沿线国家和地区的科技合作，支持企业开展跨境技术转移转化。

（作者系江苏省企业博士后工作站主任，江苏省扬子江创新型城市研究院研究员。本文发表于《群众》2023 年第 11 期。）

加快推动我省纺织服装产业数实融合发展

郑琼洁　姜龙舟

党的二十大报告强调："加快发展数字经济，促进数字经济和实体经济深度融合，打造具有国际竞争力的数字产业集群。"纺织服装产业一直是我省传统优势产业、重要民生产业。近年来，我省抢抓数字经济发展新机遇，持续推进传统服装纺织领域数实融合发展取得新突破，在高端纺织集群培育上实现了"三个第一、两个领先"。

纺织服装产业"数实融合"发展特征明显

当前数字经济与实体经济融合发展是大势所趋，我省纺织服装产业把智能化改造和数字化转型作为主要抓手，进一步运用新设备新技术，拓展新模式新产品，探索新零售新领域，奋力推进"数实融合"发展江苏新实践。

新设备、新技术的加速应用成为驱动纺织服装产业"数实融合"的先导力量。一是实现数字化研发设计。通过开发应用设计工具和工业软件，利用5G、区块链、人工智能等新一代信息技术和三维建模、模拟仿真、激光3D量体等场景，提高研发设计数字化水平。二是实现智慧化供应链管理。加快人机智能交互、工业机器人、智慧物流等技术装备应用，推动我省纺织服装企业建设可视化、移动化、智能化供应链管理体系。三是实现平台化服务方案。我省围绕纺织服装企业需求开展了一系列工业软件技术攻关、智能制造装备研发和一体化解决方案集成。全力支持省内龙头企业建设云制造平台和服务平台，并培育了一批具有纺织服装产业特色的智能制造系统解决方案供应商。

新模式、新产品的持续拓展推动纺织服装企业“数实融合”价值链迈向更高端。体现在个性化需求指导柔性化生产以及产业交叉衍生新兴产品。一是顺应个性化消费趋势。通过推广大规模个性化服装定制新模式，大力普及柔性设计、裁剪、缝制、整烫等智能化生产，全力构建数字经济下纺织服装定制新优势，顺应个性化、品质化的消费升级趋势。二是催生新兴纺织服装产品。传统用纺织品方面，如海澜之家等企业大力开发防皱免烫、抑菌抗菌等功能性高档面料；产业用纺织品方面，像沛县恒辉编织等重点突破特种编织、复合材料等技术。

新零售、新领域的全面融通不断探索纺织服装企业“数实融合”发展新方向。一方面，私域流量推动销售规模扩张。线上线下服务融通推动实现服装零售“单一服务随需供给”的低附加值环节向“场景式服务多元化供给”的高附加值转移，孕育消费新需求。另一方面，虚拟外延助力产业拓展。如笛莎公主，依托自创动漫文化和自主品牌“笛莎 Deesha”，与国内电商 SaaS 系统及服务提供商千米网合作，推出“笛莎公主商城”，并打造“公主小镇”等新概念体验项目，实现笛莎服饰在女童教育、文化、娱乐、旅游等领域的全面拓展。

推动纺织服装产业“数实融合”迈上新台阶

面对复杂多变的国内外形势，全省纺织服装企业需践行新发展理念，赋能传统纺织服装产业转型升级。

进一步明晰我省纺织服装产业“数实融合”发展路径。上游原料供给领域，要聚焦生产流程数字化转型。化纤行业要重点培育推广产品智能外观检测、自动包装等流程解决方案；丝绸行业要重点解决智慧蚕桑管控、机器选茧、自动化缫丝等数字工艺；棉毛纺织业要不断优化在线质量监控、智能配棉、纱线质量预测等实时功能。中游成衣制造领域，要紧跟消费需求变化，转型重点放在服装设计、柔性生产、个性定制等领域，着力打造“南通家纺”、“吴江丝绸”等具有国际竞争力的区域纺织服装品牌，共享生产、研发、销售的优势集群数据。下游销售流通领域，要鼓励支持纺织服装企业广泛应用社交电商、直播电商等拓展线上营销渠道，支持企业参加“苏新消费”四季主题系列促进活动，服务指导常熟服装城、东方丝绸市场、南通国际家纺等大型专业市场数字化转型升级，实现销售倍增。

进一步强化我省纺织服装产业“数实融合”要素支撑。一是加大资金支持。通过设立专项纺织服装发展基金等方式，给予纺织服装企业设备投入和服务购置补助；通过集中采购、价格补贴等手段，充分摊销数字化转型应用场景的研发成本和使用成本。二是深化技术保障。在技术供给方面，进一步提升关键制造技术工艺，加快圆纬针织机等成套装备研发，全力开展核心技术攻关。在技术运用方面，鼓励推动数字孪生等新一代信息技术在工艺流程中的深度应用；在服装、家纺终端领域，重点提升可视技术、体感技术在创意设计、供应链管理等方面融合应用。三是保障人才供给。一方面，充分发挥我省纺织服装各类高等院校、研究所、企业等各方主体积累优势，通过共建共培方式开展“订单式”培养，扩大复合型人才供给。另一方面，进一步强化纺织服装专业人才落户加分、能力提升评定、创业载体扶持等优惠政策，防止人才流失。

进一步加快我省纺织服装产业“数实融合”创新平台建设。一是完善产业创新平台整体布局。进一步加快建立以管理委员会为决策层，技术委员会为咨询层，企业研究院为实施载体，国家级企业技术中心、国家级实验室、省生态染整技术重点实验室等为支撑的研发平台技术创新体系，进一步构建融品牌设计、产品研究、技术攻关、成果转化、人才集聚为一体的技术创新平台。二是开展紧密型多维度产学研合作。以需求为导向，以产品为主线，以技术为基础，以研究院为载体，开展形式多样的实质性“产学研”合作，特别是要加强“揭榜挂帅”型校企联合攻关、产业链上下游协同型合作，形成“产、学、研、用”的四位一体发展之路，探索建设国际化创新合作网络，不断适应纺织服装产业潮流趋势，提升纺织服装产品档次，推动行业技术升级。

（作者分别系南京市社科院研究员，江苏省扬子江创新型城市研究员专家；江苏省高成长企业博士工作站专家。本文发表于《新华日报》2023 年 6 月 27 日 12 版。）

推动人工智能创新链与产业链深度融合

郑琼洁　付启元　何　娟

以人工智能为引领的新一代信息技术和产业变革，正推动人类经济社会发生深刻变革。发展人工智能产业，是顺应全球新一轮科技革命和产业变革趋势、赢得发展主动权的战略选择。党的二十大报告提出，要提升国家创新体系整体效能，形成具有全球竞争力的开放创新生态。近年来，中国（南京）智谷坚持高标准规划、高水平建设、高质量发展，已成为全省集聚度最高、创新动能最强的人工智能产业基地。我们在深入调研中国（南京）智谷人工智能企业、第三方平台、新型研发机构、园区管理部门的基础上，基于107份企业问卷调查和45家企业深度访谈，为推动人工智能创新链与产业链深度融合提出了若干对策与建议。

一、中国（南京）智谷人工智能产业发展基础

近年来，中国（南京）智谷深入实施人工智能与实体经济深度融合新发展理念，持续深化创新链与产业链融合机制创新，探索新一代人工智能发展新路径，取得了明显成效。2021年，中国（南京）智谷核心产业收入突破60亿元（占全市50%），年增长33%，人工智能产业进入价值链高端，产业竞争力跻身全国第一方阵，达到国际先进水平。在此次调查的企业中，有50.5%的企业处于产业链中游位置，其人工智能技术或产品主要面向国内本地市场，其中51.4%的人工智能产品或技术应用于智能制造领域，43.9%的企业认为

自身在产业链整合方面能力较强，能够与上下游企业开展紧密协作。同时，人工智能核心技术独立研发占比 54.2%，且处于量产和市场拓展阶段的居多。中国（南京）智谷围绕打造人工智能产业地标核心区，创新体制机制，出台人工智能相关扶持政策，打造人工智能发展的“多维生态圈”，推出一系列国内人工智能行业顶尖品牌，在产业能级、创新动能、生态营造、品牌建设等方面实现了跨越式发展。

建立联动推进机制，构建融合发展格局。加强统筹谋划，着力打通人工智能产业发展过程中面临的体制机制壁垒，切实推动信息、人才、技术等要素的自由流动。突出整体谋划，完善功能布局，聚力打造协同发展圈层。联动南京经济技术开发区、仙林大学城，深化产业融合、开发联合、机制整合，形成发展合力。加快促进创新圈、产业圈、孵化圈深度融合，推动大学城向科技城战略转型、科技向生产力高效转化，建设全国领先的国家级经济技术开发区。实现特色化、集聚化发展，打造长三角区域创新能力最强、产业集聚度最高、配套服务最优的人工智能产业集群。中国（南京）智谷的简政放权做法全国领先，发出了全国第一张“不见面审批（服务）”营业执照，成为首个“全科政务”服务国家级标准示范点，完成南京经济技术开发区和栖霞高新区、新港高新区去行政化改革，“集成式”改革成为行业标杆。

迭代完善政策体系，“一事一议”精准扶持。建立从顶层设计到行动计划的政策体系，人工智能产业生态不断优化。近年来，南京市政府先后出台《关于加快人工智能产业发展的实施意见》《南京市促进人工智能产业发展三年行动计划（2018—2020 年）》《南京市打造人工智能产业地标行动计划》《南京市数字经济发展三年行动计划（2020—2022 年）》。中国（南京）智谷相继出台支持人工智能产业发展的政策意见，将人工智能作为新一轮产业发展的重点方向并进行布局。2017 年在全市率先发布《南京经开区人工智能产业发展行动计划（2018—2020 年）》及《南京经开区关于加快人工智能产业发展的扶持办法（20 条政策）》；2018 年出台《栖霞区加快人工智能产业发展的实施意见》；2022 年制定《加快中国（南京）智谷人工智能产业集聚发展的若干指导意见（试行）》，按照“一事一议”的原则，对引进人工智能领军人才、集聚人工智能领军企业、提升人工智能科技创新水平、优化人工智能产业生态等予以专项支持。多次举办“中国人工智能峰会”“中国（南京）智谷产业生态发展论坛”等重点活动，积极推动具有智谷特色的人工智能产业链建设。目前，中国（南京）智谷已经形成了以微软、英特尔为核心的产业生态圈，以图灵人工智能研究院、南京大学人工智能创新研究院为代表的创新生态圈，集研发、生产、创业、融资、上市等功能于一体的人工智能企业发展内循环系统初步形成。

超前布局新兴产业，形成产业集群效应。稳步推进产业布局，产业集群效应显现。依托栖霞高新区、新港高新区等载体，超前布局下一代人工智能相关新兴数字产业，提升科技成果转化水平，实现区域“科创 + 产业”集群化发展。聚焦人工智能特色细分领域，围绕龙头企业开展产业链精准招商，引进了地平线、旷视科技、科沃斯等一批国内知名人工智能领域优质企业，打造中国（南京）智谷龙头企业方阵。同时，围绕健康医疗、教育培育、交通运输、金融服务、家居生活等领域，培育了一批人工智能初创企业。当前，智谷拥有 300 余家人工智能企业，涉及人工智能基础层、技术层、应用层等，产业规模占全市 70%，形成“车—路—云”协同的产城融合发展模式；在人工智能平台、计算机视觉、自动驾驶、智能网联汽车、智能服务机器人等领域，形成了一定的比较优势。

搭建高端服务平台，不断提升研发质效。加强“产学研用”合作，支持国家、省、市工程实验室和工程研究中心等创新平台建设，深度聚合创新要素。持续打造人工智能公共技术服务平台，形成了较为完整的人工智能产业、技术与服务体系。推动经济技术开发区持续向现代产业园区转型，充分发挥其对创新发展的支撑引领作用。推动高新区市场化改革，持续导入更高端的创新资源，提升园区科技创新孵化能力和科技成果产业化承载能力。建成 5 个大学科技园，组建栖霞高校技术转移联盟，在全市首创“霞科行”区级技术转移市场，落户省科技企业家联合会。建成 5 个海外协同创新中心和 2 个国家双创示范基地，获批中国产学研合作创新示范基地和全市首家国家级创业孵化示范基地。引进全国首个图灵奖得主领衔的南京图灵人工智能研究院，落户省人工智能学会和省人工智能产业公共技术服务平台。智谷共建有清华大学交叉信息研究院、南京大学人工智能学院、工信部中国信息通信研究院、美国斯坦福大学机器人实验室等人工智能新型研发机构近 30 家。不断提升新型研发机构质效，依托专业技术支撑平台和孵化投资平台，促进人工智能“双链”深度融合，荣获 2021 年南京市新型研发机构绩效考核一等奖。新型研发机构南京南邮信息产业技术研究院入选江苏省生产性服务业优秀公共服务平台，南京智谷人工智能研究院升级为“省级众创空间”。

健全产才融合机制，聚焦产业引才汇智。整合人才项目计划，实行更加开放的人才政策，全面实施紫金山英才高峰计划、先锋计划、宁聚计划和菁英计划。不断完善产才融合推进机制，聚焦主导产业链建设，重点引进培育高层次创新创业人才，培育具有竞争力的“双创”人才队伍。完善人才保障激励机制，营造尊知重才良好氛围，打造具有影响力的人才发展高地。中国（南京）智谷汇聚了以姚期智领衔包括张钹、吴澄、周志华等在内的一批人工智能领军型团队，在人工智能领域的影响力迅速提升。仙林大学城汇集了南京大学、南京师范大学等 12 所高校，在校师生人数超过 20 万，高等教育资源总量约占全省的 15%，是江苏乃至全国重要的高等教育集聚区，为中国（南京）智谷产业发展输送源源不断的人才流，智谷科技人才集聚高地逐步形成。

二、中国（南京）智谷发展人工智能产业存在的主要问题

人工智能头部企业不足。与北京、上海、杭州、深圳等地相比，智谷缺乏百度、华为、腾讯、阿里、科大讯飞等拥有核心技术的人工智能领军企业。虽然聚集了地平线、旷视、京东、科沃斯、图普、东方网力等全国 100 强人工智能企业，但多为上述企业分公司或子公司，发展速度慢，园区的吸引力和凝聚力有待进一步提升。与深圳相比，南京消费级智能硬件产品和企业较少，特别是在无人机、自动驾驶领域有影响力的企业很少，智能硬件初创企业更是稀缺。产业链的系统性支持不足，消费级智能硬件产品市场有待培育和扩大。近年来，国家科技部主导打造了国家新一代人工智能开放创新平台，但南京

市乃至江苏省尚无企业入围。

人工智能产业链不完整。智谷初步形成了较为完整的人工智能产业集群。但总体来看，人工智能企业主要集中在应用层，人工智能产品大多以集成应用为主，中低端产品多。在基础层和技术层，面向传感器、自然语言处理领域的企业不多，大部分企业未掌控产业链的高价值环节。园区基础层企业集中于大数据、物联网及系统软件开发领域，缺少在AI芯片、智能传感器领域拥有自主研发生产核心技术的企业作为高新区整个人工智能产业链的支撑，使得供应链及核心技术一定程度上依赖于外部，产业链发展无法形成闭环，阻碍了园区人工智能产业进一步发展和集聚。地平线、旷云科技等企业作为分公司被引进，其核心技术更多依赖于总部，技术起步晚且自主创新不足。缺少人工智能基础理论研究及智能芯片、云计算等关键技术研究平台，限制了园区人工智能核心技术的发展。

人工智能产业协作机制不完善。产业链集聚态势不明显，未能形成本地企业“抱团”发展的氛围，企业间业务关联有待加强。围绕重点企业的配套产业亟须培育引进，产业体系有待建立。已建设的公共平台之间尚未建立良好的协作机制，对企业服务效果不佳。高校科研院所仍停留在人才创业和新型研发机构设立阶段，与本地企业合作不够，科研成果转化落地较慢，“产学研用”合作亟须加强，科研创新资源有待进一步释放。此次调查的部分人工智能企业反映：上下游产业链配套薄弱，企业各自为政，没有形成产业集群合力参与全球竞争。

人工智能政策扶持有待加强。智谷扶持、优惠类政策落实到位慢，政策定位不清晰，缺乏分类指导和分场景扶持的政策指引，对是否核心层AI企业缺乏界定与研判。园区配套服务滞后，存在“只招商引进、不服务跟进”的现象，前期政策有待落实落细，对接企业需求不够及时，对企业现状和问题的掌握不够深入。目前高新区人工智能示范区仍处于规划设计阶段，园区内部应用场景开放有限，缺少用于企业先进技术转化的应用场景。公共服务平台的作用发挥不够，人工智能产业的不断发展需要快速迭代并持续升级改造软硬件环境，但现有政策对公共服务平台支持力度有限，更快更多获得资源、实现平台的升级迭代是目前面临的主要问题。信息数据难以共享，数据可信度有待提升。大部分行业的数据存在“信息孤岛”现象，政府部门、金融行业以及医疗行业的资料数据普遍分属于不同机构或部门，很难将这些数据整合成一个整体。此外，园区缺乏一套成熟的人工智能产业金融扶持机制，难以有效发挥政府资金的引导杠杆作用和社会资本的激活扶持作用。

三、推动人工智能创新链与产业链深度融合的对策建议

优化体制机制，提升“双链”融合整体效能。一是加快促进产业链、供应链有序合作。建立人工智能企业协同发展机制，将相关信息数字化、图谱化，加强信息智能加工、智能匹配、智能推送，使小企业获得更多发展资源、大企业获得更多创新资源，大小企业之间形成相互补充、相互促进的绿色产业生态。推动产业链、供应链良性竞争，降低整体运行成本。二是加快建立互利共赢的开放型合作机制。以区域内行业龙头企业为主体，联合产业链上游从事云计算基础支撑层与工业、政务、金融、交通等下游大数据应用市场的关联企业和高校、科研院所、风投机构、中介机构等单位，共同开展重大产业关键共性技术、装备和标准的研发攻关，形成新的技术创新链和关键技术知识产权共享机制，搭建人工智能大数据公共技术和科技成果转化交易服务平台，进一步加强关联机构之间的交流互动。建立人工智能产业创新联盟、重点实验室、“双创”基地及行业技术中心、科技创新中心等公共创新平台。以行业龙头企业为主体，联合产业链上下游关联企业和高校、科研院所、投融资机构等共同开展技术研发，建立知识产权共享机制。三是加速构建数字化高效协同创新平台。一方面，智谷要面向传统中小企业激发其数字化转型内生动力，加快营造良好的区域产业集群数字化升级环境；另一方面，要做好人工智能企业与高校科研院所之间的关键技术攻关和成果转化，以及人工智能企业与传统中小企业之间的数字化转型需求对接。通过举办人工智能发展学术交流线上线下会议，促进企业之间的技术交流，推动各行业领域逐渐进入专业化深度融合阶段，形成头部企业牵引、百花齐放的发展局面。

加强数据共享，消除“双链”融合“数据藩篱”。一是搭建行业数据开放共享平台。探索建立数据资源开放共享机制，创新公共数据服务管理。制定合理数据交易制度，确定数据开放和共享范围、边界和使用权限，厘清数据管理、使用的权利和义务。加快推动政府数据开放，联合骨干企业打造数据资源共享平台。制定公共机构数据开放计划，推动建立数据资源清单，促进公共机构数据资源依法向本地人工智能企业和机构集中释放。二是建立区域协同合作平台。加强区域协同合作，搭建产业链信息自助服务云平台，加快构建开放协同的人工智能科技创新体系，推动区域人工智能集聚发展。用好“迎客南京”优选智谷，整合“智谷职通车”“不见面‘全科服务’引导”“经开区专利导航”等模块，打造中国（南京）智谷企业服务平台。三是建立国际创新网络融合平台。搭建链接全球高端创新要素的协同创新网络，加快构建全球领先的人工智能创新生态。依托南京友好协会资源，加大中国（南京）智谷国际化宣传推介力度，集聚海外优质要素。利用新一代人工智能技术，建立数字化国际创新网络融合平台，有效融入全球科技创新网络。

强化应用场景建设，破解“双链”融合落地难题。一是构建应用场景迭代中心。受技术成熟度、用户习惯、市场演化时机等各种因素交错作用的影响，应用场景的定型过程会消耗大量时间成本和资金成本。建议在园区内建立应用场景迭代中心，为企业创新技术和产品提供试用场景，鼓励企业将其待验证产品开放给园区政府、企业或个人试用，线上产品可以直接采用 AppStore 模式进行试用，线下产品以租赁方式进行试用。同时，建议政府以评奖、研讨、头脑风暴等形式，鼓励用户提交试用评估报告或改进建议。二是积极推广应用示范项目。加强对示范性应用的采购扶持和推广，为园区企业争取更多的省市资金支持；鼓励政府部门及企事业单位优先选用智谷企业研发的人工智能产品及服务；支持人工智能企业产品“首购首用”。建设基于人工智能的智慧园区，鼓励相关企业在公共服务场所实现人工智能技术的规模化应用。开展智能网联汽车商业应用试点，支持人工智能企业与汽车企业及相关研究机构合作，联合研发智能汽车关键技术，在园区和特定道路探索智能驾驶应用，由封闭式简单场景测试体验逐步向开放式应用场景落地转化，打造具有全国影响力的智能网联汽车与智慧交通示范区。三是有效整合资源营造协同应用“软生态”。整合市场化力量、高校院所、新型研发机构等主体共同开展应用场景创新研究，围绕人才链、创新链、供应链、资本链、产业链开展场景创新资源对接，共同推进应用场景建设。加大园区内人工智能企业宣传推广工作，推动服务向后端延伸，切实帮助科技企业拓宽应用场景、打造应用市场，营造优质的协同应用“软生态”。

优化人工智能产业生态，排除“双链”融合发展隐忧。一是强化人工智能知识系统培训。人工智能行业发展信息日新月异，系统培训和持续学习已成为必不可少的“标准动作”。智谷应加速建立图谱化培训学习系统，将数据、课程、文章、手册、制度、规范等信息进行网络化梳理和图谱化呈现，简单高效地梳理出知识脉络，对园区工作人员及企业员工定期开展人工智能知识培训。二是创新人才发展政策。创新柔性引才机制，鼓励企业引进在人工智能领域拥有原创性研究成果的高端人才，并为其提供合理的社会保障。鼓励高校、科研机构与园区内企业联合培养人工智能领域专业人才，合作开设人工智能专业课程，共建人工智能研究院，不断充实地区人工智能人才库。三是建立多层次资金支持体系。支持人工智能龙头企业对强链、补链有重大影响的企业实施兼并重组并给予资金补助；对首次入选人工智能“头雁”企业给予奖励；对引进超算中心、数据中心、云计算平台、关键技术研发和产业化等人工智能领域重大项目给予支持；对重点领域技术攻关突破“卡脖子”技术的单个项目给予补助。重点支持人工智能基础理论及关键核心技术研发与产业化，引领地方产业投资基金及社会资本投资布局，形成良性竞争、优势互补的人工智能产业发展生态。

（作者分别系南京市社会科学院研究员，江苏省扬子江创新型城市研究院专家；南京市社会科学院研究员，江苏省扬子江创新型城市研究院专家；中国（南京）智谷建设推进办公室部长。本文发表于《唯实》2022 年第 11 期。）

探路特大城市基层治理体系与治理能力现代化

任克强　王家辉

党的二十大报告对完善社会治理体系作出重要部署。近年来，南京作为江苏省会城市、长三角地区特大城市，始终坚持完整、准确、全面贯彻新发展理念，坚定不移、不打折扣地落实党中央决策部署，把特大城市基层治理体系和治理能力现代化建设作为重点工作不断推进提升，出台了一系列揽全局、重谋划、能落地的基层治理体系与治理能力现代化意见要求，形成了一大批见成效、可复制、能推广的实践经验，为特大城市基层治理体系与治理能力现代化建设提供了样本。

强化城市基层党建引领。近年来，南京先后出台了《全面加强新时代党的建设的实施意见》以及《关于全面加强城市基层党建工作的实施意见（试行）》等“1+4+2”系列文件，主要从制度建设、服务担当和技术助力三个方面全方位推动城市基层党建工作发展，形成了一系列科学性高、可复制性强的理论和实践经验。全市设立了市、区、街道、社区四级贯通的联动党建领导体系，明确以各区为核心，督促各街道、社区落实相应党建责任目标清单。不断优化“街镇党（工）委—村社党组织—网格党支部—党员楼栋长（中心户）”组织架构，夯实基层基础。推行街道“大工委”、社区“大党委”制度，主动吸纳壮大辖区内兼职委员，坚持从群众中来，到群众中去。与此同时，大力推进新业态新就业群体党建工作，围绕商圈广场、新兴群体等新的社会组织和阶层，覆盖了新街口、夫子庙、河西金融街等经济活动繁荣、人口数量密集地区，形成了纵向到底、横向到边、上下贯通、互联互动的党建组织格局。栖霞区仙林街道着眼增强城市基层党建整体效应，以“一家亲”为主题，打造网格党建联席会议等平台，建立开放性的互联互动纽带，推动区域内高校、银行、商场、物业公司等单位资源共享、利益共联、矛盾共商、实事共办，形成党建“同心圆”、治理“一盘棋”的总体格局，被誉为新时代“枫桥经验”城市版。头雁领航群雁齐飞，在南京市开展“学仙林、见行动、优治理”活动，让仙林的经验可复制可推广。

深化街镇集成改革。街镇集成改革是指“加强党的全面领导、审批服务一窗口、综合执法一队伍、基层治理一网格、指挥调度一中心”的“1+4”基层治理改革。南京推动全市所有街镇设立综合行政执法局，统筹配置行政职能和执法资源，持续推进基层执法力量有效整合与服务资源合理配置。推广秦淮区基层治理“两赋两强”集成改革做法，构建了机构设置综合、资源力量下沉、权责边界明晰、服务管理高效、运行机制科学的基层治理组织架构。建邺区双闸街道作为全省“三整合”改革试点街道，率先挂牌成立街道综合行政执法局，在街道、社区两级设立服务网点，整合审批服务资源，全员持证上岗，成为社区居民身边的 24 小时审批服务中心，形成了“一张清单”“一支队伍”“一个平台”和“一套制度”的“四个一”改革经验。综合行政执法局整合了街道所有公务员、事业编人员及下沉执法人员，建立起综合行政执法工作运行机制。建立综合调度指挥中心，实现对街道辖区内市政管理、消防安全、交通情况等方面的信息记录、情况汇总与情报共享。

实施“精网微格”工程。近年来，南京市紧紧围绕“全市一张网”的工作要求，初步建立起了覆盖城乡、结合条块、横向到边、纵向到底的服务管理体系。同时，出台《南京市城乡网格化服务管理实施细则》，全面规范城乡网格化服务管理工作。实施社工和网格员队伍一体建设、一体管理，制定并落实“三岗十八级”晋升机制和薪酬体系，保障网格员队伍的稳定性、专业性。印发《关于深入推进“精网微格”工程建立微网格治理机制的指导意见》，科学规划微网格工作体系，扎实推进“精网微格”工程。比如，建邺区探索“微网格”治理，对既有网格进行优化整合，减少综合网格 10%、专属网格 20%，同时，细化网格分类，将网格分为无物业、无电梯的老旧小区网格，或工作任务繁重网格（A 类），以及其他类型网格（B 类），在此基础上，根据网格规模、人口数量、工作任务等要素，以楼栋、街边商铺组团为单位，划分“微网格”。建立一支由专属网格长、综合网格长、网格员、微网格员组成的社区网格化服务治理队伍。细化专职网格员、志愿网格员“微网格”任务清单。制定《微网格服务管理工作评估办法》，创新“弹性工作制 + 清单化任务”模式，实现网格服务“24 小时不断档”。

推动物业管理融入基层治理。大力实施“美好家园”三年行动计划，以党建引领老旧小区物业管理工作，以网格化作为基础平台，以物业公司为主体，打造一批具有品牌效应的红色物业，形成了“房帮宁”“红色物业 · 五心服务”等品牌。12345 小区诉求工单持续下降，2022 年同比下降 14.67%，2300 多个老旧小区的服务管理水平显著提升，群众满意度显著提高。栖霞区结合辖区自管物业多的特点，强化“党建引领”，把物业人员打造成网格治理的工作队。在网格内大力实施“红色物业”工程，物业公司党支部与公司同步成立，按照楼盘分布和党员数量在各分公司组建党小组，接受社区党组织和公司党支部双重领导，每个党小组联系服务 1 个网格、每个党员联系服务 2 个物业楼栋。培育“红色管家”，把物业党员骨干历练成网格治理的责任人，参加物业驻地网格联席会，定期向专职网格员通报物业走访中收集到的社情民意。建邺区构建党组织领导下的社区、物业、业（管）委会四方共治体系，推动居委会、物业公司、业（管）委会相关成员交叉任职，显著提升了老旧小区的管理服务水平，形成了国企公办物业托管老旧小区的独特模式。

（作者分别系南京市社科院研究员、江苏省扬子江创新型城市研究院专家；南京大学社会学院博士生。本文发表于《新华日报》2023 年 4 月 11 日 10 版。）

以市域社会治理现代化
推动省域治理效能显著提升

卢义桦　任克强

作为国家治理体系和治理能力现代化的重要组成部分，市域社会治理是落实顶层设计、推进基层治理的重要力量，起到承上启下的枢纽作用。党的十九届四中全会明确提出，加快推进市域社会治理现代化。习近平总书记在党的二十大报告中进一步强调要加快推进市域社会治理现代化，提高市域社会治理能力。江苏积极部署落实市域社会治理现代化建设工作，13 个设区市全部入选全国市域社会治理现代化试点城市。江苏以市域社会治理现代化试点为抓手，实现社会治理效能显著提升。

市域社会治理现代化的江苏探索

提高政治站位，精心统筹谋划。推进市域社会治理现代化是党中央作出的重大决策部署，党的十八大以来，以习近平同志为核心的党中央高度重视市域社会治理工作，推进市域社会治理现代化必须坚持党的全面领导。江苏始终把该项工作作为推进社会治理体系和治理能力现代化的重要工程，不断探索具有中国特色、时代特征、江苏特点的社会治理之路。江苏坚持高起点谋划、高标准部署、高质量推进，积极作为，取得了阶段性进展。例如，苏州市构建“1+1+8+N”体系，建立贯通市、县、镇、村四级的组织体系，打造市级社会治理现代化综合指挥中心，设立党建引领凝心、风险防范安心、矛盾化解顺心、公共服务舒心、网格治理聚心、心理健康暖心、社会参与同心、科技赋能慧心八心工程，并推动N个动态示范项目实施，争创市域社会治理现代化试点示范城市。

搭建实体平台，推动数字治理。随着大数据、云计算、人工智能、物联网等新兴技术的发展，数字赋能社会治理的时代已然到来，数字服务平台在推动社会治理、保障改善民生等方面发挥了重要作用。建设市域社会治理智能化综合平台，可以推动各地整合并优化社会治理资源，为社会治理现代化水平提供基础支撑。例如，扬州市完善“1个市级统筹+9个县级统抓+83个乡级统办”的市域社会治理现代化三级联动指挥体系，打通整合三级指挥中心与110、12345、数字化城管等48个市级部门190个应用系统，并进一步推动覆盖市、县、乡三级公安指挥中心（室）的社会治理联动处置平台建设，初步实现指挥平台联动、视频平台联调，基本实现市域“多网融合、一网治理”。

深化平安建设，防范化解风险。党的二十大报告指出，要主动识变应变求变，主动防范化解风险，完善风险监测预警体系。这对市域社会治理现代化中的风险识别与防范化解提出了新要求和新思路。推进市域社会治理现代化，应由过往单纯解决矛盾转为治理风险，大力推进城市安全风险监测预警能力建设，并始终以防范为先为重，形成防范、化解、管控、处置有机结合的严密链条。例如，无锡市创新构建“最多跑一地服务零距离”矛盾纠纷多元化解体系，积极推行“一站式”解纷服务，包括推动首接负责、分级受理、分类化解、层级联动的“一地受理”全域联动，矛调中心与人民来访接待中心、公共法律服务中心、非诉讼服务中心的“一体运行”全量化解，构建矛盾纠纷引导分流、受理化解、案后跟踪、心理疏导和普法宣传全链条闭环处置模式的“一站融合”全程服务。2021年度，无锡市通过这一创新性矛盾纠纷多元化解体系，共化解各类矛盾纠纷38.7万余起。

夯实基层基础，增强治理效能。党的二十大报告指出，要推进以党建引领基层治理，拓宽基层各类群体有序参与基层治理渠道。作为一切工作的落脚点，基层是抓落实的“最后一公里”。江苏在推进市域社会治理现代化试点工作过程中，将基层治理作为推进载体，将更多治理资源下沉到基层，推进“精网微格工程”，夯实基层治理基础，持续增强治理效能。例如，南京市建邺区探索建立以党建为引领、以居民为中心、以志愿为前提的“微网格”治理模式，形成“社区党委—网格党支部—微网格党小组”三级党组织架构，形成“区—街道—社区—网格—微网格”五级信息流转机制，并制定《“微网格”治理试点工作实施方案》，探索身边人管身边事，推动“弹性工作制 + 清单化任务”治理创新，推动网格治理体系从“弱关联”到“强关联”。

加大法治供给，强化法治保障。党的二十大报告指出，“推进多层次多领域依法治理，提升社会治理法治化水平。”法治是市域社会治理现代化的重要依托和必然要求。市域社会治理要以服务保障高质量发展为主题，持续加大法治供给。比如，南京市积极推动《南京市社会治理促进条例》实施，并出台《住宅物业管理条例》《生活垃圾管理条例》《文明行为促进条例》《流动人口服务管理条例》《南京市城乡网格化服务管理实施细则》等一批务实管用的法律规定，建立科学完备市域法律规范体系。将市场监管、应急管理、文化旅游、街道城管等多支执法监管队伍整合组建为街镇综合行政执法局，将面广量大、基层管理迫切需要且能有效承接的执法权限赋予街镇，制定 531 项街镇相对集中处罚权基础清单。在南京全市 16 个园区开启公共法律服务，成立金陵民商事调解中心等机构，加快民事诉讼程序繁简分流改革试点，挂牌运行全省首家律师参与执行工作站。

激活社会力量，凝聚多元合力。推动党委、政府、市场、社会组织以及社区居民等多元治理主体对公共事务的共同治理是推动市域治理现代化的应有之义。市域社会治理现代化的实现需要在党委、政府领导下通过各治理主体的广泛和深度参与才能得以实现，要从多方面建构多元化的参与机制。例如，镇江市政协不断做强“有事好商量”协商议事品牌，搭建 1078 个协商议事平台。着力在 56 个城乡社区打造议事协商品牌，形成了扬中八桥镇“五老说和团”、句容崇明街道“五事民情工作法”、京口谏壁街道“老弗士协商议事”、京口四牌楼街道“邻里网格议事会”、高新区蒋桥街道“五方七步”等一批协商议事品牌，为基层社会治理增添动能、注入活力。

推进江苏市域社会治理现代化面临的主要问题

江苏在市域社会治理现代化进程中探索出了有特色、有亮点的治理模式，整体呈现出良好的发展趋势。但是，在统筹推进社会治理现代化进程中，也存在诸多现实挑战。

理念认知仍需提升。市域社会治理现代化是近年来所提出的一个新概念，在实践中属于新鲜事物，对其理论研究还不够深入，导致对其认知存在一些误区。作为处于省级和县级的中间层级，市域是统筹城乡发展的重要枢纽和平台。市域社会治理既不同于省域社会治理，亦不同于县域社会治理，而是介于两者之间的治理样态。但是在实践中，一些地方将市域社会治理简单等同于城市社会治理或者基层社会治理，没有从江苏全局发展的高度理解和把握市域社会治理主题和特点；或拓宽市域社会治理的范围为市域治理，认为市域社会治理应无所不包、大包大揽。这些认知偏差，都是由于对市域社会治理现代化的内涵和外延把握不够精准，可能会导致市域社会治理现代化工作目标不明、着力点不准，迟滞市域社会治理现代化进程，难以成功破解市域社会治理中存在的各种痼疾和难题。

体制机制仍需理顺。在推进市域社会治理现代化进程中，虽然江苏积极部署落实市域社会治理现代化建设工作，加强了顶层设计与统筹谋划，但在实践中也面临体制机制的深层次挑战。市域社会治理现代化涉及面很广，强调采用全局性、系统化的治理思维，需要跨领域、跨部门、跨层级齐抓共管、统筹协调。但是在推进市域社会治理现代化的具体过程中，由于历史和现实等诸多原因，各个部门条块分割、各自为政的现象依然存在，缺乏相互间的交流与合作，市级部门与县（市、区）、镇（街）管理有机结合度仍然不够，在区域协作、条块互补、力量统筹、资源共享、工作联动等方面仍需要进一步提高。一些部门和基层单位没有积极主动地按照市域社会治理的新任务、新要求统筹推进工作，而是延续了以往的工作体制机制，套用原有的老办法，由此导致政策执行“碎片化”问题，难以真正实现治理效能的提升。

协同治理仍需增强。作为社会治理的重要组成部分，市域社会治理现代化强调治理主体的广泛参与，建成政府、市场、社会等多元主体共同参与的社会治理共同体。特别是当前，市域社会治理面临体量偏大和矛盾风险集聚的难题，需要各利益相关主体对公共事务的共同治理。江苏虽然在推进市域社会治理现代化中始终坚持以人民为中心，坚持协同合作的理念，形成了一定的社会治理“向心力”，但在市域社会治理事务上仍然较大程度依赖政府力量推动，未能完全激发多元主体的积极性、主动性和创造性，仍需加强引导多元主体参与市域社会治理的广度和深度，让公众成为市域社会治理现代化的强大助力者，释放治理能量。

推进江苏市域社会治理现代化的建议

党的二十大报告指出，要深入实施区域协调发展战略。针对推进市域社会治理现代化进程中所面临的主要问题，江苏应以“五治”融合为基础构建新治理格局、以“试点验收”为契机助推治理提质增效、以“一体化发展”为纽带探路协同治理路径，进一步提升完善。

以“五治”融合为基础，构建市域社会治理现代化的系统治理。“政治、自治、法治、德治、智治”“五治”之间相辅相成，缺一不可，应以系统化、协同化理念整体谋划、一体推进“五治”融合为基础，聚焦人民群众需求，更高层次谋划推进市域社会治理现代化工作。一是进一步发挥政治的统领作用。充分发挥党建引领社会治理的政治优势、组织优势和工作优势，并将之贯穿江苏市域社会治理现代化全过程和各方面。二是进一步发挥法治的保障作用。全面推进普法行动，深入开展法治文化基层行系列活动，不断发展和繁荣法治文化，积极探索具有地方特色的区域法治现代化建设新路径，加快形成完备的市域法律法规体系。三是进一步发挥德治的先导作用。深刻认识“德治教化”重要作用，深入挖掘江苏各地优秀传统文化，用“德”凝聚人心，持续激发市域社会治理现代化内生动力。四是进一步发挥自治的基础作用。加强基层组织规范化建设，明确政府管理权和基层组织自治权边界，促进居民自治与网络化治理相融合，并通过多种方式引导社会力量积极参与社会治理。五是进一步发挥智治的支撑作用。要加快完善市域社会治理现代化指挥中心体制机制和平台建设，在保障个人信息安全的前提下，推动政法委、公安、司法、民政等社会治理各相关部门数据互通，合力打造一体化社会治理平台，推动社会治理事项实现多渠道信息受理、高质量数据支撑、广维度预警研判、跨层级联动指挥、全流程督办考核。

以“试点验收”为契机，助推市域社会治理现代化提质增效。应按照一年建成体系、两年达到标准、三年验收合格的总目标，以更大力度推进市域社会治理，以期顺利通过全国试点验收。一是严格对照市域社会治理全国试点验收考核标准，进一步健全完善市域社会治理指挥体系，全面深化特色治理机制应用，做强数据融通、做实分析比对，做精联动指挥，不断提高风险感知能力，有效提升社会治理平台实战能力。根据中央政法委电子验收系统，做好验收台账系统的构建，采取现代化、直观化、可互动的方式展示指引完成情况和各项佐证材料。做好验收过程中各单位迎查情况的记录，试点结束后对参与程度高、获取得分高的单位予以褒扬。二是依托“网格+行动党支部”“微网格+机关党员干部志愿者”等联动共创机制，深入推进“精网微格4.0工程”，持续强化微网格工作体系建设，积极壮大群防群治队伍，以更高水平、更大力度、更广范围的共建共治共享，圆满完成市域社会治理全国试点任务。三是全力打造特色亮点。积极挖掘江苏各地具有地方特色和借鉴意义的典型案例，并形成品牌效应。围绕市域试点项目，协调项目牵头单位，总结提炼条线上的特色亮点，不断擦亮社会治理特色品牌，做好宣传，让更多市域社会治理现代化“江苏经验”为全国其他地方提供实践参照。

以“一体化发展”为特色，探索市域社会治理现代化“江苏样本”。江苏市域治理现代化进程应紧密结合长江经济带、长三角一体化、宁镇扬一体化、苏锡常一体化等发展战略，实现江苏各地协同共进的高质量发展。一是加强府际合作治理，如可以举办“江苏市域社会治理创新项目展示分享会”，实现多层次、宽领域的创先争优，积极构建多元复合治理结构，实现政府引导下各行动主体的协同共治，打造市域社会治理现代化“全能高地”。二是营造市域社会治理现代化“一体氛围”。一方面，进一步探索构建力量整合、成本共担、利益交换、收益共享、市场化合作的机制，形成互惠互利的治理共同体。另一方面，加强统筹协调，充分发动各成员单位和各板块，以及广大城乡群众、企事业单位、社会组织积极有序参与，全面形成联动联建联创的工作格局。三是充分利用江苏省的高校、科研院所资源，加强政府与智库之间的合作，在对江苏创建全国市域社会治理现代化试点的各项共性工作、区域特色工作以及负面清单监测等工作情况进行全面考察的基础上，形成评估报告，科学反映市域社会治理现代化试点合格城市创建工作成效，并提炼经验性做法。

（作者分别系江苏警官学院治安学教研室副主任；南京市社会科学院研究员、江苏省扬子江创新型城市研究院专家。本文发表于《唯实》2022 年第 12 期。）

东京都市圈的高效空间组织形态

何 森

东京都市圈在日本三大都市圈（另外两个是名古屋都市圈和大阪都市圈）中最具影响力和传播度。“1 都 7 县”构成的东京都市圈面积约 3.7 万平方公里，仅占日本国土面积的 9.8%，却集中了全国 1/3 的人口、2/3 的经济总量和 3/4 的工业产值，同时还集聚了日本全国近 70% 的 10 亿日元规模的企业和 90% 的外资企业总部，城镇化水平超过 90%，成为日本最具效率和竞争力的空间组织形态。

东京都市圈的空间范围是随着都市圈内部各城市发展不断成熟而逐步扩大的。1958 年第一版东京都市圈规划将空间范围确定为“1 都 3 县”1.3 万平方公里（东京都、埼玉县、神奈川县、千叶县）；1968 年将山梨县、群马县、枥木县及茨城县纳入，空间范围变为“1 都 7 县”3.7 万平方公里；到 2009 年广域都市圈的提出，将空间范围扩张为“1 都 11 县”（增加福岛县、新潟县、长野县及静冈县）8.5 万平方公里。自 1958 年颁布《第一次首都圈基本计划》之后，日本在 70 年内共规划了 7 版都市圈规划。这七版都市圈规划都针对当时的核心问题，提出缓解策略与具体措施。如早期解决东京过度密集和无序扩张、后期增强东京国际竞争力等。

从“中心疏解”到“都心回归”，打造对流型、多中心网络城市。贯穿于东京都市圈 70 年发展历程的一个重要议题就是如何处理好功能的疏解与集聚。早期为解决东京都一极集中带来的过度密集和无序扩张的问题，东京都市圈先后提出“中心城—绿化隔离带—卫星城”“多极广域城市”；后期为提升东京都的国际竞争力，又提出“多核多圈”“分散型网络”“对流型紧凑功能网络”的发展构想。在实践过程中，这些构想有的因为对客观规律认识不足宣告失败；有的通过对规律的反思重新认识；有的已经基本完善成型。其中宣告失败的是第一次首都圈规划的“中心城—绿化隔离带—卫星城”构想。这一构想没有充分认识到当时东京处于快速集聚的发展阶段，当时的绿化隔离带也忽视了土地集聚的规模效益和私人土地所有者的权益，同时没有快速便捷的交通设施实现与东京都的联系，最终宣告失败，新城沦为卧城。之后，卧城模式的新城建设摆脱了单一的居住功能，强化多种功能的集聚。即通过区域交通条件的加强、地区产业和功能的导入、生活环境质量的改善等举措，分圈层打造了首都副都心、新都心、业务核心城市等具备职住平衡和独立功能“区域核”。区域核的不断成熟不仅有效疏解了东京都过度极化的人口和功能，也为塑造网络化、特色化的区域环境奠定了基础。“多核多圈”的发展构想基本实现。

从“单一卧城”到“功能塑造”，打造各具特色的节点空间。东京都市圈在经历了单一功能的卧城失败后，加强了人居生态、产业生态以及市场生态的共同塑造，打造了一批错位发展、合理分工、特色彰显的空间节点。如具有全球城市能级的东京都，是全国的行政中心、金融中心、信息中心、科教文化中心，还有开发周期较长、持续完善的四大新城（港北新城、筑波科学城、千叶新城、多摩新城）。其中，从 1963 年就开始建设的茨城县筑波市科学城，是日本国家研究机构和大学集聚的国家科学研究中心，这里集中了日本 30% 的科研机构、40% 的科研人员，成为日本“技术立国”的中枢城市。又如，日本首个智慧城市柏叶新城，柏叶新城以环境共生、健康长寿和新产业创造为目标，在建设中尤其关注儿童对空间和设施的需求，以吸引更多的年轻家庭定居。茨城县的大洗町动漫小镇，通过《少女与战车》这样的大 IP 吸引人气，并通过动漫主题旅游开发、动漫影视制作基地建设等构建了较为完整的动漫产业集群。东京都市圈的特色节点空间塑造不仅局限在城市内部，也充分利用多层次的市郊铁路和公路体系，在交通节点所在的乡村地区塑造了众多的“乡村田园驿站”，这些驿站是联系城市和乡村的枢纽，不仅带动了乡村地区经济的发展，也成为展示日本乡村自然风貌和特色产业的窗口和载体。东京都市圈内已经有超过200处的乡村田园驿站，群马县的川场广场田园驿站将具有地理品牌的牛奶、优质水、大米等融入风土文化进行加工、销售，并拓展旅游观光、农事体验等功能，被评为最受欢迎的全国模范驿站。值得一提的是，这些农业空间还深入到城市内部，在东京都高度城镇化的23个区，仍然保留了50万亩的农田。依托这些农田建设的都市“农业岛”与市民农园，不仅可以向市民供应优质新鲜的农产品，同时也提供了广阔的绿色生态空间、农业体验空间和灾害应急避难场所。通过城市公园、民设公园、立体公园、都市“农业岛”、微观绿化等的保护和建设，构建了高度可达、开放共享的城市绿地系统和生态网络。总体而言，东京都市圈空间的塑造经历了从“城产人”到“人城产”的转变。即从人的需求出发，提高交通的便利程度、创造充分的就业机会、营造特色宜居环境，进一步提升地区留住人的能力。

从“多向辐射”到“成环成网”，打造高效链接的轨道交通网络。东京都市圈的轨道交通闻名于世。层次清晰、高效链接的轨道交通系统构筑了有利于要素流动的城市网络骨架。“分圈层、多制式、多层次”的轨道交通连接了都市圈内外各层级的城市。既有圈外的像大阪、名古屋这样的全国核心城市，也有重要的节点城市，还有都市圈内都心、副都心、新都心、业务核心城市。都市圈对外的轨道交通主要是通过反K形的新干线系统，将日本的三大都市圈紧密联系起来。如东海道新干线连接了东京都市圈和大阪都市圈。都市圈内轨道交通呈现明显的圈层式结构。在都心半径15公里以内的区域，主要由地铁、单轨、电车以及深入都心与城市轨道无缝衔接的市郊铁路、新干线以及国家铁路构成。距离都心15—50公里区域，由地铁外延线、市郊铁路、山手环线以及穿越性的新干线和国家铁路构成。副都心和业务核心城市则主要通过国家铁路和市郊铁路联系。距离都心50—100公里的区域，由新干线和国家铁路联系，并通过环线建设加强节点之间的联络。更重要的是，东京都市圈力图通过交通导向的开发模式，采用“轨道交通+”来构建宜居生活圈，推进轨道交通与城市融合共生。轨道交通站点枢纽功能与其他公共活动、商业服务、商务交流、文化娱乐、旅游休闲以及品质居住等功能的叠加组合，实现了轨道交通站点的触媒效应。同时，鼓励私营资本通过私营铁路与沿线特色景点的联动开发，打造主题线路，带动当地发展。如东武铁道公司开通了向栃木县鬼怒川地区的旅游专列；小田急电铁公司打造的“浪漫之旅”线路，串联了富士山、箱根温泉、镰仓海岛景区、伊豆胜地等著名景点。

（作者系南京市社会科学院副研究员、扬子江创新型城市研究院研究员。本文发表于《群众》2022 年第 24 期。）

建宁新策

坚定文化自信，
塑造中华民族现代文明主体精神

曹劲松

习近平总书记在文化传承发展座谈会上发表了重要讲话，深刻阐明了中华文明的五个突出特性，强调在五千多年中华文明深厚基础上开辟和发展中国特色社会主义，把马克思主义基本原理同中国具体实际、同中华优秀传统文化相结合是必由之路。这一规律性的认识，是在坚持马克思主义科学真理和深刻把握中华文明发展规律基础上的理论飞跃，以又一次的思想解放打开了中国特色社会主义道路的创新空间，进一步巩固了中华民族的文化主体性，为激发全民族文化创新创造活力，在新的历史起点上建设文化强国、建设中华民族现代文明指明了前进方向，提供了基本遵循。深刻领悟习近平新时代中国特色社会主义思想的世界观方法论，自觉运用这一思想法宝推进中国式现代化的文明进程，必须不断提高主体的精神觉悟，在思想解放中锻造文明主体力量，以中国理论实现精神上独立自主，为强国建设、民族复兴注入强大精神力量。

文化自信本质是主体的精神觉悟

中国特色社会主义道路植根于中华文明的深厚基础之上，作为支撑中华文明发展内核的中华优秀传统文化，为中国特色社会主义提供了牢固且持久

的文化价值浸润，将马克思主义指引的人类社会发展方向同中华优秀传统文化倡导的价值信守熔铸于社会主体的精神追求，在理念契合中相互成就，造就了一个有机统一的新的文化生命体，实现了中华民族在传承自身文化价值过程中不断吸收先进思想的精神觉悟。

文化自信不是文化保守，而是在面向世界开放交流、不同文明互学互鉴中的文化生命延续和创造，本质上是主体的精神觉悟。什么是主体的精神觉悟？就是“一个民族、一个国家必须知道自己是谁，是从哪里来的，要到哪里去”。对于个体而言，就是都要明白当下所肩负的历史使命，形成强大的自我意志和信念，将个体的意志融入到国家和民族的整体意志中来。五千年的中华文明有着独特的起源和历史演进脉络，在作为世界唯一没有中断的文明之延绵发展中蕴含了丰富的智慧，传统文化血脉将每一个中华儿女的心紧密相连，铸就了国土不可分、国家不可乱、民族不可散、文明不可断的强大共同信念。传承好优秀传统文化，牢固凝聚共同信念是文化自信的基石，也是主体精神觉悟的共同起点。在此基础上，以马克思主义科学真理引航理想社会的目标，将自身的文化传统与时代发展条件紧密结合，以创造性转化和创新性发展，探索面向未来的理论和制度，是构成精神觉悟的根本支撑。习近平新时代中国特色社会主义思想的创立，将中华民族主体精神觉悟提升到新高度，为以中国式现代化创造人类文明新形态持续锻造主体力量。

在思想解放中锻造文明主体力量

习近平总书记多次强调要坚守中华文化立场，指出“文化是一个国家、一个民族的灵魂。文化兴国运兴，文化强民族强。没有高度的文化自信，没有文化的繁荣昌盛，就没有中华民族伟大复兴”“无论哪一个国家、哪一个民族，如果不珍惜自己的思想文化，丢掉了思想文化这个灵魂，这个国家、这个民族是立不起来的”。习近平新时代中国特色社会主义思想将马克思主义同中华优秀传统文化融会贯通，开启了新时代又一次思想解放，这一理论创新既是文化主体性的最有力体现，也为锻造中华民族现代文明的主体力量提供了思想法宝。

什么是中华民族的现代文明？从历史的维度上看，就是五千年中华文明持续发展历程中新的时代创造，是中国共产党领导中国人民坚定走中国特色社会主义道路，向着实现中华民族伟大复兴这一目标迈进，建立起的现代化强国。从文明的历史连续性出发，中华优秀传统文化始终在中华民族现代文明的进程中发挥着根和魂的作用，是让国家和民族立起来的根本所在，也是培育和锻造文明主体力量深厚养分和价值筋骨。建设中华民族现代文明核心在于促进人的全面发展，要在中国式现代化实践中不断增强主体的思想力、意志力和创造力，以思想解放推动主体的物质创造和精神创造，实现全体人民物质生活和精神生活的共同富裕。

以中国理论实现精神上独立自主

习近平总书记深刻指出，“中华文明具有突出的连续性，从根本上决定了中华民族必然走自己的路。”“在新的历史起点上继续推动文化繁荣、建设文化强国、建设中华民族现代文明，要坚定文化自信，坚持走自己的路，立足中华民族伟大历史实践和当代实践，用中国道理总结好中国经验，把中国经验提升为中国理论，实现精神上的独立自主。”中华民族的现代文明是人类文明史上新的创造，既没有现成的模板，也没有现成的理论，需要以习近平新时代中国特色社会主义思想为根本遵循，不断创新理论思维，形成自主知识体系，构建中国特色哲学社会科学学科体系、学术体系、话语体系。

五千年中华文明为我们积淀下深厚的文化根基，马克思主义与中华优秀传统文化的结合筑牢了中国特色社会主义的道路根基。立足这一根基，坚守中华文化立场，以开放包容的胸襟持续吸收其他文明成果，既是中华文明延绵发展所具有突出创新性的进取精神和无畏品格，也成为中华民族现代文明守正创新的正气和锐气之道。新时代党领导中国人民团结奋斗所取得的伟大成就和积累的实践经验，为构建中国特色哲学社会科学体系提供了内容丰富、生动鲜活、富于创造的实践源泉，激发着社科工作者的使命担当。面对历史之间、时代之间、人民之间、世界之间、发展之间，中国特色哲学社会科学要从强化基本学科构建入手，解决好研究对象的条分缕析与跨学科综合建构的关系，深化学术体系的内在联系，形成具有中国文化韵味的学术话语表达。同时，在与世界开展广泛学术对话与交流中，不断提升中国理论的系统性、原创性、丰富性和实践性，以创新的理论思维展现中国学术风格，以宏阔的视野格局彰显中国理论气派。以中国理论实现精神上独立自主，就是要从根本上为建设中华民族现代文明提供强大的主体精神支撑，也是实现人民精神富裕的重要知识源泉，需要广大社科工作者为之不懈奋斗。

（作者系南京市社科联党组书记、主席，南京市社科院院长，江苏省扬子江创新型城市研究院首席专家。本文发表于《新华日报》2023 年 6 月 20 日 14 版。）

中国式现代化南京实践的担当和示范

曹劲松

南京市政府工作报告从落实习近平总书记提出的“强富美高”新江苏现代化建设要求出发，全面回顾了过去五年的工作业绩，盘点了2022年南京承压前行的工作成效，重点聚焦五个方面的攻坚实破，明确了今后五年的发展目标，体现了中国式现代化南京新实践的担当和示范。如何争当中国式现代化城市实践的示范引领，在2023年要做好的十个方面重点工作中，可以看到南京将要迈出的坚实步伐。

报告砥砺信心

过去五年，南京坚持以新发展理念为引领，在地区生产总值连续跨越五个千亿级台阶的稳进基础上，呈现出经济强、百姓富、环境美、社会文明程度高、城市发展韧劲足的崭新面貌，成为全市人民勇担“争当表率、争做示范、走在前列”光荣使命，奋进新时代新征程的强大信心所在。南京这五年经济强，强在创新引领，全市高新技术企业从1844家增加到8800家以上；百姓富，富在优质均衡，民生投入占一般公共预算支出比例保持在75%以上；环境美，美在绿水青山，万元GDP能耗下降16个百分点以上；社会文明程度高，高在人文博雅，成为首批国家文化和旅游消费示范城市；城市发展韧劲足，足在稳中有进，统筹做好疫情防控和经济社会发展，统筹发展和安全。

报告凝心聚力

未来五年南京坚持稳中求进工作总基调，完整、准确、全面贯彻新发展理念，确立了经济高质量发展取得新突破，省会城市功能和中心城市首位度稳步提升，创新驱动发展水平、产业竞争力和稳定性大幅提高，城乡居民收入增长与经济发展基本同步，基本公共服务均等化水平明显提升，美丽南京建设取得重大进展等奋斗目标，进一步凝聚起全市人民的发展共识，在重要方向和重点领域形成聚力攻坚之势。南京未来五年以目标为引领，聚焦推进创新发展、协调发展、绿色发展、共享发展、安全发展五个重点方面，以开放包容的胸襟和追求卓越的定力，勇当科技和产业创新先锋，构筑双循环链接枢纽，绘就美丽南京新画卷，促进美好生活共富裕，推动城市治理现代化。

报告务实奋进

2023 年是南京发展的关键之年，全面贯彻党的二十大精神是中国式现代化南京新实践的根本遵循。报告围绕十个重点方面形成务实工作布局，迈开城市现代化建设的示范步伐，为汇聚社会各方面力量、激发全社会创造活力，提供了新路径新条件新机遇。这十个重点方面指向明确、目标清晰、系统全面，以扩需求为基本、以谋创新添动力，以强产业为基础、以增优势拓新局，以提品质为基点、以展美丽促和谐，以兴乡村为统筹、以彰文化扩影响，以优民生为福祉，以筑安全守底线，同时持续推进民生实事清单式管理、项目化推进，为南京开新局树立了工作标尺，努力向党和人民交出合格答卷。

（作者系南京市社科联党组书记、主席，南京市社科院院长，江苏省扬子江创新型城市研究院首席专家。本文发表于《南京日报》2023 年 1 月 11 日 A09 版。）

以高质量发展探索中国式现代化的南京新实践

曹劲松

党的二十大报告强调“高质量发展是全面建设社会主义现代化国家的首要任务”，这一论述明确了中国式现代化的建设路径。南京作为长江三角洲唯一特大城市，在立足发展实际的基础上，以高质量发展为切入点，积极谋划现阶段重点任务和未来探索的重点任务，把握关键点，加快推进中国式现代化的南京新实践。

强化科技创新，培育发展新动能

坚持科技自立自强是南京推进中国式现代化的必然选择。当前，南京正大力建设区域科技创新中心和高水平人才集聚平台，朝着具有全球影响力的产业科技创新中心主承载区迈进，科技创新已成为南京经济社会高质量发展的重要支撑。而实现科技自立自强，需要从根本上扭转关键核心技术受制于人的局面，南京对关键原材料、高端设备、核心元器件等采取定向攻关，着力提升关键核心技术的话语权。以新一代信息技术、工程机械等制造业领先领域为突破口，主动参与、谋划产业技术标准体系建立，逐步提升反“卡脖子”能力。积极布局以江苏省产业技术研究院和环紫金山科创带、江北新区产业创新带为重点的“一院两带五园”。加速建立高新技术研究中心、产业应用中心，以产业链接等方式打通科技创新与产业发展的内循环，优化科技创新成果转化载体，加速高技术成果示范推广和产业化。加快“政产学研用”深度融合，缩短科技成果转化的周期并降低科技成果转化的不确定性。加速企业数字化转型，重点推动智能电网、轨道交通等行业的链主企业引领产业链上下游企业建设以数据智能技术为主体的“工业大脑”，并提升企业设备、生产流程的数字化水平，打造“南京示范”，形成“南京模式”。

践行绿色低碳，描绘发展新画卷

党的二十大报告明确指出“推动经济社会发展绿色化、低碳化是实现高质量发展的关键环节”。目前南京正在加快“1+3+12+N”低碳发展政策体系，推动绿色低碳发展。建设覆盖南京城市中心和边缘的温室气体监测站点，对重点行业污染源和企业厂界无组织排放地区进行重点关注，覆盖包括火电厂、水泥厂、钢铁厂等领域。加强物联网机器的精准运用，推动碳监控系统在准确预算工厂碳排放级别的同时对排放出的二氧化碳进行捕获。同时，推进南京碳排放与环境大数据研究所的建设，打造南京碳监测云端平台。以“大数据 + 云计算 + 区块链 + 移动互联”技术为支撑，打造包含碳规划、碳交易、碳税、碳审计、碳账户、碳积分于一体的南京碳监测云端综合系统。聚焦可再生能源制备和储运、零碳流程重塑等领域，不断完善“产学研”结合发展模式，推进现代生命科学和生物技术、新材料等高端产业发展，培育低碳零碳技术生产力。加强对绿色低碳技术研发的资金支持，重点扶持企业开展节能技改、节能低碳技术研究等项目。大力推广先进适用的技术模式、产品标准和管理经验，加快相关成果孵化应用和产业化，将南京打造成绿色制造之城。

优化产业体系，探索发展新赛道

南京制造业根基深厚，新兴产业正步入转型升级的成长期，智能制造装备、集成电路等“2+6+6”创新型产业集群已逐渐成为南京产业高质量发展的“主引擎”。在新时期，南京传统产业面临转型，优化产业体系、布局未来产业成为南京后续发展的重点。对南京产业开发区和园区进行全面梳理和整体规划，清理或合并一些落后的产业集聚区，结合南京市产业发展的实际情况，围绕严重制约产业发展的产业链关键短板和痛点布局产业链创新链，加快培育南京优势产业集群和特色产业集群。大力发展生产性服务业，尤其是现代金融、研发技术服务以及支持技术产业化的强大中介市场，形成对制造业升级的支撑力。在巩固发展传统产业的同时，结合南京优势围绕生物技术、新能源、新材料、高端装备、绿色环保等新兴产业领域布局，注意整体规划避免各区重复建设造成资源浪费。同时布局第三代半导体、基因与细胞、元宇宙、未来网络与先进通信、储能与氢能等新赛道。积极在我市优势制造业领域打造具有产业链上下游强大整合能力的跨国龙头企业，形成南京市“龙头链主企业培育名单”，“一企一策”制定定制化培育方案。

畅通经济循环，构建发展新格局

畅通经济循环是构建新发展格局的关键所在。南京积极建设统一市场，设立破除各地产业保护壁垒的“负面清单”，打造跨区域性要素资源市场，如数据要素市场、知识产权交易市场等。聚焦关键领域建立相关市场基础制度，如产权保护等。积极建立跨国产业合作机制，形成以“内循环”产业体系带动高水平“外循环”产业。聚焦南京优势产业领域搭建国际化产业合作平台，如软件信息服务、生物医药。研究国际经贸最新规则制度及南京对标对接的方式，如 CPTPP、RCEP 等协定制度。支持南京具有产业整合能力的龙头企业开展对外合作和投资，尤其是为其在发达国家设立机构创造好的条件。不断加深人才交流合作程度，依托中国留学人员南京国际交流与合作大会平台，设立人才交流对接专区，为南京引进国际中高端人才提供平台。深化人力资源服务产业战略合作伙伴关系，组建南京人力资源服务协会联盟，积极举办南京国际人力资源信息化创新创业大赛、南京人力资源产业协同发展交流研讨会。

（作者系南京市社科联主席、南京市社科院院长，江苏省扬子江创新型城市研究院首席专家。本文发表于《新华日报》2023年8月8日11版。）

将南京打造成展示中华民族现代文明的重要窗口

张鸿雁

深刻认识中华文明突出的连续性创新性统一性包容性和平性

学习贯彻习近平总书记重要讲话精神，要深刻认识中华文明突出的连续性、创新性、统一性、包容性、和平性，全面深入了解五千多年中华文明的历史，更好增强历史自觉、坚定文化自信；深刻认识中国特色的关键就在于“两个结合”，“第二个结合”是又一次的思想解放，只有植根本国、本民族历史文化沃土，马克思主义真理之树才能根深叶茂；深刻认识党的十八大以来党中央关于文化建设的一系列新思想新观点新论断，牢牢把握做好宣传思想文化工作的根本遵循。

南京以城市文化与文明上的连续性，成为华夏文化生生不息的经典之城

全球范围国家之间的经济、科技和贸易等竞争，本质上是文化的竞争，全球发达国家无不在强化、提升国家的文化软实力和文化的核心竞争力。可以说，国家要强大，首先是民族文化的强大，而民族文化的强大则依赖于全国各城市的文化建设。

南京城市文化的发展历史，集中体现了中华文化的连续性，无论是六朝古都还是十朝都会，都是回望、承继中国历史文化的重要窗口。1993 年，在南京汤山雷公山葫芦洞发现的猿人头骨化石已经有 30 万年历史；史前社会还发现有 7000 年左右的文化遗址，如南京北阴阳营遗址，被认为是南京文化的起点。2500 多年建城史、450 年建都史，南京丰厚的文化积淀和独特的人文景观，作为中华民族文化重要容器的功能没有间断。从周代以降的金陵邑到秦代的秣陵县，从东汉的建业（石头城），再到后来大家熟知的十朝都会，南京是中华文明坐标中一个不可忽视的存在。从“江南佳丽地，金陵帝王州”到“天下文枢”“博爱之都”，再到世界和平城市、世界文学之都……南京城市文化于时代变迁的激荡中踏浪前行，自带端庄、厚重质感和英雄力量。在我看来，南京有着深厚的华夏文化底色，是中华优秀传统文化和中华文明的一个“守望者”。

南京以文化与文明上的创新性，成为屹立于世界东方的科技文化创新之都

南京不仅历史文化资源特别丰富，而且矢志创新不已。历朝历代均给南京留下了丰富的历史文化遗产和创新结晶，既厚重又钟灵毓秀。比如一座栖霞山，半部金陵史；一条长江路，半部金陵史；一条秦淮河，半部金陵史……这些表达的都是南京文化的厚重和钟灵毓秀。南京的创新结晶，可以说是如数家珍。科技上，祖冲之在南京首次将圆周率精算到小数第七位；城市空间上，南京明城墙是世界上保存最好、规模最大的；传统工艺技法上，“江南好，机杼夺天工，孔雀妆花云锦烂，冰蚕吐凤雾绡空，新样小团龙”，云锦代表了古代织锦技艺的最高水平。大报恩寺琉璃塔，在明代就是世界七大奇观，被印在明信片上流传世界；明代著名医药学家李时珍的《本草纲目》诞生在南京……还有魏晋这个“文学的自觉时代”产出的刘勰的《文心雕龙》、明代百科全书《永乐大典》；生于南京的清代著名女算学家、天文学家王贞仪，在《勇往直前：50 位杰出女科学家改变世界的故事》排前三位，在茫茫星空

中的金星上有以王贞仪命名的一个陨石坑……这一切，在南京历史上都如繁星列银汉。特别需要指出的是，南京的创新还在于，南京是世界文学之都，文学不仅让南京城市生活更美好，文学的上每一部成功作品都是独一无二的创新。

一个伟大的城市必然有创新的文化土壤。南京在城市创新进程中，还有很多历史人物和文化遗迹值得赞誉，如晨光厂、熊猫厂、浦口火车站、紫金山试验室……都代表着一个时代的科技和文化创新。千年古都的“发轫”创新与“秦淮人家”碰撞，南京以“家住长江边”、通江达海的博大情怀，从秦淮河时代再到长江时代，直奔海上融入全球一体化。这样的古今文化互融创新，成就了南京在新时代创新发展上能够早走一步、领先一步的时代新篇章，以创新换道超车，与“全球城市”比肩，成为长三角一体化发展的“第三极”。

南京以城市文化和民族文化地域上的统一性，成为中华文化大融合焦点城市之一

2500 年的城市发展史，奠定了南京南北文化交融的城市文化资本，使南京成为中华文化统一性的一个基石。黄河、长江文化是中华文化的血脉，南京恰恰是南北文化交融的地方。南北朝时期，中国经济与文化重心南移，侨置郡县、衣冠南渡，都在南京交汇。南京隶属华夏古九州之一的扬州。《禹贡》描述的扬州，范围相当于淮河以南、长江流域及岭南地区。南京不仅居于扬州的中枢区位，还是长江与运河两大水系交汇区域，在这个地域上创造了江南文化、江淮文化的水韵生活方式。江河交汇不仅养育、创造了南京精致的江南文化，而且通过大运河的北上，将南方的经济和文化输送到黄河以北，在整体上滋育、促进了长江和黄河以北的经济与文化繁荣。

更重要的是，南京还是吴越文化、荆楚文化、江淮文化、江南文化和海洋文化等多种文化浸润的沃土。如古文献所说，金陵是南北文化杂糅之乡。我在做长江国家文化公园江苏段的省级重大课题时，再一次发现南京文化在中华文化融合中的重要地位。中国四大古都中，唯有南京是居于长江之滨，

并且是跨长江发展的古都。南京在京派文化和海派文化之间独树一帜，创造了包容吴越文化、荆楚文化、江淮文化、海洋文化等在内的一个文化综合体——金陵文化，不仅博大精深，有历史纵深感，而且还具有典型的世界历史文化名城的国际文化识别性。

南京以文化与文明上的包容性，创造了地域文化与城市如家的文化认同

南京的文化包容性，来自这里的文化底蕴，创造了独有的南京城市风骨和风情。南京汇聚大江南北文化精华于一体，且深植于中华文化沃土之中。这个特有的金陵文化，以包容、宽容和亲和力，拥抱来自东西南北的中国人和世界各国人士，在语言上没有地方歧视，在生活上没有地域屏障。正如古人所言，南京是居民五方杂处，各种文化互相认同。这座城市凝聚着南京特有的集体记忆，并体现在城市的每一寸肌理之中，不仅涵养出南京特有的文化底蕴、风貌韵味、气质和格调，更凝练出南京所肩负的历史使命和高度的文化自觉。作为一种文化基因和无形力量，南京城市文化根植历史、立足现实、创新发展、引领未来，不仅润泽了南京市民的文明气质、行为举止，还成为推动城市经济建设、政治建设、文化建设、社会建设和生态文明建设的强大文化软实力。

一个好的城市、好的文化、好的历史，它的价值就在于它有一个很好的生活体系和家国情怀。世界文学之都既让南京的城市生活更美好，让人们对南京的文化感觉更深刻，也让南京有了自己的世界文化识别系统。南京城市风貌文化也非常典型，古迹遗迹特别多，中山陵、夫子庙、秦淮河……历朝历代诗人在南京留下的无数名诗名句，表达出这个城市的风骨、气质和学养。古金陵四十八景和《南都繁会图》的文化魅力，演绎了金陵可比肩西方文化之都巴黎的文化和生活。巴黎自称“有一百零一种生活方式”，城市街头咖啡与花香袭人，可谓是“闻香识城市”，给人带来无穷无尽的遐想。南京亦然，长江之畔、秦淮之滨、青砖白墙、梧桐林荫道……南京每个春夏秋冬都多姿

多彩，城市在巷陌交织之中，尽显六朝金陵文化风华与温情的市井烟火气息，不仅有京苏大菜、淮扬菜系、民国风……更有金陵小吃的千变万化，使得南京人生活得有滋有味。南京适合东西南北中所有的人……一百个人眼中，南京有一百种别样风情，被网络上誉为中国包容性文化最强的三个城市之一。

南京以立足城市文化和文明的和平文化，创造了世界认同的和平之城

和平文化是人类社会进步发展和幸福的永恒主题。城市是文化的容器，是靠记忆而存在的。南京有很多集体记忆，侵华日军南京大屠杀遇难同胞纪念馆既是南京人的集体记忆，也是中国乃至世界人民的集体记忆。这个记忆使这个城市对和平文化有更深的理解，并创造了南京独有的和平文化。2017 年，南京入选中国首座“国际和平城市”。和平城市的理念是对中华民族热爱和平的悠久传统的传承，是对城市文化发展目标的美好诠释，也是南京的一种文化担当：做世界和平的守护者。“国际和平城市协会”项目执行会长弗雷德·寇兹说，南京成为和平城市后，方便全世界所有国际和平城市的人们，更多地了解中华民族热爱、追求和平的悠久传统，也会明白中国在构建世界和平城市目标中做出的努力。

在中国和平文化方面，南京走了一条创新之路——创建世界和平文化公园、召开世界和平文化学术交流会，组织开展一系列和平反战主题的话剧、舞台剧、音乐剧等文化节目，创造献给世界的和平交响乐、创办和平文化节。特别是用和平文化理念引导城市发展，强化相关遗址保护，建设和平广场、南京条约史料陈列馆以及南京抗日战争遗址保护与和平主题设施，搭建了和平研究和传播平台。比如，南京大学历史系与考文垂大学，在建立长期合作研究关系的基础上，建立了国内高校首个和平研究中心以及和平学学科，成立“南京国际和平研究所”与省级重点智库南京大屠杀史与国际和平研究院。在和平文化创新上处于领先地位的南京，正在为建设一个持久和平的世界的“中国方案”贡献南京力量。

再创时代华章，传承城市文化经典，守望中华优秀传统文化

历史哲学家斯宾格勒说：“一切伟大的文化都是城市文化。”有伟大文化的城市，必然有与众不同的文化身份和气质。纵观世界知名文化城市，都有自己的文化主张。纽约强调“高度的融合力、卓越的创造力、强大的竞争力、非凡的应变力”；伦敦主张文化厚植“历史与现实的和谐统一、人与自然的和谐统一、坚强不屈的抗争精神”；北京首都风范凸显“爱国、创新、包容、厚德”；上海海派风华彰显“海纳百川、追求卓越、开明睿智、大气谦和”；广州开放范本注重“务实、求真、宽容、开放、创新”；成都的世界融合展现“和谐包容、智慧诚信、务实创新”……一言以蔽之，优秀而伟大的城市，无不在世界城市竞争中，创造出自己的“国际文化身份识别”，自觉参与全球的新文化产业分工。

对南京来说，应该立足“天下文枢，博爱之都”，用中华文明的五个突出特性观照南京文化的过去、现在和未来，更好彰显南京在中华文明时空坐标中的独特价值、突出贡献和时代意义；要做好城市文化的发掘保护，像保护眼睛一样保护文物古迹，大力传承弘扬非物质文化遗产，守护城市文化根脉；要做好城市文化的创新创造，找到传统文化与现代生活的连接点，做好创造性转化和创新性发展，让文化文脉与城市生活和谐相融、与高质量发展良性互动；要做好城市文化的展示传播，向世界讲好发生在南京的中国故事，打造展示中华民族现代文明的重要窗口。

一是要精准保护、精准规划和精准治理，延续历史文脉，在保护中发展，发展中保护，以精准保护、精准规划、精准治理和珍爱之心、尊崇之心守护历史文化遗存，保持南京文化的原真性，尤其是融合南北文化、江南文化、地方文化形成的中华文化底色，以延续历史文脉为出发点，探索更富创意的“打开方式”，塑造独特的南京文化神韵，创造新鲜有永续力的南京“城市文化资本”。

二是凝聚人情温度，创造刚毅且文雅的市民文化。让城市情感、城市气质与个性的自然流露融合，在城市角落细微处下功夫，坚持把人的感受度作

为最根本的衡量标尺，让人民与城市相互成就，安全幸福地、持续不断地创造推动文化传承发展的活力。

三是强调人与自然和谐为本，放眼全球构建世界城市文化品牌。立足山水城林融于一体的城市景观文化特色，提高南京的国际文化身份识别度，创造出最现代、最先锋、最活力、最特色、最南京的城市文化。

四是高质量优化城市空间格局，统筹城市功能空间更新，提炼体现中国式现代化城市南京新实践内涵的城市形象视觉符号体系，精巧设计城市识别系统，把城市当作艺术品来打造，把南京打造成为创新引领潮流的创意未来之城和文化传承发展归心地。

五是千方百计地创造城市的充分就业，人人能创业、人人可就业，人人可安居，人人都有幸福感的南京城市生活方式。

（作者系南京大学城市科学研究院院长、江苏扬子江创新型城市研究院院长。本文于 2023 年 6 月 18 日发表于紫金山新闻。）

在推进文旅融合发展上做示范

邵颖萍

党的二十大报告提出，坚持以文塑旅、以旅彰文，推进文化和旅游深度融合发展。南京是一座山水城林融为一体的历史文化名城，蕴藏着非常独特的文旅融合发展动能。今年以来，南京旅游市场繁荣，位列出游热门客源地第二位，南京博物院等文博场馆更是一票难求。全面深入学习贯彻习近平新时代中国特色社会主义思想和党的二十大精神，南京正在建设具有国际影响力的国家旅游文化中心城市，把培育文化产业作为城市高质量发展的动力源泉之一。南京要以文塑旅、以旅彰文，谋求文旅融合时代创新式发展、跨越式发展新路径。在推进文旅融合发展上做示范，探索真正适合南京的具有竞争力与可持续性的文旅融合高质量发展之路。

文旅融合发展和协同创新是促进文化产业与旅游产业提档升级的必然选择

国内的“文旅融合”概念是指文化、旅游产业及相关要素相互渗透、交叉融合或整合重组，逐渐突破原有产业边界或要素领域，相互交融形成新的共生关系的现象和过程；在国际上被更多提及的则是“文旅协同”概念，是指公司、企业、社区和政府的合作，强调的是多方协同、共同发展，结成战略合作伙伴关系。它来源于联合国世界旅游组织发布的《文化与旅游协同发展报告》，其中提到“旅游业和文化之间的协同作用被视为大多数国家的关键机遇”，这也说明了文旅融合发展和协同创新已经是国际社会公认的必然趋势，是促进文化产业与旅游产业提档升级的必然选择。

伴随着旅游业的持续快速发展以及跨文化传播的日益活跃，文化和旅游的深度融合更为迫切，呈现出以下几种明显的发展态势。

一是旅游过程中的文化消费需求不断增加。随着全球经济的不断发展，人们对文化旅游的需求不断增加，不仅仅满足于简单的观光旅游，而是更加注重深入了解当地历史、文化、艺术、节庆等方面的体验。

二是旅游产品中的文化内涵体现不断创新。为了满足消费者不断增长的文化旅游需求，全球各地的旅游机构和从业者持续创新文化旅游产品，将文化元素融入旅游体验中，如特色民俗体验、当地特色文化、主题节庆活动等。

三是旅游过程中的数字文化技术不断发展。随着数字技术的不断发展，全球文旅融合发展得以呈现出更具创新活力的产品形态，如虚拟现实技术让消费者足不出户也可以获得非常不错的游玩体验，使传统文化旅游产品的开发方式更加丰富生动。

四是旅游开发中的可持续性要求不断提高。全球文旅融合的发展也推动了世界各地优秀文化资源的保护传承和可持续性发展，越来越多的国家和地区开始重视文化遗产的保护和传承，同时也将文化遗产可持续发展作为文化旅游发展的重要方向。

文旅融合是传承弘扬中华优秀文化和促进经济结构优化的有效路径

推动文化和旅游融合发展，是助力社会主义文化强国建设和旅游业高质量发展的重要抓手，是满足人民群众对美好生活向往的必然要求，是传承弘扬中华优秀文化和促进经济结构优化的有效路径。

文旅融合的关键在于处理好文化与旅游的发展关系，文化介入旅游、旅游成为文化的结构部分，两者在发展过程中相得益彰。文化的渗透性、跨界性和无限创新能力放大了旅游产业本身，使得文旅融合形成发展的动力机制和可持续的引导机制，具有文化的灵魂和主张，也能够展现旅游资本的场域和力量。

首先，文旅融合可以促进地方社会经济发展。文化旅游业正在成为国民经济和社会发展的战略性支柱产业，通过文旅融合可以将地区优质文化资源转化为文化资本，优化整体社会经济产业结构，推动原有产业边界的消融，弥合传统一二三产的发展缝隙，衍生新兴业态和产业门类，尤其是需要在产业动态融合的过程中实现产业价值再造和转移，加强与工业、农业、商务、体育、会展等板块相结合，与地区城乡统筹发展、农民增收、农业结构调整等有机结合。

其次，文旅融合可以提升地方文化软实力。文化是一个地区的灵魂和名片，文旅融合不是简单的叠加，而是创造新的以文化为魂、以旅游为载体、以产业间动能为价值输出的生产网络和场域，通过符号化、内容化、关联化、日常化、可操作化的文旅融合，可以打造虚实结合、人景融合、场景感丰富的文旅消费体验，展现地方特色文化魅力，塑造区域文化身份认同，激励社会群体文化自信，提升区域文化交流与文化福祉的创造性、趣味性，增强城市影响力和文化竞争力。

此外，文旅融合可以推动城市的可持续发展。文旅融合创新驱动和城市社会的整体可持续发展紧密结合。我们通常都会感受到，但凡是文化旅游相对繁荣的地方，也是产业招商、人才留驻和城市美誉度比较显著的地方。传统文化的历史丰度表现出艺术创作、市场表达和教育浸润的内在张力，推动中华优秀传统文化创造性转化、创新性发展是保持文化活力的有效路径。通过文旅融合可以保护和传承地区的优秀文化遗产，将文化塑造与旅游体验相结合，持续创造生产优质文旅产品，提升人民的生活质量和幸福感，深化文化产业和旅游产业的内涵发展和创新探索，推动地区经济社会可持续发展。

南京地理区位优越，文化源远流长，旅游产品体系基础优良，文旅产业实力雄厚

南京是致力于建设世界历史文化名城和国际旅游目的地的城市，坚持以文铸城，以旅兴业，文化为这座城市编撰了丰富的注脚，旅游为这座城市贡献了蓬勃的生机。

其一，南京地理区位优越，拥有庞大的文旅腹地和消费市场。作为长三角一体化国家战略中的“战略支点”“创新引擎”和“门户枢纽”，南京是南京都市圈核心城市、长江经济带重要枢纽城市、长三角特大城市，连接着长三角各地，共享长三角一体化发展红利。

其二，南京地势得天独厚，山水城林之间蕴藏着独特的文旅融合发展动能。诸葛亮赞其为“钟山龙蟠，石城虎踞”；孙中山称“其位置乃在一美善之地区。其地有高山、有深水、有平原，此三种天工，钟毓一处，在世界中之大都市，诚难觅此佳境也”；毛泽东豪言“虎踞龙盘今胜昔，天翻地覆慨而慷”。

其三，南京文化源远流长，孕育着灿若繁星的文博资源和文化遗产。有着 7000 多年文明史、近 2600 年建城史和近 500 年建都史的南京，素有“六朝古都”“十朝都会”之称，是长江流域唯一的大一统王朝的都城，并长期作为中国南方的政治、经济、文化中心，从“天下文枢”到世界“文学之都”，充分彰显南京古都文化气质。

其四，南京旅游产品体系基础优良，文旅配套服务设施与服务水平日渐完善。南京已成功创建秦淮区、江宁区 2 个国家全域旅游示范区与 6 个省级全域旅游示范区；目前全市拥有国家级、省级旅游度假区 5 家，5A 级景区 2 家、4A 级景区 24 家，A 级旅游景区总数 56 家；旅行社 949 家；星级饭店 58 家，其中五星级饭店 19 家，高品质旅游要素位居全国前列。

其五，南京文旅产业实力雄厚，数字赋能和促进消费的供需两端发力极大提升了城市美誉度。2020 年入选首批国家文化和旅游消费示范城市，2021 年文化产业和旅游产业领域工作获国务院办公厅督查激励，2022 年申报成功首批国家对外文化贸易基地，南京的文化软实力、旅游吸引力和城市影响

力获得全面提升；秦淮特色文化产业园获批国家级文化产业示范园区，夫子庙—秦淮风光带、南京长江路、熙南里历史文化休闲街区跻身国家级夜间文化和旅游消费集聚区，南京夫子庙步行街入选首批国家级旅游休闲街区，中国（南京）文化科技融合成果交易会成为全国率先打造的文化科技融合服务平台。

随着新形势下文旅产业变革加速、消费需求迭代升级，南京文旅融合也存在一定问题。就文旅之间融合而言，就文说文、就旅说旅的情况依然明显，文化缺乏在旅游产品和旅游体系中的市场表达和资本转化，旅游开发忽视对文化的活化利用和创新发展；就文旅之外协同而言，在城乡联动发展、部门联动发展、市场统筹发展等方面还不能充分有效协调联动文旅资源，发现并创造新兴旅游吸引物的能力不足，转存量为增量、变流量为产量的突破口尚未完全打开。

建设世界文旅目的地城市，打造特色化国际消费中心城市，建设文旅智慧化文旅治理先锋城市和现代化文旅融合示范城市

从内在逻辑来看，文旅融合是文化活动中的旅游因子和旅游活动中的文化要素的崛起过程——文化是内容，旅游是通道，文旅融合的核心是文化要素在旅游通道中的价值变现、场景变现和资本变现，其发展核心是构建大资源观、大市场观、大产品观、大治理观和大服务观。

就南京而言，文旅资源不仅是虎踞龙盘的自然山水、十朝都会的名人胜迹，更是金箔云锦的非遗技艺、南北兼容的地方美食、历久弥新的地标建筑，应当围绕目的地驱动发展理念，从建设景点向经营城市转变，以城市品牌建构文旅形象，建设世界文旅目的地城市；文旅市场不仅是频频登上热搜的旅游客群，更是细分领域的商务客群、研学客群、银发客群、亲子客群、海外客群，应当深入挖掘未来客群的消费内容偏好，注重提升市场辐射影响力，将文旅流量转变为文旅留量，创意文旅融合产品形式，彰显地方文化自信，把年轻

化社交平台作为文旅营销主场，打造特色化国际消费中心城市；文旅产品不仅是传统景区、旅游度假区，更是遍布城市角角落落的文博场馆、历史街区、产业园区、商业综合体和商圈、城市公园和主题乡村，应当围绕文旅融合场景化导向，从旅游空间到文化情境，打造沉浸式体验焕新文旅融合力量，贡献文化和旅游产业融合发展典范；文旅治理不仅是旅游市场治理，更是城乡环境治理、山水生态治理、营商环境治理，应当借力数字化技术升级，以数字技术赋能智慧旅游，从无序粗放发展的传统市场向有序规范发展的现代市场转变，推动文旅行业健康可持续发展，建设文旅智慧化文旅治理先锋城市；文旅服务不仅是全域覆盖的旅游服务、住宿餐饮，更是公共文化服务、智慧文旅服务、人文关怀服务、特殊群体服务，应当充分动员社会各方主体力量，打造政府主导、社会参与、主客共享、在线在场无缝衔接的文旅融合城市氛围，建设现代化文旅融合示范城市。

南京可以从提升力度、效度、深度、广度方面推动文旅融合发展。一是从经营城市的视角看待文旅融合的高质量发展。南京的大商圈、大交通、大设施、大高校应当从幕后走到台前，从配套转变为引擎，商圈目的地、交旅融合示范、会奖演出经济和知识旅游应当被重点关注，释放城市基础设施、产业经济等硬实力对于文化旅游、生活服务等软实力的刺激和带动作用，将文化浸润和涉旅化改造的思路深刻贯彻到城市日常建设中。

二是在数字经济时代夯实文旅融合的可持续发展。在科技突破的同时，南京应加大对于内容生产创作和产权交易的平台网链布局，聚焦重大题材、重点领域、关键技术、核心数字文化生产线等集中部署，在数字经济的洪流中找到南京文旅产业的坐标，抢夺话语权和定价权，强化文化金融服务效能，让内容和科技互为里表，故事力和场景力双向赋能，全面提升文旅产业能级和核心竞争力。

三是为青年人才的未来争取文旅融合的包容性发展。文旅融合要研究趋势、尊重市场、顺应人性、引领价值，创新的土壤比创新本身更重要，南京应当结合城市基础特质和未来发展目标，加深对于青年人群和亲子客群的关照，在建设新青年旅游城市和亲子旅游目的地城市方面做大胆设想，将青年旅游和人才驻留形成前后手，和青年发展型城市、儿童友好型城市建设统筹考量。

四是扛起建设中华民族现代文明的使命，布局文旅融合的平台化发展。国家文化公园建设是对中国文化旅游格局的战略重组和顶层部署，既是文化走廊，也是旅游线路，南京是习近平总书记“保护传承弘扬长江文化”重要理念的提出地和实践地，在建设长江国家文化公园上被赋予了重要的使命担当，应立足全球眼光、站位国家高度、锚定江苏示范、彰显南京特色，打造历史文化和现代文化交相辉映的国家文化公园南京段，建设新时代长江文化保护传承弘扬示范段、国际化长江文化公园旅游目的地标杆、世界级长江水岸生态活力带样板，加强国际文化交流平台构建，全方位多维度讲好中国故事的南京篇章。

五是以文旅高质量推动城市高质量。以文旅国际化推动城市国际化，以文旅高站位推动城市高站位，积极融入全球城市话语体系，寻找世界城市文化身份识别，争夺世界文旅目的地建设，抢占未来文旅发展高地，是传承历史文脉、彰显地方魅力、弘扬城市品格、传播民族精神的价值所在，更是以文化自信固中华文化之根、铸新时代文化之魂的题中之义。只有紧跟文旅融合创新趋势与文化产业高质量发展新路径，优化顶层设计、丰富文化产品供给、释放文旅消费活力、提升服务能力水平、完善市场治理体系，才能不断探索真正适合南京的具有竞争力与可持续性的文旅融合高质量发展之路，在建设具有世界水平、中国特色、南京风度的文旅融合上先行示范。

（作者系江苏省扬子江创新型城市研究院理事长。本文发表于《南京日报》2023 年 8 月 23 日 A11 版。）

发挥创新资源优势　为高质量发展赋能蓄势

丁　宏

习近平总书记在江苏考察期间，着眼强国建设、民族复兴战略全局，聚焦中国式现代化的重点领域提出一系列新思想新观点新论断，明确江苏“有能力也有责任在推进中国式现代化中走在前、做示范”的重大定位，赋予江苏“四个新”的重大任务，并对南京科技创新、先进制造业集群发展等提出明确要求。南京作为江苏省会城市、东部地区区域中心城市和长三角特大城市，理应发挥创新资源优势，加快培育新兴产能，更加敏锐地把握机遇窗口，为经济高质量发展提供“南京经验”。

努力在科技创新驱动上形成新突破。习近平总书记对江苏提出打造具有全球影响力的产业科技创新中心，希望江苏在科技创新上取得新突破。南京高校云集、人才众多，是江苏产业科技创新中心的主承载区，应聚焦世界产业科技前沿阵地目标，推动教育、科技、人才协同发展，加强与大院大所、在宁高校的深度融合，集中力量构建具有南京特色的战略科技力量，打造显示度高、凝聚力强的国家重大创新平台，进一步强化基础研究和创新驱动优势，为加快培育新兴产能提供坚实的创新支撑。

努力在新兴产业发展上形成新优势。党的二十大报告指出，要开辟发展新领域新赛道，不断塑造发展新动能新优势。得益于长三角区域雄厚实体经验基础和自身创新驱动优势，南京的新兴产业正步入转型升级的成长期，新能源汽车、智能制造装备、集成电路等“2+6+6”创新型产业集群已逐渐成为全市产业高质量发展的“主引擎”。要加强重点产业链补链强链延链，培育更多“链主”企业和产业链关键环节企业，推动大中小企业融通发展，提升产业链发展能级和国际竞争力，在全国形成若干具有影响力的新兴产业集群高地。

努力在关键技术突破上形成新示范。习近平总书记强调，只有把关键核心技术掌握在自己手中，才能从根本上保障国家经济安全、国防安全和其他安全。新兴产能的安全可控和持续发展的关键归根到底在于技术创新。南京应更好梳理和分析“2+6+6”产业链上存在的“卡脖子”设备和技术的障碍，加强关键核心技术攻关的顶层设计和“路线图”。要强化企业科技创新主体地位作用，以龙头企业为牵引，深化创新联合体和新型研发机构建设，对产业链中的关键“堵点”进行协同攻关，着力突破国际复杂产业环境对我国形成的硬约束。

努力在科创金融探索上形成新经验。南京获批江苏唯一的科创金融改革试验区和服务业扩大开放综合试点，放大政策效应推进科创金融深化改革具有良好的基础和条件。相比传统产能，新兴产能具有高技术内涵和高附加值，同时失败的概率也更高。科创金融是支持新兴产能跨越“死亡之谷”和“达尔文之海”的关键要素，要聚焦新兴产能融资难题，加大政策举措创新力度，紧扣企业需求，进一步完善科创金融服务体系，吸引社会资本向新兴产能进行集聚，促进创新链产业链资金链人才链深度融合。

（作者系江苏省人民政府参事室特约研究员、江苏省扬子江创新型城市研究院特约研究员、南京信息工程大学江北新区发展研究院执行院长。本文发表于《南京日报》2023 年 2 月 1 日 A07 版。）

打造服务业开放的“南京样本”

丁　宏

习近平总书记在第五届中国国际进口博览会开幕式上强调，“深化国家服务业扩大开放综合示范区建设，发挥好改革开放综合试验平台作用”。2022 年 12 月，南京获国务院批准开展服务业扩大开放综合试点。南京应紧抓这一战略机遇，全面贯彻新发展理念，积极服务构建新发展格局，稳步扩大制度型开放，进一步推进服务业改革创新，塑造国际竞争和合作新优势，为南京在新时代新征程上争当中国式现代化城市实践的引领者作出新的贡献。

从南京实施服务业扩大开放综合试点的重要性来看：

一是适合世界经贸规则发展最新趋势，更加深入参与全球经济格局，形成国际交往中心城市新优势的必然举措。近年来，国际社会正处在新一轮国际经贸规则的重塑期，CPTPP、RCEP、DEPA 等新规则更加凸显服务贸易、原产地规则、技术性贸易壁垒、知识产权保护等服务业领域的重要性和变革趋势。更好实施服务业扩大开放综合试点，有利于南京适应国际环境变化，持续完善城市国际化功能，深度融入全球贸易投资和生产服务网络，以深化结构性改革来获取长期制度收益，从而主动参与国际经贸规则制定，形成国际交往中心城市开放型经济新的竞争优势。

二是积极应对疫情变化，促进经济加速回暖恢复，服务构建国内国际双循环发展新格局的关键支撑。疫情蔓延总体上来说对于经济发展造成复杂难解的长周期影响，我国把充分发挥我国超大规模市场优势和内需潜力，形成国内国际双循环相互促进的新发展格局作为积极应对的主要手段。在疫情防控政策变化的新形势下，我们要更加努力地提高开放的质量和水平，通过经济的高质量发展和全球经济缔结更加牢固的纽带。更好实施服务业扩大开放综合试点，有利于南京把失去的时间抢回来，为服务业发展拓宽新的空间，在国际经济大背景下寻求新的经济发展动能，提升产业链的全球配置和调整能力。

三是发挥好雄厚科教优势，促进现代服务业和先进制造业深度融合，为勇当科技和产业创新开路先锋提供新的发展思路。南京是科教大市以及实体经济大市，2022 年地区生产总值接近 1.9 万亿，但科教人才资源优势尚未得到充分发挥，先进制造业发展水平仍需加快提升。更好实施服务业扩大开放综合试点，有利于南京加快探索服务业管理体制机制创新，激发科技人员创新创造活力，打通科技成果转移转化“最后一公里”，推动更多产业链生态企业和应用场景落地，促进制造业结构从产品为中心向以提供产品和高增值服务为中心进行转变，实现科技创新与产业发展同频共振、同向聚合。

从南京实施服务业扩大开放综合试点的方向和路径来看：

一是要发挥比较优势，形成服务业扩大开放差异化格局。国家在确定试点扩容区域时，注重与之前试点地区的开放协同，形成错位化的发展布局。南京应充分吸收借鉴北京等地在服务业扩大开放领域的探索实践和典型经验，突出自身的特色和优势，围绕先进制造业集群的发展方向，破解制约现阶段生产性服务业发展的障碍瓶颈，推动生产性服务业组织模式、商业模式、投融资模式等创新发展，强化服务业对先进制造业的支撑作用，使两业融合成为南京现代产业体系建设的重要支撑，为实体经济创新发展和产业转型升级提供新的动能。

二是要坚持双向开放，打造服务业高水平开放门户枢纽。充分利用两个市场、两种资源，进一步拓展服务业开放的边界和深度，促进服务业高端要素资源向南京流入。扩大欧美服务业国际“朋友圈”，寻找双方更多的利益契合点，加强在现代服务业外资、开放创新和价值链高端环节等领域的合作。深化与港澳服务贸易自由化，推动与港澳服务业职业资格、服务标准、认证认可等领域加强合作，促进贸易深度往来。发挥好南京与新加坡合作的现有优势，探索与新加坡在数字经济、可持续发展、创新、金融、教育、医疗等领域的开放合作。发挥国内超大规模市场优势，立足扩大内需，调动国资和民企投资服务业的积极性，实现先进制造业和现代服务业的互动发展。

三是要探索重点先行，优化服务业“产业 + 园区”扩大开放路径。在全城范围内开展服务业扩大开放综合试点的同时，在特定区域或行业采取更加积极的先行先试措施，条件成熟后再逐步扩大开放区域范围。南京是国务院全面深化服务贸易创新的试点地区，可继续放大这一优势，在相关的权限和政策上给予倾斜，不断推进服务贸易自由化便利化，打造服务贸易创新发展高地和服务贸易品牌。在科技服务业上，南京也可发挥国家科技体制综合改革试点城市、科技人才评价改革试点城市和长三角科创金融改革试验区的优势，推动科技体制机制改革不断深入，破除科技创新和产业协调发展的深层次障碍。江北新区是江苏唯一的国家级新区，应率先打造服务业扩大开放先行示范区，探索放宽服务业准入限制，成为高端服务业创新集聚发展的“试验田”。

四是要着重体制机制创新，破除服务业扩大开放过程中的制度性障碍。相比制造业，服务业开放过程中存在着更多的“玻璃门”“旋转门”等制度性障碍。实施服务业扩大开放综合试点，就是更好以改革促进开放，以开放倒逼改革，清除对服务业开放和准入设置的不合理限制门槛。要聚焦服务业企业关切，持续深化“放管服”改革，加快构建公平透明、普惠友好、鼓励创新、与服务业高质量发展相适应的政策支持体系。强化改革措施的系统性协同性，处理好服务业高水平开放与高效监管的关系，在管理体制、开放路径、考核机制、风险管理等方面进一步深入探索，推动生物医药、集成电路等全产业链开放创新发展，着力破除制约服务业高质量发展的体制机制障碍，打造服务业扩大开放的“南京样本”。

（作者系江苏省人民政府参事室特约研究员、江苏省扬子江创新型城市研究院特约研究员、南京信息工程大学江北新区发展研究院执行院长。本文发表于《南京日报》2023年7月19日A07版。）

五个维度创新推动特大城市蝶变

胡小武

南京作为特大城市，在中华民族伟大复兴征程中，如何找准定位、推动发展？借用著名“创新思维学之父”爱德华·德·博诺的“思维帽”概念，南京的发展，需要从五个维度进行创新突破。

首先是向上。一要实现“大”的突破。特大城市的关键概念是城区人口规模及市域人口规模。对南京而言，一要持续做大做强郊区新城，加快推动溧水、六合城区在空间上完全融入南京城市建成区，不断提升城区人口规模，加快朝着 1000 万人口规模迈进，早日跻身超大城市行列，成为更高能级的人口大城。二要实现“强”的突破。南京要加快产业提质升级，成为中国参与世界城市竞争的“主力军”，在城市经济和产业领域有质的突破，形成若干具有全球竞争力的产业地标或产业集群，为中国解决“卡脖子”问题作出南京贡献。

其次是向内。南京要推动城市现代化进阶，还需持续厚植和创造城市人文品质。当前，南京的河西、仙林两大城市副中心，城市人文品质建设较好，但在中心城区的背街小巷区域，以及燕子矶、迈皋桥、尧化门、铁北区域、马群区域、麒麟片区、秦虹区域、大明路区域、安德门区域、板桥区域、桥北区域、大厂区域等，尚有一些老旧小区。因此，要加快南京城市人文品质建设，推动城市精细化治理，为城市全域旅游形象夯实基础。

第三是向外。南京作为具有重要影响的历史文化名城、科教名城和交通枢纽城市，对外贸易、对外交流、国际化水平等“对外开放之城”“全球化之城”“外向型产业之城”的城市形象还需进一步提升。南京需要全力建设好对外交往城市，在国际传播、国际贸易、国际文化交流、国际物流运输等方面加快升级，以更高水平、更广视野、更具全球气质的城市形象，助力城市能级提升。

第四是向顶。南京必须培育属于显性城市辨识度的高精尖企业及相关技术。这不仅可以推动解决高精尖类关键技术“卡脖子”问题，更可以提升南京城市科技引领能力和影响力。南京有一大批技术创新导向企业，一定要全面梳理和普查，论证和发掘南京技术领域的“全球之最”，并通过产业化、市场化的培育，打造在技术创新领域的战略性新兴产业地标或产业集群，从而提升南京企业能级和参与全球竞争的科技实力。

最后是向绿。南京拥有典型的山水城林融于一体的城市意象，市区内的山与水，建构出南京优美的城市风貌。但也应看到，南京的生态景观品牌显示度和内涵还需进一步提升。因此，需要在绿色生态之城的高质量建设上，确立“全城生态景观品牌”和“全域视觉审美形象”，为南京这座传统历史文化与现代都市文明交相辉映的城市筑牢“绿色之魂”。

（作者系南京大学城市科学研究院执行院长、江苏省扬子江创新型城市研究院研究员。本文发表于《南京日报》2023年7月5日A09版。）

加快建设国际交往中心城市

胡小武

党的二十大报告提出，“中国坚持对外开放的基本国策，坚定奉行互利共赢的开放战略，不断以中国新发展为世界提供新机遇，推动建设开放型世界经济，更好惠及各国人民。”

开放是城市化的本质属性，对外开放是城市经济发展的客观要求。城市的生长进化史，就是一部开放史。唯有城市的开放，才能吸纳更多的人口与产业，铸就城市的商贸繁荣；唯有城市的对外开放，才能更加推动文明互鉴，成就城市不凡的文化活力。古今中外城市发展史显示，越是对外开放的城市，越能够成为发达的、强大的、进步的城市。全球范围内的纽约、巴黎、伦敦、东京、香港、迪拜、上海，都因对外开放而成为全球性国际大都市。

新时代新征程，《南京市国土空间总体规划（2021–2035 年）草案》提出建设国家中心城市。一座城市要建设国家中心城市，不仅是要成为高能级的经济中心、科技创新中心、文化活力中心和交通枢纽中心，也要成为世界知名的国际交往中心城市。可以说，国际交往中心城市战略是助推国家中心城市的重要一环。因此，建设成为具有国际显示度、国家中心性、全球活跃度的国际交往中心城市，应成为南京建设国家中心城市的关键战略。

加快塑造更多“国际顶级社交名片”

加快塑造更多“国际顶级社交名片”，这是国际交往中心城市建设的顶层逻辑。纵观已然成功的国际交往中心城市，都有许多“国际顶级社交名片”。美国拉斯维加斯有三张非常具有识别度的国际顶级名片：世界闻名赌城，世界著名娱乐之都，世界知名国际消费电子产品展（CES，Consumer Electronics Show）。这三张国际社交名片，为拉斯维加斯带来了丰富的国际交往机会和广阔的城市国际交流舞台。德国法兰克福同样拥有三张世界级社交名片。作为德国第五大城市，法兰克福有着德国最大的国际机场与铁路枢纽，被誉为欧洲大陆“十字路口”；法兰克福是欧洲重要金融中心城市，全城拥有数百家银行，经营着德国 85% 的股票交易，并出口欧洲经济风向标的法兰克福股市 DAX 指数；法兰克福还是欧洲规模最大的国际性车展——法兰克福国际汽车展的永久举办城市。无论是国际交通枢纽，还是金融中心，或是国际汽车展，法兰克福虽然只是德国第五大城市，但却是世界著名的国际交往中心城市。

南京建设国际交往中心城市，要构建属于自己并获国际社会普遍认可的国际顶级社交名片。当前，南京有不少城市名片，如世界历史文化名城、世界文学之都、国际和平城市、世界佛教城市、青奥城市等，但从国际交往中心城市所需吸纳的国际人流、物流、资金流、信息流等能力、能级或能效评估，目前这些名片总体上还属于“国际化社交符号”而非“国际化社交名片”。推动南京塑造若干国际顶级社交名片，比如将“世界文学之都”转化为顶级的国际社交名片，就需要策划围绕文学艺术的“南京国际图书展”或创设世界顶级的文学奖项，如“亚太文学奖”之类的国际顶级文学交流盛会；或者挖掘青奥城市文化遗产资源，打造“世界青年企业家峰会”，吸引全球范围内 35 岁以下知名企业家到南京交流；或者利用南京国际和平城市的历史文化资源，创设“世界和平对话”论坛，吸引全球政治家、学者或企业家相聚南京。总之，南京一定要创设世界级的，能够引发交流互动的国际交往顶级名片，推动外交、经济、文化领域内的国际交往的高频互动、高端要素汇聚和高层对话。

积极构建“南京国际友城联盟”

积极构建“南京国际友城联盟”，这是加快形成南京国际交往中心城市国际朋友圈的圈层逻辑。国际交往本身是无差别的对外开放战略，但与国内其他一线城市或国家中心城市北京、上海、广州、深圳、成都、重庆、武汉、西安等相比，南京在建设国际交往中心城市战略中并没有形成先机或拥有独特优势。其他几个副省级省会城市如广州、成都、武汉、西安、沈阳，都有一定数量的领事馆。截至 2022 年 4 月，南京与 23 个国家 23 个国际城市缔结了友好城市，另有 76 个友好合作城市，共计 99 个友好交流城市，遍及五大洲 52 个国家，包括尼泊尔首都加德满都市、文莱首都斯里巴加湾市、意大利佛罗伦萨市、德国莱比锡市、美国圣路易斯市等知名城市。南京可以另辟蹊径，依托国际友城合作基础，发起建立南京国际友城联盟，打造属于自己鲜明优势的国际友城紧密朋友圈，利用南京及江苏发达的经济资源，吸引各友城来南京设立商贸代表处或常设性经济文化交流机构。这既可以为南京找到国际交往中心城市建设突破口，服务国家总体外交、促进定向的高水平对外合作交流、集聚相匹配的国际高端资源、不断提升国际传播水平，切实推动联盟城市及其周边资源与南京进行全方位交流合作；也可以依托南京国际友城联盟主角优势，在 23 个国际友好城市开展两年一次“南京周”交流活动，在 76 个友好合作城市每三年开展一轮“南京日”交流活动。利用在国际友城中设立的“南京周”和“南京日”交流平台，对南京产业产品、文化艺术、旅游资源进行针对性推广与传播。同时，积极策划各种因地制宜的文化艺术交流活动和商贸展，充分推介南京，营销南京，推动南京在国际范围内进行更深度的交往交流，形成南京在国际交往领域中的能见度和美誉度。还可以利用定期举办的“南京国际友好城市论坛”，吸引并邀请友城所在国家领导人和重要政治家参加，为国家总体外交做出独特贡献。

全面实施“国际交往全要素交流计划”

全面实施“国际交往全要素交流计划”，这是建设国际交往中心城市的全民行动的底层逻辑。一个城市要打造国际交往中心城市，必须形成“中心城市意识”并推动“全要素交流计划”。全要素交流计划分为三大领域，一是企业界国际经贸交往。这就需要发挥南京各类企业在国际商务交流领域的主力军功能，推动企业举办各种形式商务、经贸、技术交流活动，吸引国际企业人士来南京开展各种交流合作。积极鼓励南京推进“会奖旅游”，吸引各种国际展览、国际赛事、国际旅游活动落地南京，形成商务、文化体育、旅游等层面的广泛的国际交往人流，从而推动南京成为一个国际交往热点城市。二是要积极推动南京学术国际化交流计划。大学是开展国际交往的重要优势资源。南京拥有的13所双一流大学，几乎都有国际学术交流活动。特别以南京大学、东南大学、河海大学、南京医科大学、南京师范大学、南京农业大学等一批文、理、医类大学的国际论文发表数量颇丰。依托南京高校的教育学术资源，进行南京城市文化形象的交流传播、南京历史文化的研究与学术交流、南京文化旅游资源的交流传播、南京故事的挖掘整理及其国际合作，广泛输入给前来南京参加学术交流的学者群体、各种学术刊物的读者群体以及在南京的留学生群体、外教群体和各类教育文化及学术交流群体。三是加快实施南京出国留学及旅游人员的“城市交流使者”计划。南京每年有十几万以上的各类出国留学生、出国旅游探亲和出国商务人员。这本身就是一个庞大的交流传播主体。相关部门应积极利用这种天然传播主体资源，做好城市交流与传播的培训工作。这既是南京国际交往中心城市战略市民化内化与凝聚共识的必要环节，更是南京推动国际交往与对外交流的重要渠道。因此，要加快制作南京城市形象与城市营销读本，包括各种城市形象电子照片、数字内容，对尽可能多的“出国市民”进行国际交流培训与内容输出，让每一位出国市民都能够成为南京形象和城市精神代言人。

（作者系南京大学城市科学研究院执行院长、江苏省扬子江创新型城市研究院研究员。本文发表于《南京日报》2022年11月30日A11版。）

建设婚育友好型城市　提升南京城市能级

胡小武

在全国人口总量持续下行大背景下，南京要从战略上重视“婚育友好型”城市软硬环境建设，充分释放南京科教中心、交通枢纽中心、历史文化名城、山水城林宜居城市等“城市红利”，鼓励青年人适婚适育，稳步加快人口增长速度，从而提升城市能级，推动经济社会高质量发展。

从战略上推动婚育友好型城市建设。当前影响人口增长的一个重要表现是“剩男剩女”数量增长，年轻人不想生更不愿多生。背后原因主要是生育成本过高、育儿压力大。城市尤其是大城市发展所形成的生活成本高和快节奏工作生活的都市心理，经由“循环累计因果效应”，持续引发青年延迟结婚、结婚率降低、生育意愿降低等影响人口增长的社会后果。南京作为特大城市，要在城市发展、宜居生活、宜婚宜育、人口增长、城市繁荣的“城市发展生态链”上建立平衡，加快制定出台“南京市婚育友好型城市建设目标和行动计划”，在全市层面及各项城市发展制度设计、发展规划和政策实施层面，确立城市人口可持续增长视角，为南京人口可持续、稳健、适度快速增长创造城市总体战略氛围。在婚育友好型城市战略设计中，立足促进婚恋和生育的经济友好、文化友好、社会友好、环境友好四个维度，从城市规划、建设、管理、治理角度出发，更加强调系统性的婚育友好型城市建设理念，推动城市就业、安居、婚恋、结婚、生子、育儿、教育、生活、养老等领域的“降压除虑”，确保居民能安心、放心地结婚和生育。要特别给年轻世代创造更便利、更舒适、更健康、更从容的城市生活环境，帮助他们树立起更强的结婚与生育信心，最终将南京打造成青年群体宜居、宜业、宜婚、宜育的婚育友好型城市。

完善婚育友好型城市经济支撑体系。婚育友好型城市核心是满足青年人恋爱、结婚和生育的各项需求。因此，婚育友好型城市也是一座青年友好型城市。婚育的经济友好要素，首先是就业友好，包括培育城市就业机会、就业支持、就业薪资、就业保障等方面的竞争力。南京要更加提升高质量、知名企业的培育和引进力度，培育更多的“专精特新”“独角兽”“瞪羚”和“大象”型企业，形成能够提供更高薪水和发展前景的就业市场，从而吸引和满足更多青年人的经济成长需求。恋爱和结婚、生子，住房是重要的支撑条件。南京要在稳房价、稳预期、稳住房保障等安居层面发力，构建“安居南京、宜居金陵”的住房规划目标，从保障型廉租房、经济适用房建设与申购、共享产权房的建设与申购、租房补贴等维度，为更多有需求的单身或结婚青年人，提供全覆盖形态的安居支持，为城市人口出生率夯实婚育基础。要更加务实提升对生育的经济支持力度，为生育孩子家庭每出生一个孩子提供阶梯形的减免个人所得税，或尝试在全国率先推出以家庭人均收入为核算标准、每个家庭就业取薪成员的个人所得税减免办法，为那些家庭结构特殊或来自农村并因为抚养孩子及赡养老人形成高负担的年轻群体，提供直接的经济层面的生育支持。

构建婚育友好型城市文化氛围。婚恋、生育既是一种经济活动，也是一种精神需求。但当代青年人的恋爱、结婚和生子，受到包括渲染独身主义、丁克主义等文化情绪的影响。近年来各种恐婚现象，也逐渐成为一种新的负面婚姻认知心理。南京是博爱之都、包容之城，要在推动积极的婚恋文化、婚姻文化、生育文化层面有切实行动。比如鼓励更多社会组织开展覆盖全市域的婚恋讲座、相亲大会、婚恋心理辅导、婚育知识讲座等活动，形成引领婚育友好的文化支持氛围。最近浙江多个县市出台的结婚奖励金政策，就从政府政策倡导方面，传递出了一种积极的婚育支持型文化。南京也可以给予青年结婚群体恰当的奖励，形成一种婚育文化友好型城市氛围。

推动婚育友好型城市社会支持网络。一座城市必须善待结婚生子群体，这不仅是城市“甜蜜经济”的良性循环，更闪烁“温暖之城”“友善之市”

的人性光芒。南京吸引和“宁聚”更多青年人，要有具有南京特色的婚育友好城市的全民行动。比如，鼓励全社会关心青年人婚姻，积极为青年人婚恋创造各种机会；切实鼓励、倡导和支持包括热心市民、企事业单位的工会、共青团、妇联等群团组织，以及社区、社会组织等个人或组织，积极做媒成人之美；培育玄武湖、莫愁湖、百家湖、羊山湖、月牙湖等多个相亲公园及各类相亲咖啡馆，供年轻人自由寻找爱情；要特别加强对于生育行为的关怀和支持，引导和规范产科中心、月子中心、月嫂和保姆市场的价格、服务和标准，让生孩子的家庭舒心、放心、安心；加快推动以建邺区国资平台建设就业场所“托育中心”为样本的覆盖全市产业园区的托育空间建设，让职业群体能够将 0–3 岁婴幼儿放心托管到上班地附近的托育中心，形成婚育友好城市的社会支持网络，打造“生育温暖”为主题的城市品牌。

优化婚育友好型城市环境保障。婚育友好型城市建设还需优化健康城市建设以对冲“生育风险”。制约人口增长率的国民生育能力下降，本质上是一种“生育风险”，即没有生育能力或生育质量风险。面临大量不孕不育或生育障碍群体，南京要加强青年夫妇的定向生育健康培训与针对性医疗辅助，加强环境保护、食品安全、营养健康、健康生活方式、心理疏导、健康教育、慢病管理、公共健康服务设施建设等工作，降低因空气质量、工作压力、社会焦虑、家庭日常生活氛围引发的健康风险。

（作者系南京大学城市科学研究院执行院长，江苏省扬子江创新型城市研究院研究员。本文发表于《南京日报》2023 年 10 月 25 日 A11 版。）

三项行动助推城市发展方式转型

汪　毅

党的二十大报告提出，“坚持人民城市人民建、人民城市为人民，提高城市规划、建设、治理水平，加快转变超大特大城市发展方式，实施城市更新行动，加强基础设施建设，打造宜居、韧性、智慧城市”。南京作为21个超大特大城市之一，常住人口即将迈入千万、经济规模稳居全国城市GDP十强，同时有着符合特大城市发展规律的“多中心、开敞式、轴向组团、拥江发展”的城市空间格局，建设用地地均效益在特大城市排名第一位，发展质量高。但是也面临着城市能级尚需提升、多中心空间格局尚需深化等方面的挑战。建议实施三大行动，推动城市发展方式转型。

实施功能布局优化行动，提升城市核心功能与竞争力。城市功能布局优化的关键是统筹处理好“功能疏解、功能提升、功能培育”三者之间的关系。在功能疏解方面，对中心城区尤其是老城范围内的人口、功能、空间载体等进行详细梳理，科学合理确定重点疏解区域，制定正负面清单，有序疏解非核心功能。在功能提升方面，聚焦城市重点地区提升城市功能，尤其是以江北中心区、河西中心、城南中心三大城市副中心为重点，推动成片开发，持续建设，加快功能植入，塑造具有标志性的中心地区。在功能培育方面，重点抓好副城、新城的建设。六合、溧水、高淳三大副城要以综合性节点城市为目标，提升辐射区域的能力，增强人口综合承载能力。南京的新城应该加大战略性新兴产业集聚和工业用地的供应，让其成为南京建设产业强市的重要承载地。

实施城市更新行动，彰显城市文化厚度与生活温度。2022 年南京城镇化率达到 87%，城市发展从增量扩张为主转向存量改造和内涵提升为主，城市更新已经成为推动城市转变发展方式、高质量发展的重要抓手。南京作为首批国家历史文化名城，城市更新要处理好城市功能提升、生活品质改善与历史文化保护的关系。采用“绣花”“织补”等渐进式、微改造方式，围绕历史文化遗存的活化利用打造具有历史底蕴和特色风貌的公共场所，让文化成为城市更新更基本、更深沉、更持久的力量。与此同时，要以 15 分钟社区生活圈建设为重点，解决居民的急难愁盼，让城市更新更有生活温度。将城乡社区生活圈作为城乡基本公共资源配置和社会治理单元，持续改善居住条件环境、优化公共服务供给、提升空间品质，营造“乐活安居、适老宜小、同心共治”的魅力家园。

实施韧性城市建设行动，提升安全治理水平。一方面，突出设施韧性，提升城市生命线保障能力。开展城市安全风险评估，加强风险管理，建立风险监测预警体系。设施配置不仅要考虑正常运行状态下的城市需求，更要提前应对未来可能风险条件时的必要需求。提升设施布局的模块化、网络化以及可替代性水平。同时，建立应急资源区域保障合作机制，通过城市群联动合作弥补单个城市应对能力的不足。另一方面，突出信息韧性，加快建立快速反应的城市安全风险监测平台。打破部门数据壁垒，加快数据融合，积极整合 12345 居民诉求数据、动态网络开源数据和商用数据，通过实时采集更新以及云计算技术处理海量数据，运用风险监测预警模型对各类风险实施动态监测，建立城市安全风险监测平台。推进信息资源的跨部门、跨层级、跨区域互通和协同共享，提高应对突发事件的共同处置能力。

（作者系南京市规划设计研究院副总规划师、高级规划师，江苏省扬子江创新型城市研究院专家。本文发表于《南京日报》2023 年 7 月 5 日 A09 版。）

持续优化现代服务业高质量发展的空间布局

汪　毅

2022 年 12 月，经国务院同意，南京正式成为服务业扩大开放综合试点。2023 年江苏省两会进一步强调要加快构建全省现代化产业体系，支持南京开展国家服务业扩大开放综合试点。国家与省层面赋予南京高水平对外开放的新使命，有助于南京汇聚全球服务业先进资源，提升城市服务开放能级。空间是实现服务业高质量发展和扩大开放的重要载体和基础。但从服务构建新发展格局，为全省全国现代化建设作出先行示范的总体目标来看，南京现代服务业的高质量发展还需要更协同、更高效、更融合的空间格局为其提供保障。具体而言，需要从三个维度持续优化空间布局：面向区域，塑造更高开放度、更高能级的服务协同格局；面向城市，构建更具效率、更富特色的产业空间布局；面向实施，提供更符合产业发展规律、更有弹性的项目落地保障。

深度融入区域发展战略，构筑服务业扩大开放新高地。一是加快“一带一路”交汇点枢纽城市建设。通过空港枢纽、海港枢纽以及“米字形”高铁网络的建设，加快设施联通；支持商贸流通、智能电网、轨道交通等产业在“一带一路”沿线国家有序布局和集聚发展；加大金融机构引进力度，争取一批外资金融项目落户，提升金融国际化水平；以旅游、信息、中医药等为重点，开拓“一带一路”沿线服务贸易市场；加大与“一带一路”沿线国家文化和旅游联系，以国际人文交流为纽带，打造人文交流的交往门户。二是深度参与长三角服务业区域分工，形成区域协调发展的服务业格局。重点加强对接上海创新成果转化、现代金融、研发设计、高端中介服务等外溢功能，提升南京在全国与全球城市网络中的地位。加快构建区域创新服务协同机制，加强与上海、合肥综合性国家科学中心的协同，共创沿沪宁合综合性国家科学中心示范带。充分发挥南京创新和产业优势，协同推进制造升级、创新升级和消费升级。三是增强对都市圈服务的辐射和引领能力。充分发挥南京作为都市圈核心增长极的带动作用，共同支持南京建设国际消费中心城市、国家级服务经济中心、长三角制造服务业高地、长江经济带数字服务高地。在持续推动都市圈区域交通廊道以及轨道交通建设的同时，以打通“断头路”、完善低等级道路“微循环”为重点，协调构建一体化的综合交通体系，提升都市圈整体便捷通达水平。强化廊道的辐射带动作用，重点打造以南京为中心向外放射形成的沪宁合、沿江、宁杭、宁淮宣黄四条廊道经济功能带。沪宁合产业创新带注重创新链与产业链的协同融合；沿江绿色制造产业带以智能电网、新能源汽车、集成电路等优势制造业集群为重点，推进数字化、网络化、智能化转型，共同建设制造服务业集聚区；宁杭与宁淮宣黄生态经济发展带，围绕休闲养老、文旅创意、专业会展等生态经济的融合协同发展，共建国际一流旅游目的地和文化发展高地。同时加快都市圈双向飞地经济功能区的建设，拓展发展空间。尤其鼓励都市圈内城市在南京布局“异地大脑”等孵化器科创中心，设立“反向飞地”，深入推进生产性服务业与制造业的融合协同。

优化市域服务产业空间，构建“一核两带三区多点”的总体发展格局。一核引领，提升中心城区服务能级。中心城区是提升中心城市服务功能的核心承载区。依托现代服务业的基础优势，提升服务能级与外向度，构建全市金融、商务、商贸、信息、文化与专业服务等高端服务业核心区，提升资源和高端要素的配置能力。聚焦城市中心体系完善，重点推动四个市级中心建设。新街口中心加快国际化、品牌化与时尚化发展，擦亮巩固“中华第一商圈”品牌。河西中心提升金融服务业集聚度，积极推进数字经济产业发展，打造总部经济、开放型经济发展高地，建设中央活力区。城南中心重点发展总部经济、文化创意、健康休闲等产业，加快推进超级总部基地、文化旅游体验项目落地。江北中心围绕科技金融、自贸金融、数字金融等建设新金融中心。

同时以四大市级中心为引领，构建布局合理、层级分明、特色鲜明的城市中心体系。两带协同，建设国家区域科技创新中心。以环紫金山科创带和江北新区创新带为重点，完善市域创新空间布局，推动创新链与产业链深度融合。环紫金山科创带注重国家重大科技基础设施群的超前布局，打造国家战略科技力量核心承载区；江北新区创新带突出自由贸易和应用创新，强化优势产业集群的产业化创新。三区辐射带动，引导服务业高端要素集聚发展。“三区”分别为江北新区、国家临空经济示范区、南部新城商务区，依托南京国家级新区、自由贸易试验区、空港、铁路港、海港优势，引导推动生产性服务业高端化、集聚化、链条化发展。多点支撑，实现全域服务业特色发展错位发展。一方面在城市地区依托地区资源禀赋、功能特色、产业基础以及交通枢纽和行政管理中心，合理布局具有差异化、特色化和标志性的现代服务业集聚区；另一方面发挥特大城市乡村地区的优势，依托农业园区、美丽乡村片区等的建设，打造全域旅游目的地和创新创业空间，培育服务业新的战略增长极和动力源。

创新用地供给方式，推动产业深度融合项目落地。一是加大重大服务业项目空间保障力度。健全“项目跟着规划走、要素跟着项目走”，优化用地结构和土地供应调控机制。加快江北新区科技创新和成果转化示范区、中国（南京）软件谷数字化服务业集聚区、临空经济示范区、文化休闲产业集聚区等服务业创新发展平台建设，保障重大服务业功能性载体和重大项目建设用地。针对服务业企业投资项目，探索开展“区域评估＋标准地＋承诺制＋政府配套服务”的综合改革，缩短服务业项目落地时间周期。二是探索功能适度融合的产业用地模式。在城镇开发边界内，结合南京产业发展特点与园区空间资源条件，鼓励“工业＋研发、工业＋服务”等融合研发创意、设计、无污染生产等多种新型混合产业用地供给，保障现代服务业与先进制造业融合发展用地与空间需求。同时做好这类新型混合产业用地利用情况的动态实施跟踪、定时评估，并适时对相关政策做出修正调整。在开发边界外，探索乡村地区用地新方式，提升农村一、二、三产业融合项目匹配度。强化乡村地区的规划支撑，通过农村闲置建设用地盘活、优化建设用地空间布局、建设用地指标预留等多样化手段，统筹产业发展的合理用地需求。鼓励盘活存量建设用地进行复合利用，发展乡村民宿、电子商务、乡村旅游等现代服务业业态。根据南京特大城市地区乡村产业业态融合的特征，探索国有建设用地、集体建设用地等多种融合方式，保障农村新产业新业态等用地需求。三是加大低效产业用地与低效楼宇盘活力度。通过正向激励和反向倒逼的方式，提升产业用地节约集约利用水平，促进产业用地更新。鼓励实施相邻产业地块集中连片更新，通过转让、作价入股、置换等方式形成单一更新运营主体，打造特色产业集聚区。通过楼宇设计提升、功能优化的功能型更新以及产权转让收购、产权关系重塑等产权型更新等手段，加大低效楼宇空间盘活力度，保障多类型高品质商务办公空间供应。在符合规划和管控要求的前提下，探索存量商业服务业类建筑用途相互转换。同时加快出台楼宇更新中建筑功能允许转换的规模比例、土地供应以及价款缴纳方式、土地使用年限续期要求等政策细则。

（作者系南京市规划设计研究院副总规划师、高级规划师，江苏省扬子江创新型城市研究院专家。本文发表于《群众》2023 年第 7 期。）

提升链接全球科技成果交易能力

周蜀秦　陈杰杰　聂　晨　邢露元　黄炳元

当今世界，科技创新越来越成为竞争发展的关键点。建设全球科技成果交易平台，能够推动国内外技术、产品、信息等要素资源整合，促进科技创新成果向现实生产力转化，搭建起中国高新技术领域对外开放的重要窗口，并推动国际贸易发展。对南京来说，要积极推进全球科技成果交易大平台建设，进一步提升链接全球科技成果交易能力，推动科技进步与经济发展。

逐步搭建起跨国科技交流与成果交易平台

一直以来，南京将科技创新摆在城市发展的重要位置，鼓励研发机构、高校院所、高新园区等进行科技创新和科技成果转移转化，稳步推进国家间创新合作，并逐步搭建起跨国科技交流与成果交易平台。

鼓励国际技术转移转化，颁布多项支持政策。出台《南京市促进技术转移条例》，鼓励企业与国外企业进行技术交换、开展技术合作，引进、消化国外先进技术，并支持本市国际技术转移机构组织、高等院校、科研机构和企业进行跨国技术转移。鼓励国际科技交流，《南京市“十四五”科技创新规划》提出，践行“一带一路”倡议，以更广阔的视野、更大力度的合作融入全球创新网络。南京市科技局《关于支持国际科技创新合作的实施细则》鼓励畅通国际科技合作，各区也针对科技成果转移转化情况制定了奖励补助政策。

通过国际技术转移中心、论坛等方式开展国家间合作交流，合作伙伴网络持续扩大。南京已建立区域间技术转移中心，推动跨国技术交易进行。如江苏自贸试验区南京片区与技术转移公司合作建立国际技术转移中心，招引英国等国家创新要素。通过合作论坛、会展等方式，为国家间技术转移提供展示平台，如国际产学研合作论坛、全球服务外包大会、欧洲创新资源对接会等。目前，南京已与英国、俄罗斯、“一带一路”沿线国家和独联体国家达成合作。技术交易参与主体范围也不断增加，从科技企业、高校院所、产业园区扩展至风投、律所等服务支持机构。多所高校积极推进技术转移，充分发挥专业优势，搭建起国际技术转移平台，如南京农业大学——康奈尔大学国际技术转移中心。

构建线上 + 线下交易体系，完善交易支持服务。线上平台包括技联在线、江苏省技术产权交易市场南京分中心及高校建设的技术转移中心，可通过在线方式发布供需信息、进行交易对接、咨询专家等。线下通过“会展 +”赋能科技进步与开放型经济发展，高标准举办世界智能制造大会、中国（南京）国际软件产品和信息服务交易博览会等交流活动。会展进行双线融合，通过“互联网 + 会展”模式打造线上线下、全天候运营的网上展会，以 5G、VR、云技术、物联网等数字技术推动技术成果展示及交易的完成。

加强顶层设计，多方面推进知识产权保护。2022 年末，南京有效发明专利拥有量 113788 件，全年技术合同成交额 856.7 亿元。万人发明专利拥有量、万人高价值发明专利拥有量、有效发明专利量等指标位居江苏省第一位，知识产权保护不断推进。南京出台政策强化知识产权创造、运用、保护、管理和服务，建设知识产权保护最严格城市，建立共享合作的知识产权生态体系。针对国际技术交易活动，建立了国家海外知识产权纠纷应对指导江苏分中心法国、韩国、以色列海外工作站及南京分中心，协同本地知识产权机构强化知识产权国际合作，指导和服务企业全面了解海外知识产权制度规则，提升海外知识产权运用和保护能力。加大新技术在知识产权工作中的应用，如利用区块链信息可验证、可追溯、不可篡改、公开透明的特性，融合物联网、人工智能、云计算等新一代数字技术，加强知识产权溯源和保护。

科技成果交易平台功能有待进一步完善

不过，参考发达国家及城市的全球科技成果交易情况，南京的全球科技成果交易大平台建设，还存在与其他国家链接较弱、跨国技术交易法律体系不完善、科技成果交易平台功能有待进一步完善等问题。

与全球链接较弱，开拓国际市场能力不足。江苏省知识产权交易市场南京分中心、高校技术转移中心等平台所登记的科技与专利成果基本为国内科技成果，且参与者多为高校院所、企业及个人，业务局限于国内市场甚至是省内市场。线上科技成果交易平台与海外国家达成的合作多为与个别国家合作。

双语服务、交流平台等建设不足，缺少有效的沟通渠道。由于区域间语言、文化、政治环境等差异，国家间交流存在障碍。目前南京在逐渐使用 5G、VR 等技术完善线上成果展示，但有待进一步完善。

交易前后服务难度较大，全过程服务体系建设有待完善。交易前，平台需要对科技成果进行评估，但相关技术专业性强、影响因素多，评估科技成果难度较高。此外，科技成果非终端商品，交易达成后的成果应用更加重要。由于技术应用方条件不同、需求不同，对于采购技术的使用需要进行调试、二次开发等，因此需要科技成果提供方协助进行转化应用，这加剧了交易的复杂性，需要交易平台后续服务持续跟进。

知识产权内容推广及对国际知识产权保护了解方面尚有欠缺。南京对知识产权保护的重视程度不断加强，知识产权行政管理体制机制不断优化，但面向企业、机构等的知识产权介绍与推广较为缺乏，对于国家间科技成果交易所涉及的交易规则、知识产权制度等的了解也较为欠缺。

建设全球科技成果交易大平台，提升链接全球科技成果交易能力

一是加强与更多国家联系，推进国际服务贸易。吸纳更多国家参与，整

合各国科技成果信息资源。坚持“共商、共建、共享”原则，拓宽国际科技合作渠道。关注国家信息和技术资源，加强省内与省际交流，深度融入长三角一体化发展，推进江苏省内及长三角地区资源整合和科技成果转移转化。积极参与“一带一路”等国家对外开放项目，将更多国家纳入南京全球科技成果交易平台网络，整合海外国家科技资源。

根据不同国家、不同规模公司需求，提供针对性交易服务。搭建 B2B 交易桥梁，推动不同规模企业间合作。大型企业需求是实现科技成果匹配的高效率，依赖于平台信息披露的全面性，以及搜索引擎、匹配工具的精准度和强动力。中小型企业需求是找到合适的跨国合作伙伴以及实现所采购技术的落地，其解决可借助各国分平台的搭建。如欧盟 IRC 在各参与国建立 IRC 中心，为中小企业提供来自国内外的专家支持，并通过其在欧洲网络内部形成的技术和人员关系网迅速有效促成各地区间的技术转移。美国 Yet2 通过创新商业辅助和中介企业为中小型企业提供技术开发和商业框架构建，助力其获得新技术和实现项目商业化。

搭建参与国科技成果交易分平台，进行跨国技术经纪。在参与国设立分平台并加强平台间联系，吸纳来自参与国或对参与国的技术、经济状况、企业、法律等领域有广泛了解的专业人员参与，并通过科技成果交流活动等将各国市场相联系。在搭建好参与国科技成果交易分平台及各国平台间联系的基础上，维持与科研院所、企业、机构等的联系与沟通，进行国家间信息传递及科技成果交易，开展跨国技术经纪工作。

二是完善技术交易管理。加强信息系统和专家系统建设，提高交易有效性。构建信息资源数据库，平台对数据库的科技成果信息、知识产权信息、专家库等及时进行更新，记录技术详情、技术转移文献及成功案例。通过信息系统整合和共享资源信息，健全科技成果信息披露与成果展示，促进线上交易。专家系统实行“请进来、走出去”策略，深入高校院所、科技园、科技企业，强化精准对接，提供针对性服务和管理。

建设覆盖多领域的专业人才队伍，保障交易全过程顺利推进。针对不同行业建设完备的技术专业团队，提供更具针对性的服务。构建全球合作网络，纳入各国的企业、经纪机构、金融机构、线上技术网络、法律机构等主体参与，从多个方面保障科技成果的快速、顺利、合规进行。

三是强化知识产权保护。设立专业团队负责知识产权相关工作，涵盖发明、研发合作、专利申请、商业化管理、协议及合同签署等各个环节。聘用知识产权专家，为参与方解决商标、专利侵权、商业秘密、许可纠纷等法律问题提供专业服务。在科技成果交易过程中，提供知识产权评估、专利组合、转让定价等咨询服务，提高市场的效率和透明度。

开展知识产权研究，完善知识产权管理体系。了解参与国知识产权相关法律，促成供需双方交易的合法合规。开发设计知识产权数据库，记录各国知识产权相关法律，并与科技成果交易过程相连接，降低交易过程侵权的可能性。帮助企业研究制定知识产权战略，积极管理运营企业的知识产权组合。加强知识产权风险管理，设置专利侵权等风险预警系统，并提前针对相关风险制定管理方案。

加强与知识产权机构或平台联系，利用好专业平台与服务。考虑到短期内搭建完善的国内外知识产权管理系统较为困难，交易平台可以与专业知识产权平台进行合作。如与江苏省知识产权保护综合服务平台合作，链接其保护板块、交易板块，在完善精准匹配供需、促成双方交易功能的同时，提高知识产权保护的全面性和便捷性。

四是实现科技成果转化、评估和筛选。坚持政产学研一体化，发挥政府在开放创新平台搭建和政策引导中的作用，明确平台建设方向。关注政府技术需求，利用科技成果推动相关目标实现。重视科技成果应用转化，促进研究成果与生产实践结合，以科技推动产业发展。

促进科技成果转移转化，为科技成果增值赋能。加强交易平台和资本市场链接，发挥交易平台导入科技型企业和资本市场提供资金支持的功能，双向促进科技创新落地，保障科技成果应用转化。

进行科技成果评估，筛选有价值的技术成果。鉴别技术内在价值能够帮助供给方找出最有价值的知识产权组合，降低需求方研发投入并借助外部技术补足技术劣势，提高交易效率。可设置专门部门，利用内部数据、专业知识、市场和竞争对手信息等进行定价，或借助多种方法、第三方机构进行技术定价。如韩国 NTB 建立了多种评价目的技术评价模式，对技术评价机构间技术评价模式的核心指标进行比较分析，开发推广国内技术评价模式的标准模式。

（作者单位分别系南京市社会科学院、江苏省扬子江创新型城市研究院；南京市民意调查学会；南京大学工程管理学院；南京大学法学院；南京信息工程大学卫星应用研究院。本文发表于《南京日报》2023 年 9 月 6 日 A09 版。）

塑造新优势　实现南京经济发展行稳致远

黄　南

习近平总书记在江苏考察期间，着眼强国建设、民族复兴战略全局，聚焦中国式现代化的重点领域提出一系列新思想新观点新论断，明确江苏“有能力也有责任在推进中国式现代化中走在前、做示范”的重大定位，赋予江苏“四个新”的重大任务，并对南京科技创新、先进制造业集群发展等提出明确要求。

今年以来，南京深入贯彻落实党的二十大精神，积极抢抓发展机遇，加快促进经济复苏，从2023年上半年的发展情况看，全市经济运行平稳向好，发展质效持续提升，社会消费品零售总额同比增长达8.9%，旅游、餐饮、住宿等服务业增长迅速，金银珠宝、化妆品、汽车等升级类商品的消费也出现较大幅度增长。产业结构调整成效逐步显现，高技术产业、现代服务业发展迅速，工业机器人、新能源汽车、文化、体育、娱乐业等产业增长明显。同时，重大项目加速推进，高技术产业的投资贡献作用持续增强，今年上半年同比增长9%，增速快于全市固定资产投资6.7个百分点。贯彻落实习近平总书记考察江苏重要讲话精神，对南京来说，要针对当前国内外发展形势，不断夯实经济发展基础，同时还需着眼长远，积极谋划未来发展战略重点，推动全市经济发展持续进步。

将稳定和提高居民收入作为夯实经济发展基础重心

习近平总书记强调，“要加快健全社会保障体系，健全就业促进机制和就业公共服务体系，做好重点群体就业工作”。虽然今年上半年南京社会消费品零售总额增长明显，尤其是餐饮以及金银珠宝类、化妆品类、汽车类商品等领域的消费增长较为迅速，但全市消费端有效需求不足问题依然存在，居民就业和收入增长压力较大。为此，南京短期内要将提高居民收入作为下一步工作重点，加大力度稳定和扩大就业，做好大学生就业创业工作，加大对重点人群就业的帮扶力度。要积极发展灵活就业、弹性就业、多元化就业等新型就业方式，培育数字化技术员、上门代厨、陪玩跑腿员、陪诊师、易货师等新兴就业岗位，更好地激发年轻人的就业积极性，扩展就业渠道。中长期则要进一步完善社会保障，制定基于扩大就业的南京产业发展政策，为扩大居民收入水平提供政策指引，推动实现共同富裕。

将激励民间投资热情作为提振市场信心重点

今年上半年南京固定资产投资出现了明显的增长，尤其是高技术制造业、高技术服务业正在成为拉动全市经济复苏的先行领域。接下来，要进一步提振经济信心，在持续推动大项目招引和建设的同时，要加大对民间中小型投资的关注度，这对于激发市场活力，实现经济的平稳致远尤为重要。南京可以围绕如何促进民间投资，出台相应的鼓励措施，进一步优化营商环境，减少“隐形门、旋转门、弹簧门”等现象，在民营与国企、中资与外资之间营造公平公正的竞争环境，及时了解和解决好民营企业在发展过程中出现的问题。要积极引导民间资本参与新能源、环境保护、新型基础设施建设、人工智能等国家鼓励发展领域的建设，提高民间投资的收益率，激发投资热情。

将产业强链补链延链作为增强城市经济竞争力关键

习近平总书记希望江苏在强链补链延链上展现新作为。南京今年上半年经济复苏迹象明显，经济运行质量在同类城市中处于前列，这与南京长期以来注重强化产业创新能力，注重提升产业综合竞争力密不可分。在强链补链延链上展现新作为，南京要抓住当前国内外经济正处于疫情后复苏发展的战略机遇期，积极进行产业的谋划与布局，加快推动产业的强链补链延链，提高产业的高科技化、智能化、绿色化以及韧性发展水平，大力推进传统产业的数字化转型及产业数字化平台建设，巩固南京传统产业在全国的重要战略地位，同时积极谋划和培育未来产业，推动现代化产业体系构建，促进南京在全球产业价值链中地位攀升，提高南京经济的长期增长能力。

将促进外贸产品结构调整作为高水平对外开放战略基点

习近平总书记强调，“要畅通国内国际双循环，积极打通堵点、接通断点，不断创新吸引外资、扩大开放的新方式新举措，建设具有世界聚合力的双向开放枢纽，推动外贸创新发展，不断巩固和拓展国际市场”。当前我国正处于外贸结构调整的关键时期，新能源领域的产品出口正在成为新的外贸增长点。今年上半年，全市外贸进出口总额 2914.94 亿元。接下来，南京要进一步加快外贸产品结构调整，推动具有较高附加价值的新能源产品的出口。同时，发展壮大中医药服务、知识产权服务、数字产品服务等具有地方特色、具有明显比较优势的出口领域，积极塑造南京出口品牌，提高南京产品在全球的影响力，实现国内国际双循环的相互促进。

（作者系南京市社会科学院经济发展研究所所长、研究员，江苏省扬子江创新型城市研究院研究员。本文发表于《南京日报》2023 年 7 月 26 日 A07 版。）

提升服务效能　优化南京营商环境

黄　南

营商环境是经营主体生存和发展的土壤，是影响经营主体发展水平的关键因素，也是地区高质量发展的重要基础。党的二十大报告对营商环境提出了明确要求，指出要“深化简政放权、放管结合、优化服务改革”“营造市场化、法治化、国际化一流营商环境”“完善产权保护、市场准入、公平竞争、社会信用等市场经济基础制度，优化营商环境”。

南京始终高度重视营商环境的优化与改善，连续多年出台优化营商环境的改革措施，有效推动了营商环境的法治化、规范化、有序化水平，营商环境排名多年处于全国前列，为促进全市经济复苏、提高经营主体活力、推动实现高质量发展创造了良好的环境。不过，与世界先进城市相比，南京营商环境建设仍存在较大提升空间，需要根据新情况、新问题深入推动营商环境的优化与提升。

构建“竞争中性”市场环境

“竞争中性”概念的提出，其目的就是在国有（公有）企业与私有企业之间营造公平公正的市场环境，消除国有（公有）企业在参与市场竞争时所拥有资源配置优势和政策优势，确保各类经营主体处于平等的市场竞争地位。近些年，尽管南京在优化营商环境、构建经营主体全生命周期优质服务上采取了一系列举措，但不同所有制类型经营主体参与市场竞争时，在市场准入、要素配置、公平竞争等领域仍存在着垄断现象。同时，数字经济发展又带来了新的自然垄断问题，影响民营企业特别是中小型民营企业发展。为此，南京要将营造公平公正的市场环境作为今后营商环境优化的重点，减少“隐形门、旋转门、弹簧门”等现象，在民营与国企、中资与外资之间营造公平公正的竞争环境。深入有效地落实《市场准入负面清单》，清除限制市场准入的所有不合理政策，破除“唯体制”“唯规模”“唯地域”等现象，对行政性垄断行为加以约束。加大对数字化平台监管，加大对有损市场公平竞争的“二选一”、滥用市场地位、算法垄断等行为的监管力度，进一步完善打击平台垄断的相关法律法规，提高数据治理水平和能力，维护公平公正市场环境。

提高政府相机抉择能力

地区营商环境改善的本质是政府治理能力的提升。复杂多变的国内外经济环境加大了发展中的不确定性因素，新问题、新情况的层出不穷对政府治理能力提出巨大挑战。能否针对新情况、新问题、新任务，及时调整相关政策和措施，降低市场环境变化对经营主体发展带来的负面影响，应成为政府提高治理能力、优化营商环境的重要目标。提高政府的相机抉择能力是新时期优化营商环境，应对复杂多变经济形势的有效举措。相机抉择指的是政府部门在进行宏观管理时，根据经济形势和各项政策的特点机动灵活地决定所应采取相应的政策措施。在不同的经济形势下，不同的政策措施所产生的影响以及影响的程度是不同的，因而需要政府部门能以更加灵活的机制及时针对市场新情况出台相应政策，形成“快灵准”决策机制。同时，政策实施具有一定的“时滞”效应，政府部门对此也应给予充分重视，要基于事先预判，制订相应的预防和控制措施，以此提高政策实施的有效性。

形成宽严相济监管机制

数字经济等新经济发展催生了大量新产业、新模式、新业态，但也提高了监管难度。数字经济下，经济行为更多地呈现出虚拟化、多元化、广覆盖等特点，需要政府部门改变传统的监管意识和监管模式，以包容审慎的原则对待数字经济下出现的市场新现象，形成宽严相济的监管机制，在鼓励发展与规范行为之间形成动态平衡。政府部门要以更加包容的态度对待新业态、新模式、新产业，为这些新经济形态的发展营造更加宽松的环境。同时，要进一步完善涉企“免罚轻罚”清单，对于企业，尤其是中小企业的轻微违法现象，以更加包容的态度加以对待，促进中小企业快速发展。要坚持审慎的监管原则，对有损市场秩序的行为进行严厉打击，降低经营主体的制度性交易成本，构建起公平有序的市场环境。

加强业务流程解构与重构

近年来，南京在优化营商环境上进行了大量局部性优化和技术性改革，但随着改革的不断深化，一些痛点堵点的破解已经难以通过局部性和技术性优化来解决，必须通过业务流程重构才能实现。南京作为全国营商环境标杆城市，应在政府业务系统整合流程再造上作出探索与示范。要对一些行业许可流程进行全面梳理，从有利于经营主体运营角度，对现有业务流程进行解构与重构，整合不同部门分散事项，推进关联项目集成办理，减少“隐形审批”环节，提高行政审批时效、优化业务流程。运用数字技术赋能营商环境改善，通过数字化技术集成，推动业务流程扁平化，实现营商环境改革由过去各环节“提效”向流程再造转变，从根本上提高政府办事效能，营造更加高效、便捷的营商环境。

（作者系南京市社会科学院经济发展研究所所长、研究员，江苏省扬子江创新型城市研究院研究员。本文发表于《南京日报》2023年9月20日B2版。）

拓展扩大内需路径　有效激发消费潜能

黄　南

党的二十大报告指出，我们要坚持以推动高质量发展为主题，把实施扩大内需战略同深化供给侧结构性改革有机结合起来，增强国内大循环内生动力和可靠性，提升国际循环质量和水平。南京是全国重要的区域性消费中心城市，经济发展水平较高，商贸优势较为明显，尤其是2021年以来，随着南京国际消费中心城市建设的深入推进，南京加快新经济、首店经济以及消费载体的建设，为扩大内需创造了良好的基础和条件。立足新发展格局的内在要求，聚焦国际消费中心城市的建设目标，紧紧把握数字经济时代消费业态、消费结构等的变化趋势，需要坚持扩大内需这一战略基点，加快扩大内需与供给侧结构性改革有机结合，补齐扩大内需存在的短板弱项，打通阻碍内循环的堵点梗阻，引导消费需求，激发消费潜能。

推动服务业数字化转型，持续释放消费潜力

当前数字消费已经成为消费领域的主要趋势，数字消费的迅速发展促进了产业发展方式、产品形态、产业结构等的深刻变化。加快推动南京市服务业的数字化转型，可以更好地满足数字经济时代消费者的消费意愿，降低消费领域的时空壁垒，更加及时、便利、精准地为广大消费者提供消费产品。一是推动服务业全链条数字化转型。提高服务业企业从采购、加工、批发、零售、物流配送、售后到增值服务的全链条数字化程度，形成贯穿上中下游

的数据链条，构建起服务业的数字化生态。鼓励龙头企业借助自身的产业链、供应链优势以及庞大的消费市场，加快建设面向消费者和上中下游企业的数字化平台，聚合各类生产要素和资源，为提供高质量产品和高效率服务创造条件。二是推动多领域数字化转型。当前文旅、体育、教育、健康、养老等领域的服务业数字化转型还处于起步阶段，而且社会需求不断增加，发展潜力巨大。要鼓励服务业各领域积极探索数字化转型的路径，对进行数字化转型的企业给予技术支持，尤其要鼓励各领域的龙头企业率先进行数字化转型，并带动上下游中小企业共同转型。三是积极发展数字服务贸易。南京要利用自身的发展优势，积极发展具有自身特色的服务贸易，尤其在软件开发、游戏、动漫、出版、教育、生命健康等领域加快数字服务贸易的发展。同时要加强服务贸易管理体制改革，强化金融制度创新，利用江北新区自贸区开展数字服务贸易试点，促进南京数字服务贸易快速发展。

提供高端消费供给，促进整体业态升级

深化供给侧结构性改革，提高供给质量，优化供给结构，推动经济实现质的有效提升和量的合理增长，引导消费趋势、激发消费热情，以高质量供给满足人民日益增长的消费需求，实现扩大内需的战略目标。一是集聚优质消费资源，丰富高端消费供给。发挥南京中高端消费人群集聚的优势，加快高端时尚业发展，全面提高商品丰富度和品牌集聚度。注重引进国际知名商业企业品牌、商品品牌和服务品牌，大力吸引国际高端品牌、时尚前沿品牌、原创设计品牌入住南京并首发新品。打造全省乃至华东地区进口商品汇集交易中心、时尚消费展示发布中心、新兴消费体验输出中心。鼓励发展市场采购贸易、外贸综合服务等新业态，支持建设跨境电商示范体验店和进口商品交易平台，多渠道扩大消费品以及服务贸易进口。培育发展小众、个性化产品及其服务，满足人群多样化的消费需要。二是引领消费融合创新，促进消费业态升级。支持发展新一代沉浸式、体验型、文化旅游消费新业态，重点通过 IP 授权、合作运营等方式，打造线下沉浸式休闲娱乐主题场馆。深入发

展在线文娱，鼓励传统线下文化娱乐业态线上化，支持互联网企业，打造数字精品内容创作和新兴数字资源传播平台。积极发展在线娱乐、直播带货等业态，规划建设直播基地，促进“网红经济”发展。依托南京教育和医疗服务优势，加快推进国际医疗与教育项目落地，构建形成语种丰富的国际教育体系，对接国际的现代医疗服务体系，引进国际医养、美容、健身、宠物服务高端专业机构，打造国际医疗和教育消费高地。三是对标国际品牌活动，塑造区域品牌形象。围绕南京重点商圈、特色街区，积极举办“购物嘉年华”“深夜美食趴”等促销活动。发挥南京文、体、展特色优势，重点推动国际会议、高端论坛、学术讲座等会奖项目，推出会奖、体育、文化节庆等旅游专题线路，扩大南京在会奖、体育、文化旅游品牌方面的国际影响力。大力引进具有国际影响力的前沿品牌展会、国际赛事活动、知名时尚秀展、高层论坛对话等高端活动，增强区域消费引领性。加快城市商业 IP 的打造，通过线上线下全场景布局、全业态联动、全渠道共振，进一步提升商业影响力和品牌效应。

推动消费载体升级，构建多元化消费中心

顺应消费趋势推动消费载体优化升级，是南京建设国际消费中心城市、进一步扩大内需的关键内容。升级消费载体不仅要实现现有商圈整体环境的优化，营造更加良好的消费环境，还要从战略高度对全市消费载体进行布局调整，以适应广大消费者消费需求不断升级的趋势。一是顶层规划引领，打造顶流消费地标。当前，双中心或多中心城市消费空间格局已成为国内主要城市“十四五”着力打造建设的新方向。对此，南京要从市级层面上对全市消费载体进行整体布局，在进一步升级新街口商圈的基础上，规划构建元通、江北新区、仙林、南部新城等多中心商圈，明确元通商圈和新街口商圈的双中心空间布局，形成双中心顶级商圈 +3 个副中心商圈（江北新区、南部新城、仙林商圈）+X 商业中心的南京消费经济新格局，赋予元通高品质顶流商圈功能定位，打通华采天地、金奥、金源广场、国金中心、德基等元通商圈东南西北四个角载体之间地下人流通道，规划建设空中连廊，打造共享客流、共

聚人气、业态融合、功能互补的南京国际消费中心示范区地标性商圈。二是加快重点项目布局，完善消费枢纽支撑。依托江苏自贸试验区，鼓励自贸区南京片区建设国际合作服务区，全力打造跨境消费中心，重点发展临空经济区，深化免税消费登机一体化项目建设，吸引世界500强等企业在自贸区南京片区设立产品定制中心、采购结算中心、展示交易中心，拓展自贸区高端消费服务功能。积极申报国家特定进境商品指定口岸，建设指定进口商品集散中心，布局建设O2O体验中心和展示中心，探索符合监管条件的自贸购物中心。三是聚焦新兴消费场景，提升国际商圈品质。依托新街口、夫子庙等城市核心商圈，加快新兴消费场景布局，明确各商圈的功能定位及重点人群，避免相互之间的恶性竞争。引进世界知名、国际时尚的风味美食、特色餐饮，打造具有国际影响力的国际美食集聚区。围绕国际商务与休闲旅游、推动住宿业向品质化、特色化、智能化发展，提升国际化和专业化水平。围绕“点线圈带”消费空间，建设品质化商业体——特色化商业街区——国际化大型商圈为一体的城市消费空间体系。挖掘南京城市历史文化资源，积极打造国内外知名博物馆、文化空间、小剧场、戏剧话剧、时尚书店等文化空间，培育有品质、有知名度的新文化消费场景。营造更加舒适优良的消费环境，进一步促进全市商业基础设施优化升级，实施商圈街区公共空间亮化、美化、国际化提升改造，推动智能车位预订和导引系统等综合服务平台建设。

（作者系南京市社会科学院经济发展研究所所长、研究员，江苏省扬子江创新型城市研究院研究员。本文发表于《群众》2023年第5期。）

推动乡村旅游成为乡村振兴重要增长极

黄 南　陈 燕

党的二十大报告提出，要全面推进乡村振兴，并将发展乡村特色产业作为推动乡村振兴的战略任务。乡村旅游业是乡村特色产业的代表。近年来，“就地游”“微度假”已经成为人民群众首选的旅游方式，激发了乡村旅游的快速发展。

数据显示，2022 年国庆节期间，前往城郊公园、城市周边乡村、城市公园的游客占比居于前三位，分别达 23.8%、22.6% 和 16.8%。南京乡村旅游同样发展迅速，2022 年仅国庆 7 天，全市 63 家乡村旅游监测点接待的游客总量就达到 99.35 万人次。乡村旅游已经成为南京旅游业最活跃的产业业态和最重要的增长极，也是全市乡村振兴的先行领域和主要阵地。

目前，全市共有国家乡村旅游重点村 7 家，省级乡村旅游重点村 13 家，较大规模的房车营地 8 家，各类乡村旅游点 400 多家。乡村旅游的制度体系和基础设施不断完善，乡村旅游资金投入稳步增加，一些具有鲜明地域特色的乡村旅游品牌，如浦口微度假，来江宁织造幸福，“茉”然回首、缘来六合，溧水来了都说好，国际慢城、闲静高淳等已具有一定的影响力。乡村旅游的业态也更趋多元和集聚，“吃住行游购娱”的全产业链发展生态正在逐渐成形，乡村驿站、房车营地、乡村民宿等新型业态发展迅速。同时，智慧乡村旅游建设深入推进，“南京乡村旅游大数据服务平台”“南京智慧民宿服务平台”

等为发展积极赋能。

但南京乡村旅游现状与高质量发展目标相比还存在一定差距。比如，系统性研究和规划不足，除民宿业外，对乡村旅游的环境、餐饮、购物、服务、安全、管理等环节还缺少统一的乡村旅游高质量服务标准；产业融合程度不够，不仅与第二、第三产业的融合还有较大的挖掘空间，旅游项目及产品同质化现象仍在一定程度上存在，而且乡村旅游与数字经济之间的融合程度也相对较低；与北京、上海、成都、广州、杭州等城市相比，南京的乡村旅游还缺少具有全国影响力的龙头企业和品牌项目，规模小、布局分散的问题较为突出；专业化人才较为缺乏，尤其缺乏既熟悉农村发展情况又熟悉旅游业发展情况的复合型人才，以及农业、建筑、艺术、手工、民俗等具有地域特色的行业传承人与创新者。

今年的政府工作报告提出，深入推进乡村振兴。推进乡村振兴，可以从推动乡村旅游成为乡村振兴重要增长极入手，坚持城乡融合发展，加快推动农业农村现代化，让农业更高效、农村更美丽、农民更富裕。

进一步制定并完善乡村旅游相关制度体系

尽快编制南京乡村旅游产业发展中长期专项规划，针对南京乡村旅游产业发展具体情况，出台精准政策，科学制定发展战略。

探索建立适合乡村旅游特点的统计体系、基本单位名录库及其数据库系统，全面系统地梳理当前南京乡村旅游产业的发展规模、结构和效益等情况，对全市乡村旅游产业进行普查，提高乡村旅游的科学统计水平，为产业的发展提供决策依据。

制订统一完善、覆盖面较广的乡村旅游服务质量标准，对旅游的环境、交通、公共基础设施、住宿、餐饮、购物、安全和监管等方面的相关标准加以统一和完善。

构建结构合理的乡村旅游产品体系

深入推进全国乡村旅游重点村高质量建设。围绕江宁街道黄龙岘茶文化村、江浦街道不老村、横溪街道石塘村、白马镇李巷村、谷里街道双塘社区大塘金村、东坝街道三条垄田园慢村、永宁街道大埝社区等全国乡村旅游重点村，进一步推动乡村旅游的高质量发展，拓展宣传渠道，形成具有国际影响力的特色旅游村。

促进乡村旅游产品多元化发展。利用浦口、六合以及江北的临江优势、江宁和栖霞的近郊优势，高淳和溧水的生态优势等，结合地区文化特色，开发、培养系列化、差异化、有特色、多元立体的、受游客喜爱的乡村文化特色旅游产品，构筑“一村一品、一村一业、一村一韵”的特色发展态势，形成鲜明 IP，减少同质化现象。

推动文化与乡村旅游深度融合。充分利用南京历史文化资源和农业科技基础雄厚的优势，充分挖掘南京国家农创中心等农业科技中心，以及栖霞金箔锻制、高淳羽毛扇、溧水玉带糕等非遗项目的内在价值，打造非遗展演、沉浸式农业科技场景等融入体验项目。

促进乡村旅游业态迭代升级。加快推进莱斯乡村、都市农园等新型乡村文旅项目发展，同时深入推进乡村旅游与体育、教育、文化、科技等领域融合，促进其从以参观、休闲度假为主，向文创、科教、互动等多元化形式转变，构建起不断推陈出新的乡村旅游产品体系。

提高乡村旅游业的数字化程度

运用数字技术实现乡村旅游资源再造。运用数字技术，将乡村空间内人、房、企、事、物等要素进行数字化处理、系统化整合、可视化呈现，实现对乡村文旅资源的精细摸查与科学规划。利用 VR、AR、人工智能等技术创新景点呈现形式、提高互动体验。

运用数字技术提升服务水平。依托互联网大数据、人工智能等技术，以

“全域旅游公共服务平台 + 应用系统（智慧营销平台）”为载体，全方位助力乡村全域旅游资源协同化、数字化、智慧化运营。借助数字化技术，基于游客的行动轨迹、消费轨迹等大数据信息，进行精准画像，打造更加精准化、个性化的文旅服务体验。

运用数字技术提高全域管理水平。采用数字化管理手段、搭建数字化治理平台，建立全域无死角、数据无壁垒、沟通无延迟的乡村旅游管理体系。

加大乡村旅游人才培育和引进力度

推出更加精准化的人才吸引政策。要加强对乡村文化和旅游人才工作的重视，进一步推动南京人才政策创新，针对乡村旅游人才特点，制定更加开放包容的人才政策体系。通过制定落实精准化人才吸引政策，把物流、人流、资金流、信息流汇聚到乡村旅游发展中，提高对优秀旅游人才的吸引力。

加大对乡村旅游人才的培育。根据南京乡村旅游发展特色，有针对性地加大对专业化人才的培育。深度挖掘熟悉当地情况、更具乡土情感的专业旅游人才。加强与南大、南师大、南财大、南京旅游职业管理学院等高校、职业学校、培训机构等的合作，有针对性地联合培养人才。

创新可持续化留人激励机制。一方面要持续优化、美化乡村环境，完善医疗、教育、娱乐、养老等公共服务建设，为人才提供良好的学习、生活、工作环境；另一方面，要坚持以人为本，关心人才成长，解决好人才所急所需。同时，可以通过政策、税收、土地、激励等优惠举措促进人才回流，吸引本土大学生等回乡创业就业。

提高乡村旅游综合治理能力

进一步规范旅游行业的监管力度。督促旅游景区进一步提高文明服务水平，加大对乡村旅游的投诉处理力度，强化执法监督。规范星级宾馆酒店的管理工作等。

提高安全发展水平。强化文旅、农业农村、卫健、公安、消防、安监、民宗等管理职能部门的安全责任意识和履责能力。定期举行乡村旅游安全知识培训，在重要节假日前对景区景点、宾馆酒店进行旅游安全综合检查。建立安全检查巡查制度和应急处理机制，健全乡村旅游安全规章制度和治安处罚制度等。

提高乡村旅游环境保护水平。强化宣传力度，树立全民生态环保意识，加大对破坏生态环境行为的处罚力度。注重资源开发与环境保护的协调统一，从与自然资源环境冲突最小处入手，打造乡村生态资源的开发项目，平衡好旅游业发展和生态保护的关系。

（作者分别系南京市社会科学院经济所所长、研究员、江苏省扬子江创新型城市研究院研究员；南京市社会科学院经济所研究员、江苏省扬子江创新型城市研究院研究员。本文发表于《南京日报》2023年1月18日A10版。）

探索新模式　夯实金融科技发展基础

丰志勇　朱庐宁

2022 年中央经济工作会议提出，要推动“科技—产业—金融”良性循环，为促进科技、金融和实体经济之间的高水平循环提供了路径。2023 年，南京深入贯彻落实党的二十大精神，深刻领会中央政治局关于做好经济工作的重大要求，出台了《南京市强信心添动力促发展若干举措》，全面推动南京经济加快恢复。建邺区作为重要金融中心核心集聚区，率先响应南京制定的八项举措，通过金融科技赋能南京经济社会高质量发展。

优化投资环境　聚焦金融科技大项目

探索健全金融科技企业经营全周期服务体系，打造“一网通办”“免申即享”等金融科技特色品牌，整合系统和共享数据，实现高频“一件事”线上线下一次办理。聚焦金融科技大项目建设统筹，对列入省、市重大金融科技项目清单的项目，开辟审批服务绿色通道，提供全流程代办帮办贴心办服务。成立金融科技发展专班。由区政府主要领导担任金融科技发展专班组长，成员包括金融局、科技局、发改局、组织部、财政局、高新区、CBD、江东商贸区等部门主要领导，专班负责高位统筹建邺区金融科技发展大项目。

加快金融科技规划出台和政策落地。引导各部门把政策重点聚焦到金融科技，从而形成更加系统、更加全面、全方位扶持发展金融科技有效政策体系。通过制定金融科技政策赋能金融产业发展，推动金融机构与房地产、建筑业等企业，按照商业性原则自主协商，积极通过调整还款安排、增量融资等方式予以支持。

加快研究和制定具有区域特色的金融科技产业统计标准体系。由统计部门利用大数据分析技术，对金融科技企业进行拉网式普查，在此基础上根据金融科技发展特点，通过大数据分析，画像出金融科技企业图谱，并制定适合建邺区金融科技企业发展的类型划分和标准认定。

提升全方位全产业链金融科技发展服务意识。金融科技不仅需要顶层设计规划，还需要园区载体空间支撑，同时也需要有的放矢的招商团队引进龙头企业，保姆式的园区落地服务，精准化的配套政策支持，区域整体发展金融科技氛围营造等，通过全区齐心发力，共同营造一个发展金融科技的浓厚氛围。

打造三大平台　提升公共服务能力

探索建设金融科技大数据平台。依托区内江苏联合征信、南京市联合交易所、万得资讯等大数据资源，按照中央全面深化改革委员会第二十六次会议审议通过的《关于构建数据基础制度更好发挥数据要素作用的意见》文件精神，争取国家、省市政策支持，整合公共数据、企业数据、个人数据资源，建设金融科技大数据平台。同时，推进数据分类分级确权授权使用，探索建立数据资源持有权、数据加工使用权、数据产品经营权等分置的产权运行机制，构建政府、企业、社会多方协同数据治理建邺模式。

建立金融科技行业组织联盟平台。借鉴上海经验，鼓励和支持区内金融龙头牵头，联合区内相关金融要素市场、持牌金融机构、头部科技企业等单位，成立建邺区金融科技产业联盟，每年指定一个金融机构或科技企业作为轮值联盟主席。产业联盟不定期举办相关金融科技发展和前沿技术沙龙，促进区内金融科技企业之间交流合作。按照市场化运行原则，以服务外包形式，每年定期发布建邺区金融科技行业白皮书，动态跟踪、监测建邺区金融科技发展。

建立金融科技场景应用展示平台。利用已形成的南京版“陆家嘴”——“金鱼嘴每日路演”（全国领先的资本撮合平台）品牌优势，每年专题策划不少于 10 场金融科技场景应用发布会，打造金鱼嘴金融科技路演子品牌。加快推动“金鱼嘴金融科技产业生态中心”平台建设，面向全国或全球发出“揭榜挂帅”邀请函，发榜招贤运营团队，为“不问来处”的各路创新团队提供施展舞台、共建包容平台，打造长三角地区技术最专业、场景最开放、资本对接最有效的展示平台，探索一条将创新资源“为我所用”变成“为我所有”的建邺路径。

探索共享新模式　夯实金融科技发展基础

推动金融科技共性技术研发实验室建设。依托区内金融和大数据龙头企业，联合南京大学，共同策划建设“建邺金鱼嘴实验室”，以国家目标和战略需求为导向，整合政、产、学、研、金等高端金融和科技要素资源，完善金融科技研究科学基础设施，招引汇聚一批全球和国内顶尖的金融科技研发团队，解决金融科技发展重大共性技术难题，积极争创金融科技国家实验室。

引入高校金融科技教育资源。由区委区政府牵头，探索与南京大学、东南大学等综合性高等院校，南审、南财等专业性金融院校合作路径，力争在建邺金融城设立或迁入金商科类学院或研究所，加强区域内金融科技人才培训教育。同时，定期与区内金融科技企业联合举行学术论坛，邀请国内外金融科技领域大咖，共同研讨金融科技发展；不定期召开校企供需对接沙龙，激活高校创新资源，夯实金融科技企业研发基础，扩大金融人才集聚力和影响力。

打造“高校金融科技创新城市客厅”。在中央商务区等园区策划打造“高校金融科技创新工作室”，邀请南京市相关高校、科研院所中具有较强金融科技创新能力的教授、专家等设立工作室，进行金融科技基础研发成果的应用性转化、开展业务洽谈、学术交流等活动，同时为高校大学生提供金融科技实训基地。

营造金融跨界产业生态　赋能全市生产与消费

加快金融科技产业集聚。招商部门重点关注细分领域的单打冠军，重点招引研发投入大、成长性好、细分行业龙头、市场认可度高的成熟优质企业，打造金融科技产业集群。建议整合投促局、行业主管部门、各园区、街道在手在谈优质金融科技产业赛道项目，优先入驻金融科技大厦。同时，各园区载体强化与国内金融科技龙头运营商的柔性合作，通过引进专业化运营团队，逐步形成政府引导、市场运作、企业为主体、社会参与的有机运营模式。

支持建设算力中心赋能智能制造。发挥英伟达算力龙头企业作用，围绕算力中心建设，引进国内相关领域头部算力企业，培育金融科技产业的算力产业集群，通过算力中心建设，赋能金融科技产业发展，赋能南京市 5G、人工智能、物联网、工业互联网等新型基础设施建设，通过算力中心建设，助力南京企业创建智能制造示范工厂、车间等典型示范标杆，助推江苏省级 5G 全连接工厂、工业互联网标杆工厂建设。

优化金融科技产业提振消费信心。整合传统金融企业的中间业务资源，挖掘驻区金融机构、驻区省属企业金融子板块、总部企业金融子板块资源，充分发挥金融科技工具优势，进一步深化产城融合（元通商圈、西城·夜未央项目等），培育元通商圈“艺术 MALL”“商体融合”等新消费生态，打造体验式、沉浸式体育消费场景推动消费新模式、新业态发展。通过金融科技场景打造，发展即时零售、直播电商等新模式，促进网络平台消费、信息消费等，加快设立金融科技产业基金，对接业务模式、需求，更好地赋能政务服务、民生服务，赋能中小科技型企业发展。

强化金融科技监管平台建设。争取银保监、证监和地方金融监管局支持，由区金融局、金鱼嘴基金街区发展中心、江东商贸区共同推动金鱼嘴私募基金合规监管平台建设在服务实体经济、提升市场效能、强化合规风控、增强监管能力、保障金融安全等方面发挥积极作用，促进金融科技有序健康发展。

（作者分别系南京市社会科学院经济所研究员、江苏省扬子江创新型城市研究院专家；南京市社会科学院经济所副研究员、江苏省扬子江创新型城市研究院专家。本文发表于《南京日报》2023 年 2 月 9 日 A07 版。）

推动大平台建设　完善科技成果转化机制

丰志勇　朱庐宁

2021 年 5 月，习近平总书记在中央全面深化改革委员会第十九次会议中提出，“加快实现科技自立自强，要用好科技成果评价这个指挥棒，遵循科技创新规律，坚持正确的科技成果评价导向”；2022 年 4 月，习近平总书记在海南考察时强调，“要加快科技体制机制改革，加大科技创新和成果转化力度”。党的二十大报告在“加快实施创新驱动发展战略”部分指出，加强企业主导的产学研深度融合，强化目标导向，提高科技成果转化和产业化水平。这为今后科技创新和成果转化指明了根本方向。

南京在我国科教实力排名中仅次于北京、上海，拥有 34 所本科院校和 110 名两院院士，15 所“双一流”建设高校，31 个国家重点实验室，2 个已建和在建的国家大科学装置。根据 2021 年《自然》全球城市科研指数排名，南京位居全球第八。更好地落实和贯彻党的二十大精神，把南京科研成果变成市场可交易技术，变成满足市场需求的产品和企业实用技术，是南京贯彻落实习近平总书记重要讲话精神和党的二十大决策部署、实现科技自立自强、建设引领性国家创新型城市的关键。

建立科技成果交易市场化运行机制

培育科技成果交易龙头企业。鼓励南京本地从事科技成果交易的企业引进战略合作方，探索以职业经理人为主导的现代化企业集团运营模式。引导企业跨地区、跨行业、跨所有制兼并、重组，壮大企业规模。建立科技成果交易重点企业培育库，每年年底评出一批重点企业，通过扶持政策优先享受、生产要素重点保障，重大项目优先安排等措施，重点扶持带动力强的龙头企业、培育潜力大的成长型企业做优做强。

鼓励扶持一批“三懂”人才创业。制定相关政策，扶持懂技术、懂市场、懂相关政策和法律法规的复合人才带动创立科技成果交易公司，培育一批中小科技成果交易的经营主体。

建立“1+3”市场服务体系。探索建立技术交易市场 + 技术经理人协会、技术经理人公司、技术经理人的“1+3”服务体系，通过技术经理人项目储备对接、技术经理人公司组织运营、技术经理人协会搭建平台和组织活动，将技术供给方、技术需求方、技术中介整合，集成技术、人才、政策、资金、服务等创新资源，并按照“全链条一体化”的建设思路，建立一套成果筛选—孵化—转化的市场化运行模式。四是探索市场化激励机制。制定合理的企业人员成果转化的股权激励、分红机制以及技术成果转移转化人员的职称评定方法等，为科技成果转化提供良好的制度环境。

建立多元化科技成果交易模式

形成纵向一体化的技术交易联动模式。传统的技术中介服务模式只是简单联结“成果形成”到“成果实施”过程的“单向线性”模式，已远不能满足现实需求。南京市探索建立“多元交叉复合科技成果交易模式”，即建立以技术中介组织为主，政府、企业、科研、教育、技术推广等多元主体参与的，具有信息服务、技术咨询、评价、法律服务、技术开发、技术培训、技术转让等功能的组织。

建立“产、学、研”联合技术中介组织。新型技术中介组织是一个市场化、全过程、综合性服务组织，它能更好地跨区域连接科研、企业、政府，把知识连同人力、资源和资本优化组合成经济发展的推动因素。建议继续深入推进科技体制改革，使大部分技术开发型科研机构进入企业或转为企业运行。

通过转制，可以进一步办好各种生产力促进中心、工程技术中心、技术孵化中心、集成配套开发中心等新型的技术创新组织，从而为技术市场提供源源不断的科技成果。

制定双边科技产业研发合作计划。每年工信部门向企业收集科技研发前沿技术需求信息，经大数据整理，通过科技成果网络平台向高校和科研机构技术提供者发送企业技术需求信息，解决技术市场供需信息不对称问题。同时，科技部门研究与制定双边科技产业联合研发计划，并配套相应的基金对企业与高校或科研机构双方开展的联合研发与产业化活动给予支持，并设立常规化的项目征集机制，每年提供一定的资金支持双方企业、高校、研究机构开展联合研发或产业化项目。

强化技术经理人专业化人才队伍建设

加快推进经理人职称制度建设。建议南京市人社、科技等部门，在南京市层面增设技术经理人专业职称评定，把技术经理人专业职称纳入事业单位管理。

引导南京高校设立技术经理人专业。用政策支持南京有条件的高校设立科技成果转化研究生专业培养方向，进一步完善南京技术成果转移专业人才培养体系。

健全完善科技成果转化人员激励制度，探索建立专业技术转移人才队伍薪酬、工资评定、职位晋升等制度体系。设立南京“技术经理人协会”。由南京市科技成果交易企业、高校技术成果转移部门、科研机构技术成果交易部门共同发起，成立南京“技术经理人协会”，对于第三方技术评估机构、技术交易中介机构，以及技术评估师、技术交易经纪人等的资质进行规范，设立具有一定门槛高度的认定标准，提升专业服务人员的整体素质，并通过建立行业规则体系，维护科技成果转移转化市场秩序。

完善科技成果交易市场大平台功能

建立南京都市圈科技成果交易市场大平台。以南京技术成果转移中心为平台，整合都市圈内各城市分散的信息资源，建立能够查询各种政策信息、技术信息、合作伙伴信息的综合平台，促进南京都市圈内各市场主体科技技术交流。平台可与政府、第三方机构积极配合，定期举办线下的技术交流会、交易展活动，打造“线上 + 线下”有机结合的信息服务与交易平台。

建立区域科技中介服务网。以南京科技中介市场为中心，在南京都市圈内设立分中心，使南京与周边科技中介市场形成一体化技术信息网络。同时，扶持一些民营的科技中介服务机构，使其成为网络中的各个节点，以形成一个多元化的中介服务机构网。

建立对接长三角大科学装置技术交易通道。充分发挥南京科教资源优势，建立对接长三角大科学研究平台的技术成果转化渠道，通过南京高校、科研机构进一步开发应用技术和场景，实现长三角大科学研究平台研究成果在南京落地。

（作者分别系南京市社会科学院经济所研究员、江苏省扬子江创新型城市研究院专家；南京市社会科学院经济所副研究员、江苏省扬子江创新型城市研究院专家。本文发表于《南京日报》2023 年 6 月 7 日 A10 版。）

以城乡产业融合推动农业农村高质量发展

陈　燕

习近平总书记在参加十四届全国人大一次会议江苏代表团审议时强调，“推进农业现代化是实现高质量发展的必然要求”，“要把产业振兴作为乡村振兴的重中之重，积极延伸和拓展农业产业链，培育发展农村新产业新业态，不断拓展农民增收致富渠道”。上述重要论断为新发展阶段实现产业融合、推动农业农村高质量发展指明了方向，明确了方法路径。南京市城乡融合起步较早，在城乡协调、产业融合、农业科技创新、公共服务均等化等方面具有较好基础，农村新产业新业态不断壮大，涌现出农民合作社、家庭农场、现代农业园区等各类新型经营主体，农业特色产业增长迅速。但与此同时，在城乡产业融合方面也面临一些挑战。如农业产业关键技术有待突破，农业资源利用效率亟须提升，农业产业链纵向延伸和拓展不充分，农产品电商赋能不足，农产品海内外影响力不够等。要加强城乡产业融合发展顶层设计，从强化农业科技赋能、深化农业供给侧结构性改革、增强南京都市圈消费辐射能力、强化都市现代农业建设推进产业链强链扩链、立足“一带一路”交汇点优势畅通农业双循环系统等方面入手，推进城乡产业融合发展与农业农村高质量发展。

一、城乡产业融合是推动农业农村高质量发展的重要内容

实施城乡产业融合，既是解决农业发展结构性矛盾、实现城乡融合发展

的关键支撑，也是提高农民生活质量、以新发展理念引领更平衡更充分发展的必由之路，更是加快农业农村现代化进程、推动农业农村高质量发展的动力源泉。实施城乡产业统筹规划，促进城乡产业协调发展，畅通城乡经济循环，是构建新发展格局的重要环节。

城乡产业融合是实现农业农村高质量发展的动力源泉。近年来，城乡产业融合受到决策层及学术界的高度重视，并连续出现在中央一号文件中。城乡产业融合发展，是城市现代工业、服务业企业将资金、科技、人才等生产要素向农村转移渗透，与传统农业、乡村优势资源禀赋协同发展，进而创造新产业的动态发展过程。党的十九大报告提出“建立健全城乡融合发展体制机制和政策体系”，党的二十大报告提出“坚持城乡融合发展，畅通城乡要素流动”，为破解我国城乡产业融合机制障碍、促进城乡产业融合、推动农业高质量发展提供了政策遵循。城乡产业融合既是城乡融合发展的核心内容，也是农业农村高质量发展的关键所在。只有加快城市和乡村生产要素有机结合、产业相互融合渗透，实现农业从生产功能向生活功能的转变，形成特色乡村工业和创新型产业，城乡产业发展的生产率差距才能逐步缩小，才能从根本上解决城乡矛盾，以城乡融合发展促进城乡共同富裕。

畅通城乡经济循环是构建新发展格局的关键环节。当前我国农业正面临国内外经济增速放缓、国际农产品市场竞争更趋激烈的挑战，市场不稳定因素将长期存在，外部环境的复杂变化也对我国农业农村发展带来诸多挑战。基于此，习近平总书记提出，要推动形成“以国内大循环为主体、国内国际双循环相互促进”的新发展格局，更好利用国际国内两个市场、两种资源，实现更加强劲可持续的发展。构建新发展格局的关键是进一步畅通国内大循环，而畅通城乡经济循环是其中的重要环节。要充分发挥农村在消费市场和要素市场中的重要作用，增强城乡经济联系。通过调优农村产业结构、发展壮大乡村产业、促进城乡产业融合、加快城乡居民消费升级，健全与完善城乡商贸流通体系，畅通城乡经济循环。

二、南京市具备推进城乡产业融合的条件优势

近年来，南京稳步推进农业现代化建设，农业科技创新始终走在全国前列，农业机械化普及率不断提高，逐步构建起现代化农业新产业、新业态，从而具备了城乡产业融合发展的综合实力、区位、科创及动力优势。

具备城乡产业融合发展的综合实力优势，农业现代化建设迈上新台阶。南京经济实力雄厚，2022 年 GDP 总量达 1.69 万亿元，人均地区生产总值达 17.88 万元，人均社会消费品零售总额达 8.25 万元，反映出该市在拉动消费方面的潜力。作为超大消费城市，南京城市常住人口城镇化率达 87.01%，全年居民人均可支配收入 6.9 万元，居民恩格尔系数为 26.0%，城乡居民的消费结构和消费方式已进入转型升级阶段。农业劳动生产率处于全国较高水平，为促进农民增收、实现现代农业提质增效提供了重要引擎。城乡间各类商品服务和要素资源加速流通，市场配置资源的决定性作用日益凸显。

具备区位优势，区域农业高质量融合发展加速推进。作为都市圈核心城市、东部地区重要中心城市、“一带一路”交汇点重要枢纽城市，南京注重加强与长三角各城市间的规划协同，推动基础设施互联互通，不断健全现代农业流通体系。通过建设和美乡村加快休闲农业发展，发挥山水城林之美的人文绿都的品牌效应，积极探索在特大城市周边建设世界级城市乡村田园地区。总体来看，南京现代农业发展有着广阔的消费市场空间，高价值农产品、多功能农业的发展也将为区域农业高质量融合发展带来巨大的市场拉动力。

具备推进城乡产业融合的科创优势，农业科技创新走在前列。南京是全国重要的科教中心，2022 年在宁普通高等学校共计 51 所（不含部队院校），在校学生（不含研究生）77.77 万人。拥有涉农高校院所 33 家，农业领域两院院士、博士生导师 400 多名，拥有南京国家现代农业产业科技创新示范园区、南京国家农业高新技术产业示范区两个国家级农业科创园区，推进农业科技创新及国际合作的潜力巨大。目前，南京农业科技进步贡献率达 72.8%，农业机械化水平达 90.5%，绿色优质农产品占比超过 80%，农业创新能力、创新要素处于全国领先位置，培育了一批具有竞争力的种业企业，拥有丰富的

农业种质资源，全市主要农作物良种覆盖率达 97%。

新型经营主体不断壮大，成为推动南京城乡产业融合发展的生力军。近年来，南京加快推进新型经营主体高质量发展，促进各类经营主体和小农户联合发展，农村集体经济规模日益扩大，农业产业链不断延长，成为推动现代农业发展、实现城乡共同富裕的主力军。目前，全市共有 9000 多个家庭农场、4000 多个农民专业合作社，新型经营主体的发展壮大带来了农业规模效益，全市家庭农场、合作社年经营综合收入达 62 亿元，农业龙头企业总销售交易额达 1668 亿元，有力推动了农村由分散生产向规模经营转变。

三、南京在城乡产业融合方面面临的挑战

虽然南京具备推进城乡产业融合的条件优势，但总的来看，目前城乡产业融合尚处于快速成长阶段，与深度融合还存在很大差距。如在农业产业链延伸、现代农业服务业融合发展、农业提质增效、缩小城乡收入差距等方面存在不足，需要在农业多功能性开发、农业新业态发展、农业服务业发展、城乡产业融合发展规划等方面持续提升。

农业科技创新引领能力亟须加强。目前南京市农业科技进步贡献率虽已突破 70%，但农业进步贡献率与发达国家和地区相比差距仍然很大，产业关键技术需要突破，农业资源利用效率需要持续提升。种质资源关键技术的“卡脖子”问题突出，重要农副产品种质资源依然高度依赖进口，如卫岗乳业的奶牛自主育种技术远落后于国外，市场上 90% 以上的鸭原料都是英国引进的樱桃谷肉鸭，产业育种和养殖环节薄弱。农业科技创新引领能力不强，“模仿式”和“转化式”研究较多，关键技术成果不足。农业高层次人才、农业“创新尖兵”较为缺乏，急需吸引更多人才返乡下乡开展“双创”，为城乡产业融合发展提供智力支持。

农业全产业链构建面临挑战。随着南京城市产业结构的优化调整，受农业发展空间的制约，第一产业增加值在全市 GDP 中的比例仍将呈下降趋势。农业产业链纵向延伸和拓展不充分，第一产业向后端延伸不足，第二产业向

两端拓展不够，第三产业高端开发滞后，农产品精深加工程度较低，农产品加工转化率和增值率低、链条短，农业附加值不高。农产品电商新业态发展不充分，目前全市农资与农产品电商销售额仅占电子商务销售总额的 1.5% 左右，农产品品质优势尚未转化为品牌优势，如卫岗乳业的品牌对外辐射范围仅限于江苏、安徽两个地区，雨花茶品牌在全国知名度不高。

农业新型经营主体有待壮大。与上海、北京、杭州等城市相比，南京现有各类农业经营主体发育尚处于初级阶段，缺乏“头雁式”农业创新主体。家庭农场、合作社规模偏小，新型职业农民数量有待增加，相关基础设施薄弱，抵御风险能力较弱，部分合作社和农业龙头企业创新能力不足，专业化生产、规模化经营能力较弱，与基地、农户的利益联结还不够紧密，示范带动作用不强。

农村公共服务补短板压力较大。城市强、乡村弱的状况长期存在。与城市先进的基础设施相比，乡村通信、网络、物流、冷链运输、仓储等设施较为薄弱，必须加快补齐公共服务短板。资金、人才、先进技术等资源要素向乡村流动仍存在壁垒，人才激励保障机制尚不完善，资本下乡难问题长期存在。农村集体产权开放性不足，“跨村”配置集体资产能力较弱。

四、新发展格局下推进城乡产业融合发展的具体路径

新发展格局下需要结合国际国内环境的变化，在满足区域消费需求的基础上进一步融入全球产业体系，形成城乡产业国内国际双循环发展新格局。加快科技成果转化机制创新，为建设现代农业产业体系提供科技支撑。大力发展农业服务业，创新农业服务模式，构建具有区域特色的现代农业服务体系。增强民生福祉，全面推动城乡共同富裕，实现城乡居民收入均衡化、基本公共服务均等化、生活质量等值化。健全城乡产业融合发展体制机制，推动人才、资本等要素在城乡之间双向流动。

汇聚农业创新力量，强化农业科技赋能。聚焦南京现代都市型农业突出特征，围绕“都市”构建需求导向型农业科技支撑和推广体系。发挥科技创

新优势，提高种源保障能力和种业创新能力，夯实种质资源根基，做强种业“芯片”。加强地方品种资源的开发与利用，加大地方特色农作物种质资源、畜禽和水产遗传资源的保护力度。强化农业龙头企业、专业合作社对农业科技创新的辐射带动作用，形成科学化运行机制。

以“一区一中心”（即国家农业高新技术产业示范区和国家农创中心）为重点发展园区经济，强化农业科技园区的试点示范效应。深化高新园区改革创新，强化科技创新赋能产业链，提升科技成果转化能力，聚焦生物农业、绿色智慧农业、功能农业等产业，建设科技振兴乡村样板区、国际农业科技合作示范区和长三角农业科技创新策源地，协同推进南京特色农产品加工、农业智能装备制造以及农业科技服务业发展。要聚集长三角一体化发展，推动优质农业科技资源共享，建立统一开放、竞争有序的区域共同市场，探索建立异地农业产业园区，推动农业实验检测设备、孵化器、中试平台的共建共享，辐射带动全省乃至全国现代农业高质量发展。

深化农业供给侧结构性改革，加快南京农业现代化进程。针对农业产业集聚的本地化趋势，推动南京都市圈现代农业协同发展，强化都市圈内粮农产品的产销合作和保障协同，打造区域协同的应急保障安全共同体。加快实施稳产保供能力提升工程，健全应急保供网络，保障粮食安全和重要农产品供给，加强粮食产业链条的经济韧性，应对各种风险挑战。针对农业多功能性特征，加快建设和美乡村，充分彰显现代农业的经济价值、生态价值和美学价值。

加强农业需求侧管理，提高南京都市圈消费辐射能力。深挖品牌优势，将本土文化特色与农产品品牌形象相结合，提升农产品品牌文化内涵。支持“南京老字号”创新发展，加快研发、设计、生产、品牌营销、售后服务各环节的模式创新，增强南京特色农产品品牌信誉度，增强特色农产品品牌市场影响力，提升消费供给质量。积极利用电商、视频直播社交网络、云展会、广告媒体等数字平台，拓宽营销渠道，孵化一批农业品牌专业营销主体，打造一批“互联网 +”农业品牌，激发区域消费潜能，提高都市圈消费的辐射能力。

强化都市现代农业建设，推进农业主导产业链强链扩链。做优南京都市现代农业，做强优质稻米、现代茶、精品蟹虾、南京鸭等八大农业主导产业链，重点培育固城湖螃蟹、江宁花卉园艺、浦口苗木、六合蔬菜、溧水“五莓（梅）”等特色产业集群，加快培育“善田江宁”“无想田园”“多彩竹镇”等多个区域公用品牌。依托优质稻米、经济林果、休闲农业、特色水产、农村电子商务等百亿级产业，推动南京农业产业融合发展走在全省前列。发挥园区农业产业化龙头企业带动作用，打造“都市农业 +”综合体，以田园综合体为载体促进农业园区产业融合发展，充分发挥乡村旅游连城带乡的桥梁作用，带动农民增收，推动城乡共同富裕。强化数字经济赋能，推进智慧农业发展，打造数字乡村新名片，引领基础设施建设、数字农业升级和乡村综合治理。

立足南京“一带一路”交汇点区位优势，畅通农业双循环系统。推进南京农产品“优进优出”战略，有选择地进口能够满足城乡居民多元化需求的农副产品，深化与“一带一路”沿线国家和地区农业投资和农产品贸易，实施南京雨花茶、稻米、鸭、蟹、虾等特色优势农产品出口提升行动，扩大高附加值优势农产品出口，鼓励涉农企业申请国际认证认可、参与国际知名农业展会。同时，处理好“引进来”和“走出去”的关系。通过高水平“引进来”，推动外资融入现代农业产业链体系，完善农业领域外商投资市场准入制度，鼓励外资企业在南京设立研发机构和创新平台；加快海外基地培育，采取贸易带动投资、投资推动贸易、贸易推动创新等良性互动方式，推进区域农业“走出去”并积极融入全球创新网络。

（作者系南京市社会科学院经济发展研究所研究员、江苏省扬子江创新型城市研究院专家。本文发表于《唯实》2023 年第 9 期。）

高质量推进南京都市圈协同创新发展

王　聪

党的二十大报告提出“必须坚持科技是第一生产力、人才是第一资源、创新是第一动力”，这为推动区域协同创新，激发发展新动能新优势指明了方向。全球新一轮科技革命和产业变革加速，科技创新对于区域发展的作用愈发重要。南京都市圈是我国最早跨省共建的都市圈，也是我国正式批复的第一个都市圈，亟须建立有效的协同创新机制，为实现跨区域资源共享与产业链重构提供示范作用。

《南京都市圈发展规划》批复以来，在创新资源共建共享、创新平台提质增效、创新成果转化、产业有效对接等方面取得显著成效，同时也面临着中心城市引领作用不突出、创新平台共建共享不深入、科技创新成果转化不顺畅、产业整体协同效应不显著等制约因素。

以争创国家区域科技创新中心和综合性国家科学中心为目标导向，紧抓引领性国家创新型城市建设，南京亟需与都市圈其他城市形成创新合力，推动打造更加高效的科技创新共同体。

第一，建立更加紧密的制度创新集成机制。一是强调规划引领。在《南京都市圈发展规划》的框架下，进一步细化科技创新规划，对协同创新发展的基本原则、重点任务等统一部署和系统协调。二是推动制度标准化。尽快推动“8+2”不同行政区在科技政策、科技标准、创新规范、成果认定等方面达成共识，实现科技设施“通联”、科技资源“通用”、创新政策“通兑”。三是推动运作实体化。成立南京都市圈协同创新发展协调委员会，设置创新联席会议制度，完善都市圈内部跨区域跨部门之间的创新治理协商机制。

第二，建立更高等级的创新载体共享机制。一是共建国家级科技创新平台。围绕国家区域科技创新中心和综合性国家科学中心建设，优化重大科研基础设施布局。充分发挥国家第三代半导体技术创新中心（南京）的作用，争创更多国家级产业创新中心、制造业创新中心等，不断完善“基础研究 + 应用研究 + 成果转化”全链条创新体系建设。二是共享现有科技创新载体。积极实施国家重大科技基础设施集群培育计划，推动都市圈内部科技创新重点实验室、大型科技创新研发设备、科技服务平台等科技资源共享，为相关企业及科研机构等提供孵化、中试、产业化等技术服务和技术交易保障。三是共谋多元协同创新空间。对标上海G60科创走廊建设，围绕G328、G312科创走廊，依托两侧的国家级众创空间、科技企业孵化器等创新空间，全力合作，争取更多国家级和省级重大科技项目。推广宁淮特别合作区模式，依托南京（仙林—宝华）科学城等，打造更多协同创新利益共同体。

第三，建立更加高效的科技成果转化机制。一是建立南京都市圈创新成果共享平台。充分发挥“都市圈科技创新生态图谱”服务创新功能，鼓励都市圈周边的城市在南京建设“创新飞地”，打通技术研发到产业化运营通道。二是建立南京都市圈成果转移转化平台。围绕全球成果转化大平台建设，完善“基础研究 + 技术攻关 + 成果产业化 + 科技金融”创新成果培育链条，进一步推动成果与市场需求、金融资本对接，促进更多科技成果转移转化。三是打造南京都市圈公共服务平台。建设面向南京都市圈的大数据综合性交易平台、科技创新综合服务平台、科技人才资源共享平台、文献资源和技术信息共享平台等，不断完善“线上 + 线下”“技术 + 平台”相结合的技术市场体系。

第四，建立更加成熟的产业协同创新机制。一是明确南京产业链协同创新引领地位。聚焦国家重大科技需求，加快互联网、人工智能等新一代信息技术同传统产业融合发展，优先培育和大力发展一批战略性新兴产业集群。联合编制都市圈重点产业发展白皮书和重点产业链全景图，明确各城市产业链不同环节的协同发展。二是强化产业链创新链深度融合。聚焦未来网络、集成电路、人工智能、生物医药等重点领域，以及南京都市圈公共安全、生态治理、民生保障等公共领域的共生性关键技术，通过“揭榜挂帅”“赛马制”等新模式，串联企业和科研机构，形成高质量精准化的共性技术供给体系。三是积极发挥企业的创新主体作用。围绕企业建立政府引导、高校院所支撑、各创新主体相互协同的创新联合体，能够通过市场需求引导创新资源有效配置，建立以企业为主导的“基础研究 + 成果转化 + 产业化”的自下而上的新型协同创新组织形式。

第五，建立更加夯实的创新协同支撑机制。一是创新多元投入模式。推动南京金服平台服务都市圈科技企业，探索设立都市圈科创投资联合基金，建立跨区域科技创新投融资体系，支持都市圈科技企业创新发展，积极参与长三角科技金融改革试验区建设。二是促进人才协同创新。围绕人才协同创新的重点领域和关键环节，在知识产权保护、人才资格互认、人才招聘、成果认定等方面，出台加强区域人才队伍建设的政策举措。打通科研机构和企业“旋转门”，鼓励科研人员双向流动，建立更加灵活的人才管理机制。三是营造开放共享的创新环境。加强与上海、合肥和杭州都市圈在区域创新政策制定、大型科学仪器共享、创新成果转移转化、重大科技项目联合攻关等方面的对接合作。同时，要进一步扩大南京都市圈的对外科技合作，全面对接国际市场规则体系。

（作者系南京市社会科学院经济发展研究所副研究员、江苏省扬子江创新型城市研究院专家。本文发表于《新华日报》2022 年 12 月 20 日 14 版。）

科技赋能南京文化产业高质量发展

王　聪

科技革新正在深刻影响并重塑着人们的文化生活和消费方式，文化的发展也在不断丰富科技的应用场景和表达形式。近年来暴发的新冠肺炎疫情，加速了线上媒体消费、在线办公、在线教育、自动化生产的进程，促使传统文化产业加快数字化转型。科技赋能文化产业发展，是“建设社会主义文化强国”和“实现高水平科技自立自强”两大战略的价值体现，是健全现代文化产业体系和市场体系的重要组成部分。南京早在2013年就出台了关于文化科技融合的第一份专项规划。近年来，该市积极推进科技赋能文化产业增效提速，科技推动特色文化业态更加多元化，文化传承和保护方式更加数字化、智能化。深入分析南京科技赋能文化产业高质量发展面临的困境与未来路径，以更高质量的文化供给满足人民日益增长的精神文化需求，对繁荣南京文化事业和文化产业、全面建设人民满意的社会主义现代化典范城市，具有重要的引领作用和现实意义。

一、深刻理解科技赋能文化产业范式革新的主要意义

随着新兴科技与文化产业的高度融合，文化产业的发展模式和发展方式正在发生显著变化。

文化产品创新由单一的文化生产机构向大众协同创新转变。随着5G、互联网、云计算、大数据等新型基础设施的不断完善，未来文化产品的创新不

再仅仅满足于基础技术和应用的迭代升级，而是更加重视为满足人们基本文化生活需要而进行的“应用场景 + 文化属性”深度融合创新。尤其是随着互联网普及率和用户规模的大幅攀升，互联网不断向垂直纵深领域延伸，专业细分领域的内容生产更为重要，文化内容的生产不再仅仅依靠单一的专业生产机构，而是形成了大众创作、共同参与的协同创新局面。普通大众也可以通过展现创新创造潜力成为社会文化创造的主体，文化产品内容因此呈现出“技术革新 + 文化内容”开放创造的特质。如敦煌研究院推出的“敦煌诗巾”文化创意活动，通过提取解构敦煌文化中的细节元素，并与文创、动漫等多元数字创意相结合，鼓励大众 DIY 设计定制，形成无数个性化文化创意产品，促进千年敦煌文化走入大众生活。

文化信息传播从单向流动向双向互动和个性化传播转变。数字技术手段应用的成熟改变了过去文化信息传播的方式方法，由单向流动、方式单一向更加注重供求互动和个性化传播转变。在大数据、云计算等新技术的支持下，文化产品逐步从物质形态转变为数字形态，网络空间的互联互通为海量信息的立体化呈现提供了便捷手段，文化信息传播反馈机制更加完善，受众可以随时对传播者表达自身意愿和诉求，助推传播者不断作出相应调整以满足大众需求。网络时代的及时信息反馈机制，助推文化企业更加重视对接用户需求，通过建立用户需求数据库，针对用户的个性化需求推送信息。如今日头条资讯平台和抖音短视频平台之所以能够日吸引活跃用户近 5 亿，成功之处在于其充分利用个性化推荐引擎等技术，不断创新传播方式，让中华优秀传统文化、大众文化和草根文化有了全新的展示平台。

产业集聚方式由企业和项目集聚向多元生态功能圈转变。文化产业空间的集聚最早体现为企业的集聚，如北京 798 艺术区、上海德必文创园、深圳华侨城等各种文化产业园区，通过企业集聚提高劳动生产率，加速信息流动并带来溢出效应。为提高创新效率，以创新工厂、优客工厂等为主要形式的项目集聚模式开始出现，以众创空间为载体集聚各类创新主体和创新项目，并从中遴选出具有发展前景和投资价值的项目，进一步加快了创新产出。随着新技术、新产品和新商业模式的兴起，“要素 + 业态”集聚模式的优势不断显现。通过在特定空间打造文化产业发展生态功能圈，将新创意、新技术、新场景等各种资源要素和新兴业态聚合起来，实现了“文化 + 科技”“文化 + 旅游”“文化 + 金融”等不同功能和业态的集聚发展。

二、南京文化产业高质量发展面临的科技瓶颈

近年来，南京市充分发挥科技创新和文化资源优势，通过制定出台一系列创新政策举措，推动文化与科技多领域、多层次融合发展。在最新发布的国家文化和科技融合示范基地十强榜单中，南京位列第五。相关统计数据显示，南京数字文化产业营业收入占总体比例超 60%，数字技术在文化产业中的应用愈发深入。中国（南京）文化和科技融合成果展览交易会连续四年成功举办，围绕技术变革新方向和文化科技融合典型应用场景树立文化和科技融合的“风向标”。然而与兄弟城市相比，无论是文化产业发展整体规模还是龙头企业总体数量，南京都面临着一些现实困境和瓶颈性制约。

缺乏头部科技文化企业引领。从目前情况看，南京已经在文化科技新业态方面集聚了一批知名企业。但从整体上看，在国际国内具有核心竞争力的龙头文化科技企业相对缺乏。同时，在文化科技产业发展方面尚未形成完整的产业链和产品矩阵，对其他产业的辐射带动作用不明显。从国家文化和科技融合示范基地认定情况看，虽然南京入选了第二批集聚类项目，但从第三、第四批文化和科技融合示范基地单体数量来看，南京仅有 1 家企业（江苏省广电有线信息网络股份有限公司国家文化和科技融合示范基地）入选，与北京（10 家）、杭州（4 家）、广州（3 家）、上海（2 家）等城市相比存在一定差距。

缺乏文化科技复合型专业人才支撑。人才是行业和企业发展的重要支撑，文化和科技产业的融合发展需要专业化管理人才、技术人才及复合型运营人才，尤其需要领军管理人才、文化创意人才、文创运营人才、技术开发人才等。文化科技产业发展涉及领域较多，不仅要加快文化科技类人才培养，更要培育和扶持行业领军人才。从调研情况看，南京从事新兴产业的专业人才数量

不足，尤其是行业领军人才和复合型专业技术人才相对缺乏。同时，来自上海、杭州等周边城市的人才竞争，限制了南京文化科技产业的人才辐射效应和虹吸效应。

文化科技融合扶持政策供给不足。完善的政策扶持和文化科技管理部门的统筹协调，是文化科技企业高质量发展的重要保障。从目前情况看，南京的政策和制度优势并不明显，虽然出台了《关于促进南京文化和科技深度融合的实施方案》等相关政策，但由于涉及部门较多，在政策落实上还存在明显不足，各部门、各区域之间文化科技资源配置缺乏组织优化，阻碍了文化科技企业和相关产业高质量发展。

三、科技赋能南京文化产业高质量发展的对策与建议

积极培育文化科技龙头企业。一是积极实施文化科技型名企培育计划，针对不同类型文化科技企业实施分级分类扶持。加大对重点企业的扶持力度、覆盖广度、激励深度，降低创新创业成本，提高创新创业耐力；加速培育一批文化科技重点企业，尤其加大对重点高新技术企业、“瞪羚”企业、“独角兽”企业的扶持力度，对潜在“独角兽”企业从培育孵化、融资、上市、人才引进等方面实施精准施策，打造一批具有成长潜力的百亿级文化科技企业，引导带动一批新兴文化科技企业发展，打造未来经济发展的增长极。二是重点支持专精特新中小文化科技企业发展。针对性解决好中小文化科技企业面临的市场准入门槛高、融资难、人才短缺等问题；放宽初创企业住所登记条件，简化股权激励登记流程，为文化科技企业融资提供高效便捷的动产抵押、股权质押登记等服务。三是推动国有文化企业转型升级。完善国有企业体制机制，放宽垄断行业准入门槛，营造公平的市场环境，激励市属国有文化企业主动融入数字经济发展趋势，围绕大数据、5G+8K、AR/VR 等最新技术加大研发投入，提高创新能力；积极推动龙头企业平台化发展，通过平台企业整合上下游创新资源，聚焦主责主业提升文化科技企业核心竞争力。

原创文化和硬核科技双轮驱动。一是推动文化科技深度融合。依托南京

文化资源和创新科技优势，聚焦广播电视、数字出版、数字娱乐、数字艺术等新型文化业态，注重运用数字技术扩展文化消费新空间；探索文化科技产品多渠道发布和多终端呈现，推动线上线下融合发展，打造一批在线文化会展、在线文化娱乐等优势产业；鼓励传统文化机构和数字文化企业合作，更好地向全社会开放数字文化资源。二是强化文化内容的原创能力。充分发挥南京古都文化、城墙文化、云锦文化、红色文化等资源优势，创新运用数字技术培育一批具有南京文化特色的 IP，借助网络视频等数字平台，将产品的符号价值与城市形象、公益宣传、主题会展等相结合，不断提升数字文化内容的供给质量和传播范围。三是形成市场化创新机制。发挥市场在资源配置中的决定性作用，让机构、人才、资金、项目等要素充分活跃起来，形成推动科技创新的强大合力。减少政策干预，不过分运用政策手段界定创新方向、设立创新门槛，鼓励依靠市场力量对创新活动进行取舍；在创新成果的展示对接、技术评估、技术交易、要素配置等各环节充分释放市场潜能，发挥市场对创新方向、路线选择、要素价格、创新要素配置的导向作用。

加大文化科技金融支持力度。一是发挥好财政资金的正向放大效应。系统梳理目前全市文化科技企业的整体规模和投资状况，将分散的财政资金集中用于重点企业、高成长性中小微企业和初创型文化科技企业的发展。二是拓宽文化科技企业融资渠道。支持文化科技企业通过债券、票据、信托等方式扩大直接融资规模；鼓励开展技术创新融资，优化税收减免、创新基金申请等政策；设立创新创业知识产权质押融资风险补偿基金，健全担保机构等商业机构的风险分担机制。三是创新金融产品和服务。发挥移动互联、大数据、人工智能、区块链、云计算等新技术支持作用，以发展普惠金融、互联网金融等满足新形势下企业对金融产品和服务的多元化需求。

注重引培高层次人才。一是集聚文化科技高层次领军人才。培育勇于创新的本土新型企业家，引导本地企业家敢于突破现状，并针对时代趋势引入新理念、创造新模式；面向全球引进能够突破核心技术、引领新兴产业发展的高层次人才和专业化团队。二是注重文化科技复合型人才引培。建立多方协同、跨学科、一体化文化科技人才培养体系，加大对信息技术、人工智能、数据分析、文化产业、文化艺术等领域专业化人才的培养力度；开辟文化产业和数字技术人才引进绿色通道，着力培养文化与科技复合型人才；建立国际性创新人才交流、培养常态化机制，大幅度提高国际化创新人才比例。三是完善文化科技人才激励机制。健全科技人才双向流动机制，鼓励文化科技人才在高校、科研院所和企业双向兼职；以增加知识价值为导向，采取期权、股权、分红等方式不断完善文化科技人才分类评价激励机制；提高国内外高层次人才创业启动资金、科研配套经费、安家补助、岗位津贴标准，完善户籍办理、家属安置、子女入学、医疗保障、社会保险等配套政策。

优化文化科技制度与服务供给。一是建立完善的政策体系。以企业“痛点”、群众“槽点”、办事“堵点”作为重要突破点，运用大数据平台落实“秒审”“秒批”“秒办”工作机制，使企业将更多时间与精力投入产品研发、技术创新与市场开发；协调好文化政策与科技创新政策、文化产业发展与财政金融政策等方面的关系，从政策、管理、机制、税收、财政、金融、土地、人才、技术等方面予以配套支持和协同服务；从文化产业和科技创新发展规律出发，既要注重顶层设计，也要制定重点区域、关键领域的配套规划和专项政策，切实做到短期目标与中长期计划相结合，为科技赋能文化产业高质量发展奠定制度基础。二是政府职能重在做“减法”。推进政府职能从“指令”向“指导”、从“研发管理”向“创新服务”转变，使其对创新活动的引导支持不错位、不越位，为创新主体营造良好的政策环境、法治环境和市场环境。三是构建开放包容的创新生态体系。无论是原创文化内容保护还是科技成果创新，都需要完善的知识产权制度保驾护航。通过制定严格的知识产权保护措施，维护公平有序的市场秩序；通过深化科研体制改革，推动建立多元参与、相互沟通的科技创新治理体系。

（作者系南京市社会科学院经济发展研究所副研究员、江苏省扬子江创新型城市研究院专家。本文发表于《唯实》2023 年第 4 期。）

“四个着力”推动“专精特新”企业数字化转型

郑琼洁　姜龙舟

以“专精特新”为代表的中小企业是数字经济发展的主力军，也是数字化转型的主战场。“专精特新”企业，是落实国家创新驱动发展战略、制造强国战略和数字中国战略的重要组成部分，也是增强经济韧性、提升产业链和供应链现代化水平的关键主体。

南京一直高度重视“专精特新”企业的培育发展，出台了一系列政策，以构建“十百千万”梯次发展的“专精特新”企业群体为目标，推进“六大工程”，实施“十条措施”。截至目前，南京已累计培育国家制造业单项冠军21家、“专精特新”“小巨人”企业106家、省级“专精特新”中小企业285家，各批次企业数量均位居全省前列。

伴随着数字经济快速发展，南京“专精特新”企业在数字化浪潮中乘风破浪，在降本、增效和提质等方面均取得了显著成效。下一步，南京应聚焦“专精特新”，聚力“数字赋能”，以“四个着力”推动“专精特新”企业数字化转型。

前瞻布局数字化发展规划，着力优化数字化转型新生态

明确“专精特新”企业数字化转型规划与路径。结合南京市“专精特新”企业数字化转型的实际情况，系统全面谋划“专精特新”企业数字化转型发展，制定短期、中期和长期的具体实施方案，明确“专精特新”企业数字化转型的“任

务书”和“路线图”，建立月度跟踪、季度报送和情况通报制度。

实施“专精特新”企业智能制造标杆培育工程。鼓励“专精特新”企业对标世界一流的制造能力，开展商业模式、产品研发模式、生产模式、质量管理模式和消费者服务的全方位变革，打造全球灯塔工厂。充分依托和发挥我市产业优势，培育发展平台化设计、数字化管理、个性化定制、服务化延伸等新模式新业态。

构建“专精特新”企业共生发展生态圈。充分发挥我市“专精特新”龙头企业在数字化转型模式创新中的带头作用，通过平台搭建实现更多“专精特新”企业的对接，形成数字化合作联盟，并通过生产协作、开放平台、共享资源等方式，实现“专精特新”企业数字化转型合作新生态。

突出强化企业创新能力，着力构筑数字化竞争新优势

积极促进协同创新。支持“专精特新”企业联合高校院所牵头组建创新联合体，带动上下游企业开展行业协同创新，促进产学研深度融合。组织高校、科研院所和企业开展产学研技术供需对接，推动科学技术研发和成果转化应用。支持“专精特新”企业独立或联合设立研发机构，对符合政策条件的研发机构给予前期运营经费支持。依托知识产权保护中心，为“专精特新”企业提供全生命周期知识产权服务。

加强核心技术攻坚。支持“专精特新”企业积极开展核心技术攻关，鼓励探索下一代“无人区”科技，推动数字产业形成和发展。引导物联网、新能源汽车、集成电路等战略性新兴产业的“专精特新”企业加快信息技术集成应用，增强装备的可接入水平和装备间数据交互能力，建设智能车间，实现数字化技术创新新突破。

推动技术转化落地。加大对“专精特新”企业技术成果产业化运用的支持，在项目招标方面，进一步打破壁垒，如通过对特定“首台套”产品不设置产品使用次数或放宽限制条件等，进一步帮助专精特新企业打开产品市场，形成“研发—使用—改进”的良性循环。

持续破除化解数据难题，着力拓宽数字化应用新场景

支持数据要素的市场化建设。鼓励和引导“专精特新”企业共同探索行业、企业的数据挖掘、存储共享、交易使用、动态维护等规范。通过云上资源支持、公共数据共享、行业数据打通等方面缩小企业间的“数据鸿沟”。同时，加速建立各类行业级、企业级工业互联网平台，助推“专精特新”企业“上云”“上链”，提升企业生产效率。

支持数据资源的安全化建设。突破数据要素流通关键技术，应用区块链、零知识证明、同态加密等技术，建设大数据安全共享与开发利用平台，保障数据安全。创新数据服务模式，鼓励“专精特新”企业对标的数据服务企业开展数据标注业务，支持外包、众包等数据标注组织模式创新。

支持数字应用的场景化建设。结合“专精特新”企业特征，围绕产业链、供应链、创新链推出集成应用的数字化场景，不断创新“互联网 + 制造”模式，培育数字孪生、云制造、众包设计、虚拟仿真等新业态，加速打造越来越多的数字化应用新场景。

不断完善转型服务体系，着力夯实数字化发展新底盘

进一步强化转型基础设施建设。以“新基建”为契机加快数字化转型基础设施建设，积极巩固对数字基础设施的支持保障，加快部署物联网、工业互联网、人工智能、5G 等新一代信息通信基础设施，为专精特新数字化转型奠定坚实的基础。引导“专精特新”企业应用低成本、快部署、易运维的基础云服务及工业 APP，实现基础设计、生产、物流、销售、服务等核心数据和工业设备、运营管理上云上平台。

进一步确立高效转型服务方式。针对企业数字化转型过程中出现的具体问题进行精准施策，联合数字化行业领军企业从政策到方法上为其他“专精特新”中小企业提供发展指导。借鉴德国经验，通过发布专题手册，向“专精特新”企业详细讲解最新的数字化生产技术和业务流程，并指明优缺点和

适用范围，帮助“专精特新”企业了解数字化领域的最新发展情况。同时提供数智诊断、数智规划、ERP 平台构建、数字工厂解决方案等，助力“专精特新”企业实现数字化转型。

进一步优化转型发展环境。加强对“专精特新”企业数字化转型运行监测分析与全流程管理，完善“专精特新”行政审批信息公开制度，建立健全“专精特新”企业信用评级体系，完善失信惩戒和激励制度，构建以企业信用为基础的新型监管机制，引导“专精特新”企业守信经营，优化市场竞争环境。

（作者分别系南京市社科院研究员、江苏省扬子江创新城市研究院专家；江苏省高成长企业研究博士工作站专家。本文发表于《南京日报》2023 年 2 月 15 日 A11 版。）

在打造人文经济样本上走在前做示范

胡晶晶　郑琼洁

人文经济是经济高质量发展和文化繁荣融合的生动呈现。当前，国内多地都在积极探索形成高质量发展中的人文经济新形态，以实现人文鼎盛、经济繁荣。南京科技创新基础雄厚、人文底蕴深厚、文化博大精深、营商环境优良，有能力也有责任在打造人文经济样本上走在前、做示范。

产业连通，以强链补链方式提升人文经济发展能级

以"文商旅"品质化提升人文经济供给能级。塑造"最南京"文商旅品牌。借鉴北京"故宫以东"以故宫 IP+ 子品牌的旅游品牌塑造经验，以四大名片 IP，整合"非遗 +""长江文化 +""六大主题线路"等各类主题旅游子品牌，培育"吃住行游购娱"于一体的文商旅新业态。如联合 OTA 平台及旅行社，以政府购买、票价补贴等方式将南京演艺产品分类推向文商旅链条，放大"住宿 +X"业态，加速推动南京成为综合性旅游目的地。以"城市可阅读"项目加速商业景区化、景区文创化融合。依托"城市文化传承影像工程"以及"夜之金陵""博物馆之城"等品牌打造，整合推行"城市可阅读"项目，通过真人实景演绎、光影互动、沉浸式体验等方式增强人文环境"软实力"。以"快进慢游"的文旅交通打造升级文商旅深度。加密客运枢纽至各景区的旅游客运直达线路，提升"快进"至南京交通网络的衔接效能；提高城市公共交通

对景区、乡村旅游等的覆盖广度，提高“慢游”交通网络通达深度。

以“全链条式”文化集群提升人文经济创新能级。发挥“南京 +”的联动创新效益。聚焦当前南京文化产业发展痛点，将与南京文化产业链有强对应关系的城市、企业进行连接，发挥“南京城市 +”的联动创新效应，以服务对接、产业对接、体系对接的方式推动南京文化产业形成有效率、有价值的增长。强化龙头企业对产业集群的人文引领带动力。着眼培育在全球产业发展中具有话语权和影响力的龙头企业，支持龙头企业实施人文品牌战略，建设以企业为主体、主导产业为特色的产业园，衍生或吸引更多相关行业企业集聚。建立文化科技对接转化机制，推动特色产业数字化发展。结合各区、园区重点，发挥国家文化科技示范基地作用，分类发展基于网络的文学、影视、游戏、动漫、音乐、电竞产业，打造产业集聚“长链”。

以畅通“微循环”方式提升人文经济空间能级。整合“15 分钟城乡生活圈”人文资源。将文化服务资源布局在更加便利的地理位置，在社区建设“文化 + 咖啡馆”、“文化 + 小剧场”等文化休闲空间。整合南京文学空间资源。通过文学沙龙、书展、文学讲座等活动，挖掘和传承南京的文学传统，增强市民对文学艺术的认知和兴趣。整合各类商业综合体、文化场所、科技园区等空间资源。借力南京“百万数字人创业计划”，鼓励小而微、多样态的“口袋夜经济”。以“数字 +”打造南京口袋夜经济数字地图，丰富夜间文化消费场景，将人文微经济渗透到城市的方方面面。

价值贯通，“三个计划”实现人文经济共识、共为、共享

推行“人文经济城市伙伴成长”计划。建立人文经济长江城市伙伴群。紧抓长三角一体化战略以及长江国家文化公园建设机遇，以人文经济城市伙伴共同成长理念率先探索长江沿线城市同类人文经济联动建设机制，围绕招商对接、产业链条对接、城市品牌对接与产业能力推广等方面不断实现资源共享、合作共赢；借力南京都市圈打开南京人文经济新通道。整合南京都市

圈内人文经济资源，积极推动基础设施互联互通、产业分工协同协作、公共服务共建共享的协调发展机制和成本共担利益共享机制，以“主链在南京、链条在都市圈”的模式打开南京人文经济发展新通道。

推行“城市更新伙伴”计划。推广小西湖改造等做法，借鉴苏州“古城保护更新伙伴计划平台”理念，将南京各历史风貌区改造梯次在线发布，以共同保护、合作开发的形式让更多的企业、市民参与其中，真正做到问需于民、问计于民、问效于民，体现人文价值温度。

推出“人文经济推广官”计划。选拔人文经济推广官。鼓励各类企业家、文化人士、学者等各类主体担任人文经济推广官。借助微博、微信、抖音等热门社交媒体平台，开设南京人文经济推广官的官方账号，以人文经济推广官的效应吸引海内外粉丝和支持者。搭建平台吸引企业参与。在线发布文化馆、图书馆、文化站、社区文化服务中心等闲置时段资源，鼓励各类企业将企业文化与南京文化相结合，在主动为自身经济产品赋予人文价值的同时，参与到各类公益讲座活动当中，实现人文素养培育的全龄化，为城市发展不断注入人文牵引力。增强传播效益。发起数字打卡南京活动，鼓励市民和游客通过拍照、签到等形式分享在南京的人文经济体验，鼓励更多人参与传播南京人文经济实践活动，增强传播效应，提升南京知名度和影响力。

机制互通，全流程全周期建设促进人文经济互利共赢

建立“人文经济在南京”项目机制。借鉴学习上海出台高位规划系统探索“最上海”城市精神和城市品格的经验，将南京人文经济能级提升理念作为具体实现目标贯穿于总体规划和人才吸引、文化旅游等专项规划之中；制定出台南京人文经济提升专项行动计划，成立南京人文经济发展促进中心，建立“人文经济在南京”项目示范名录，加强前瞻性布局。

建立健全省市联动、市区直联、部门联席工作机制。南京作为省会城市，有很多央企、省管单位，一些人文资源开放和利用受隶属关系、管理权责限制。

加快探索“省市联动 + 资源整合 + 协同服务”机制，发挥省市联动优势。建立人文经济发展市区直连、部门联席会议机制，确立相关各部门联动组织框架以及责任链，以“一盘棋”构建、常态化管理、清单化推进，实现人文经济南京实践的联席统筹、信息联通、问题联治，全面形成支持南京人文经济高能级发展强大合力。

建立健全人文经济融合培育机制。建立人文经济企业培育库，筛选一批高成长性的优质企业，从挖掘人文资源、融合途径等方面为企业提供精准服务；擦亮南京企业家精神、工匠精神、创新精神等品牌效应，鼓励和支持新涌现的人文要素融入经济全链领域，全方位托举助力各行业、各领域人文要素的提升；建立人文经济新评估体系，改变单以经济增长论英雄的评价导向，建立人文精神特质融入的经济发展评估体系。

研究汇通，以“智库 +”模式加快夯实人文经济理论基础

加快打造“人文经济研究院”。借鉴浙江文化研究工程、成都构建世界文化名城话语体系的经验，成立南京人文经济研究院，做好人文经济内涵提炼、经验总结，以点拓面、以项带标，联合开展人文经济学热点难点课题研究，打造城市人文经济高质量发展培育策源中心，不断增强南京人文经济学研究的厚度、深度、广度，提升宁学品牌影响和话语权。

加快织密“人文经济观察点”。及时有效地了解市情、总结经验、发现问题，发挥人文经济研究院研究专业优势，鼓励企业共同参与开展实践项目，建立战略合作伙伴关系，选取典型企业挂牌“人文经济观察点”，为各企业、各项目在人文经济化、经济人文化的前期论证和产业转化指导上提供方案式场景化服务。

加快推动“人文经济智库”。以“智库 +”模式联合发布系列具有重要影响力的智库研究成果。借鉴成都以成都每经传媒有限公司控股打造《城市商业魅力排行榜》经验，放大“成果发布 + 品牌打造”的联合效应。积极与国外的智库、学术机构开展合作，举办国际研讨会和学术交流活动，增进对

外学术交流，提高南京人文经济学在国际上的知名度和认可度。

（作者分别系中共南京市委党校教授、南京新时代发展研究院研究员；南京市社科院研究员、江苏省扬子江创新型城市研究院专家。本文发表于《南京日报》2023年10月11日A11版。）

打造最优生态　加快推进跨境电商发展

郑琼洁　姜龙舟

党的二十大报告提出，要推动货物贸易优化升级，创新服务贸易发展机制，发展数字贸易，加快建设贸易强国。作为一种新业态新模式，跨境电子商务已成为外贸发展的新动能，特别是在构建新发展格局中发挥着不可替代的作用。

自 2018 年获批国家跨境电商综合试验区起，南京抓住机遇，大力完善跨境电商产业链、供应链和价值链，为加快推进跨境电商高质量发展、服务于构建新发展格局打造最优生态。

南京跨境电商产业发展显现强劲态势

近年来，南京跨境电商产业基础优势明显，在产业运营发展、平台载体建设、物流网络配置等领域不断释放跨境电商发展潜力。

发展优势显著。作为开放型经济强市，南京一直持续推动跨境电商的量质齐升。海关总署网站数据显示：截至 2022 年，南京跨境电子商务企业备案数已达 626 家，占全省比例为 17.22%。实现出口离岸价为 320.12 亿元，占全省比例为 18.42%。批发零售业、制造业、科学研究和技术服务业电商企业数分别约占企业总数的 58%、26% 和 6%。从企业规模看，逐步形成“大象军团”+“蚂蚁雄兵”的良好发展态势。目前跨境电商 10 亿元以上出口规模龙头企业有7家，亿元以上出口规模企业有26家，千万元出口规模企业有77家，梯队建设稳步推进。从贸易对象看，电商企业主要聚焦欧美服装家居市场。全市跨境电商出口中，美国以约35%的份额遥遥领先于其他国家和地区，成为跨境电商的第一大市场；德国以5.5%的份额位居第二；英国、加拿大、日本市场份额均在3%左右。

载体建设不断完善。作为全国电子商务示范城市、跨境电子商务综合试验区，南京持续抢抓数字贸易跨境电商发展机遇，推动跨境电商产业高质量发展。强化综试区、产业园、海外仓建设。去年南京跨境电商综试区入选全国十佳，成为全省唯一上榜城市。同时建成5个省市级跨境电商产业园，形成各具特色、具备跨境电商全产业链服务能力的产业发展集聚区。建成19家跨境电商创业创新孵化基地，形成一批集孵化、研发、运营、客服等于一体的综合配套服务载体。建成省级公共海外仓7个，市级公共海外仓13个，分布在美国、德国、日本等11个国家地区，服务全国超4000家外贸和供应链企业。聚焦重引育、强服务、促交流环节。积极招引培育阿里国际南京站、亚马逊全球开店、焦点科技等综合服务龙头平台企业，辐射带动南京周边产业集聚和行业发展；鼓励发展江苏未迟、智贸邦、鲸汇等专业服务平台，基于大数据智能分析和推广营销，助力电商企业拓展海外市场；举办中国（南京）国际电商产业博览会，全方位打造南京链通全球的交流平台，营造出优良的跨境电商营商环境。加快新生态、新零售、新消费构建。成立“扬子江国际数字贸易创新发展研究院”提供高端智库咨询，搭建“南京数字贸易宝船计划跨境出海服务平台”优化载体支撑，打造“鼓楼滨江跨境电商示范园”升级发展引擎，抢抓八卦洲跨境电商产业园“网购保税进口＋实体新零售”试点，构建跨境消费新场景，推动南京国际消费中心城市建设。

物流网络畅通升级。南京作为全国重要的综合交通枢纽，为跨境电商发展提供了海陆空全方位的物流保障。港口航线流转效率提高。目前，南京港航线密度已达到每周200余班，其中日韩、东南亚近洋航线每周10班，上海、宁波外贸内支线每周65班，韩国线班期服务量、外贸内支线密度以及内贸干线与支线衔接服务效率均列长江段港口首位。2021年完成集装箱吞吐量311

万标箱，同比增长 6.1%。铁路中欧班列覆盖稳步提升。随着南京—莫斯科班列、南京—蒂尔堡班列等多条线路纷纷开通，南京与“一带一路”沿线国家和地区国际市场经贸往来频繁。目前南京多条中欧班列实现了班期化、常态化的稳定运行：传统中俄线路每周 2 班，平均时效 20—25 天；中亚线路每周 1 班，平均时效 18—25 天；新开通的南京到荷兰蒂尔堡远欧线路，每月 1—2 班，平均时效 20 天。航空货运吞吐量再创新高。2021 年南京禄口国际航空货邮吞吐量达到 35.9 万吨，位列全国第 13 位、省内第 1 位，在全省货邮吞吐总量中的占比超 55%。机场近五年来年均增长率达到 17.8%。

加快推动跨境电商高质量发展，服务好构建新发展格局

新形势下，南京应扎实推进跨境电商企业培育，全力做好产业产品的创新升级，主动适应并积极应对跨境电商产业发展新变化，加快推动跨境电商高质量发展。

一是强基固本，积极推进跨境电商主体培育。积极挖掘外贸型企业潜力。商务部门应积极联合发改、经信对未开展跨境电商业务备案登记的重点企业进行意向摸排，特别是优质民营企业要点对点、分批次鼓励开展备案登记。对有进出口潜力或目前通过市外代理出口的企业理出清单，制定一对一帮扶方案和措施，引导企业开展自营进出口业务。

持续加强电商招引力度。充分发挥驻外地招商机构作用，把省外优秀电商企业招引回南京的同时，培育一批国际高端品牌配套企业，助力实现外贸回归。结合南京产业发展特点，强化中国南京国际电商产业博览会和推介会等交流平台作用，进一步整合跨境电商行业资源，促进外贸稳增长、保订单、拉动消费。

切实完善第三方服务。加强引进支付结汇、代运营、供应链金融等高质量综合服务企业，例如上海地区的一些高水平服务商企业，能有效通过 ChatGPT 等前沿技术，在人工智能选品、图文和视频广告素材制作、广告语智能输出等领域赋能客户企业。为跨境电商业务提供专业化、一站式服务，

不断完善产业发展环境。

二是创新开拓，全力抢抓跨境电商发展赛道。一方面，着力推进高价值跨境电商业务发展。发展和培育一批工艺技术精深，产品、技术和服务具有创新性、先进性、特色化和品牌化，有较高技术含量，较高附加值的跨境电商企业，推进外贸的升级创新发展。如温州市跨境电商企业主打产品都是“温州制造”，走中高端路线，产品附加值高，单个邮包申报的平均价格在 60 元左右，高出省内其他地区 30% 以上。

另一方面，着力打造工业品跨境电商集聚区。积极发挥江苏自贸试验区“试验田”作用，围绕南京高端装备、生物医药和集成电路等先进制造业集群，支持以工业品跨境电商为特色的重点园区建设，特别是要抢抓数字经济和传统制造业相结合的机遇。在南京自贸区、综保区布局工业品 B2B 垂直跨境电商集聚区，重点引进欧美四大工业在线巨头以及俄罗斯、巴西、日韩等国家的 B2B 工业电商平台，着力发展工业品跨境电商总部经济，鼓励支持南京大型制造企业和工业品外贸企业在南京开展跨境电商业务，形成数字赋能南京外贸新引擎，助力推动“数实融合第一省”建设的同时，打造以“品质稳定、生产周期短、交货便捷”为特色的国际工业品供应链，实现企业跨境电商业务由传统的贴牌加工为主向自主品牌出口为主的转型发展，推动我市工业品跨境电商交易创新。

三是识变应变，主动适应跨境电商发展新常态。鼓励企业瞄准新兴市场。支持跨境电商企业在稳定欧美传统市场的基础上，抢占以“一带一路”沿线国家、东南亚为重点的新兴市场。相关部门要主动帮扶电商企业及时了解各国及地区的政策、法规、风险，对不同平台规则、市场环境和运营模式要进行针对性指导。如浙江省电子商务促进会通过定期发布东南亚电商发展研究报告，及时准确为企业提供一手信息，帮助电商企业进行业务决策。

鼓励企业强化品牌出海。如广州成立全球跨境电商“三中心”（即全球跨境电商卖家服务中心、全球跨境电商超级供应链中心、全球跨境电商生态创新中心），通过国际产能合作、扩展境外营销网络、开展商标国际注册、收购国际品牌、开展自主品牌宣传推广等方式，帮助企业品牌出海，打造具有区域影响力的国际品牌。还可以支持跨境电商企业在海外成立品牌促进组织和跨境知识产权服务机构，发展壮大跨境电商企业自主品牌出口规模。

鼓励企业加快独立站建设。积极引导有能力跨境电商企业开展独立站模式经营，完善支持自建独立站跨境电商企业的帮扶政策体系，重点鼓励跨境电商企业合理布局发展建设海外仓，培养交叉学科背景跨境电商高层次人才，加快培育一批传统外贸与跨境电商新业态相互融合，平台拓展与自建独立站等多渠道组合的新型外贸主体。

（作者分别系南京市社会科学院研究员、江苏省扬子江创新型城市研究院专家；江苏省高成长企业研究博士工作站专家、南京政务舆情研究院特聘专家。本文发表于《南京日报》2023 年 5 月 10 日 A11 版。）

“四新”引领南京专精特新高质量跨越式发展

郑琼洁　姜龙舟

习近平总书记在致2022全国专精特新中小企业发展大会的贺信中指出，中小企业联系千家万户，是推动创新、促进就业、改善民生的重要力量。希望专精特新中小企业聚焦主业，精耕细作，在提升产业链供应链稳定性、推动经济社会发展中发挥更加重要的作用。

引领中小企业走专精特新发展道路是培育优质企业、促进产业高质量发展的必由之路。近年来，南京高度重视专精特新中小企业发展培育，专精特新企业已经成为“江苏制造”“产业强市”“产业强链”等重点经济工作的重要支撑。接下来，要加快专精特新中小企业发展步伐，尽快形成与科技创新创业大发展相适应的发展路径，推动南京专精特新企业实现高质量跨越式发展。

多维推动，构造专精特新发展新体系

2022年底，南京已累计培育国家制造业单项冠军17家、专精特新“小巨人”企业106家、省级专精特新中小企业285家，数量位居全省前列，纵向梯队培育模式效果显著，但还需强化企业培育的横向推动。

强化产业政策推动，特别聚焦我市“2+2+2+X”创新产业体系，围绕新经济、新业态、新产业以及产业链高端环节，在人才、资金、土地等政策上进行资源倾斜，在新兴领域定向培育一批具有发展潜力的专精特新企业。

鼓励龙头企业推动，支持我市行业龙头企业围绕主营业务开展与对口专精特新中小企业协同发展，鼓励大型龙头企业构建开放式的创新系统，特别是利用其优势的产业资源与创新资源，围绕产业链条设计和打造自身孵化服务能力，助力配套中小专精特新企业快速成长，形成产业链大中小企业融通创新。

开展创建项目推动，要特别注重在推进建设国家工业设计中心和国家服务型制造示范项目过程中，落实中小企业从创业型、科技型到专精特新、单项冠军的全周期化管理，在有效的管理服务中进行专精特新企业的梯次升级。

创新发展，塑造专精特新科研新优势

严格落实市委、市政府印发的《南京市推动专精特新中小企业高质量发展行动方案》和《关于加快发展专精特新中小企业的若干措施》精神，以专精特新企业的创新实际需求为导向，聚焦“双高”赋能科技创新。

一方面，聚焦建设高能级平台，着力强化科技创新源头供给。对标我市高质量发展需求，继续高标准推进国家重点实验室、技术创新中心等战略科技力量建设，引导专精特新企业加大创新研发投入，主导或参与国家级制造业创新中心、产业创新中心、技术创新中心等重大创新平台建设，组建创新联合体，开展协同技术攻关和“揭榜挂帅”重大创新项目谋划，加快突破一批前沿引领技术和“卡脖子”关键核心技术，形成重点领域科技创新策源能力。

另一方面，聚焦高技术、高附加价值产业领域，加快产业核心技术攻关。加强产学研用融合，系统谋划重点领域科技项目布局，特别是重点突破软件和信息服务业、“数字 +”“双碳”等新兴领域重大创新成果的转移转化，带动我市专精特新企业提升创新链产业化能效，让专精特新企业成为南京创新型城市建设的主力军。

优化服务，营造专精特新培育新生态

目前我市专精特新企业呈现耕作深、发展快、活力强的发展特征，厚植专精特新发展沃土，及时高效解决我市专精特新企业发展中面临的实际问题十分重要。

完善专精特新服务协调机制。用好我市中小企业公共服务平台体系，加强对各批次各类别专精特新中小企业运行监测分析与流程管理，定期召集专精特新企业代表以及相关部门等单位开展座谈沙龙、对标提升、路演推介等形式多样的系列活动，为专精特新精准对接供需、技术、金融等各类要素资源，助力专精特新企业高质量发展。

加强“服务专员”队伍建设，聘请政府部门专员、行业管理专家与投资、金融、法律、市场咨询等专业机构人员组建专业化服务团队，开展调研诊断，注重常态化实地走访反馈，围绕专精特新企业发展中的实际需求，为企业制定“一企一案”成长方案，全过程提供专业性、实践性的辅导与指导。

成立专精特新企业发展联盟。搭建企业间交流及合作平台，成立专精特新企业发展联盟，在技术创新、市场开拓、智能化转型、合规化建设等方面实现企业优势互补、资源共享，减少单个企业的开发风险及投入成本，实现从分散竞争到合作共赢的转变，形成一支推动全市经济高质量发展和先进制造业崛起的有力支撑力量。

内外兼修，打造专精特新竞争新能力

虽然南京专精特新企业在各自领域都有着自己的“独门绝技”和“拳头产品”，但还需重视企业经营过程中配套能力的提升。

积极优化供应链管理能力。一方面是风险识别能力，要利用大数据技术构建“专精特新”企业一站式风险防控系统，包括风险客群画像、行业风险评估、供应链风险传导、区域风险集中度等，实现对风险的提前识别、及时预警和精准干预。另一方面是风险抵抗能力。对关键原材料、高端设备、核心元器件等采取定向攻关，提升关键核心技术的话语权。积极培育“链主”企业，发挥“链主”企业毗邻终端消费者和背靠生产性服务产业的优势，推动“链主”企业主动联合上下游配套企业、科研院所、中介服务机构等形成深度协同、共生发展的产业链生态系统，实现产业链各个环节保持核心竞争力。

赋能企业数字化转型能力。鼓励和引导我市专精特新企业参与数据资源平台建设，通过云上资源支持、公共数据共享、行业数据打通等方面缩小企业间的“数据鸿沟”。依托各类行业级、企业级工业互联网平台助推企业“上云”“上链”，降低产业链组织成本，提升资源要素配置效率。鼓励我市专精特新企业加速建设以数据智能技术及中台架构技术为主体的“工业大脑”，提升算法能力、计算能力，实现竞争力的进一步释放。

构建国际协同合作能力。积极开展新一轮专精特新企业国际化探索，进一步增强我市专精特新企业的对外交流合作，全面提升“专精特新”企业国际化发展水平。充分发挥南京营商环境优势，积极吸引国外科技型企业在南京设立分支机构或合作共建科技企业，加速海外人才、技术、资本等创新要素的集聚，实现“全球项目 + 国际孵化 + 南京转化”的专精特新企业发展新模式。同时，搭建我市与国际先进国家领先行业之间的信息交流、科研交流、项目合作平台，拓宽我市专精特新企业管理者的国际视野、提升我市专精特新企业的专业化水平和国际影响力。

（作者分别系南京市社会科学院研究员、江苏省扬子江创新型城市研究院专家；江苏省高成长企业研究博士工作站专家、南京政务舆情研究院特聘专家。本文发表于《南京日报》2022 年 11 月 9 日 A09 版。）

市域社会治理空间差异性整合的过程类型与创新实践

——以南京市为例

李志强　任克强

一、问题提出

为深化国家治理体系改革，推动新时期社会治理能力持续提升和高质量发展，党的十九届四中全会提出了关于“推进市域社会治理现代化”的新要求，自此市域社会治理成为中国社会治理现代化的重要向度。党的二十大进一步明确了“加强和创新市域社会治理，推进市域社会治理现代化”的新目标，再次凸显了市域社会治理对于推动中国式现代化的重要价值和重大意义。市域社会治理是以设区市为治理单元，覆盖农村、联结城乡的一种基层社会治理新样态，是城市、市域、区域治理层级链接并逐步推进的治理过程[①]。社会治理现代化是中国式现代化的重点领域，市域社会治理现代化是更加聚焦现代化的现实场域，需要进一步关注。市域社会治理作为社会治理创新和基层治理现代化发展的重要维度，业已成为学界的重要研究领域，国内学者已阐述了相关基础性概念[②]，并对“市域社会治理现代化”[③]开展了必要性研究，同时关注了市域范围内的协同治理[④]、危机治理[⑤]、法律和智能化治理[⑥]等领域。总体而言，从研究思路和基本范式来看，学界大多将城市区域作为一个整体进行分析，从治理整体性入手开展界面性或模块化研究，鲜有对市域治理空间开展区域差异化的融入阶段、特征和程度的横向比较性研究。针对不同区域的空间规划、政策覆盖和资源基础的差异性，提出市域治理区块类型化策略和实践路径的研究较少。而这种空间和区块差异的存在对于市域社会治理现代化的整体治理和政策推进，则起着显著的制约作用。

系统观是中国式现代化重要的指导思想，以此谋求多元素的平衡发展，不断优化和调整区域现代化的系统结构。现实来看，市域社会治理，包括转型初期乡村乡镇和一般城市街道在内的不同区域，由于受到客观地理位置偏远、城市空间规划“中心—边缘”制度设计、城镇化政策覆盖程度、县改区等改革推动力度差异和城市基础设施共享边界等因素制约，部分空间在融入中心城市圈的动态过程中发展较为缓慢，甚至出现停滞现象，面临产业经济瓶颈、内生动力不足等困境[⑦]。需要注意的是，与区域概念所体现的单纯的行政规划和空间范畴的属性相比，市域更加强化了城市中心空间面向周边各功能区块发展和协同社会治理的辐射性、全域性和均衡性特征，各个区块按照地域布局和功能分区有机嵌入了市域整体框架结构。因此，以区块为分类单元的市域空间治理，其均衡性水平对于区域整体发展有直接影响。不同类型空间融入市域治理过程的特征差异化研究，对于准确把握城市中心框架内不同市域板块的城市化水平和空间发展潜力，制定匹配板块需求相对应的发展政策，对推进城市空间整体性规划和政策资源的均衡实施，有效提升市域治理现代化综合效能具有积极价值。但仍需要强调的是，市域空间的板块治理并非各自为政，而是在构建完整市域结构体系的基础上，层层治理、逐步推进、实行资源整合，达到一体化目的，实现善治之效。市域社会治理不仅围绕中心城区展开，相当数量的非中心区域同样蕴含其中，需要关注并引起重视，要“统筹把握社会治理各项任务的整体关联性”[⑧]“增强市域社会治理的协同性”[⑨]。中国式现代化的区域战略更要强调区域协调、城乡共进，实现空间整合、系统联动的现代化。区域均衡战略作为促进市域社会治理现代化进程的重要维度，对于如何构建差异化区域整合治理体系，仍有巨大的探索空间。

目前来看，市域范围内各区块在谋求发展的过程中均存在向“中心城区”

靠拢的倾向，这一行为可以看作是周围区块主动“融入”城市核心框架的表现。然而现实情况通常是，虽然市域治理的空间已经将所属的中心城市、县城甚至村镇纳入了整体性发展框架，这些区块本身已构成了市域空间体系的组成部分，但就内部空间结构而论，由于各板块在城市区位次序、功能布局和发展显示度等方面存在明显差异，导致了市域空间功能结构及治理要素各子系统间的非均衡发展，成为市域治理一体化的障碍。为解释和探寻市域空间非均衡发展背后的机理，提出切实可行的应对思路，本文将以南京为案例，聚焦市域社会治理中非中心城区的不同类型板块空间，探讨如何弥合因制度设计、政策覆盖等因素造成的市域范围内区块间空间堕距议题。从空间理论视角出发，根据多案例比较研究和参与观察法，对空间内各要素的特征及发展差距进行分析，提出市域社会治理现代化的差异化路径。该研究有助于回应市域治理体系的协调性和平衡性诉求，在一定程度上弥合变迁过程中各区域间的空间堕距。在现实意义层面，为实现国内市域治理的空间差异性治理提供参照样本，为提升市域社会治理整体效能提供新思路。

二、市域社会治理“空间堕距”问题阐释及评价

从对现有市域社会治理研究的总结性描述可以看出，目前学界对市域治理区域间发展差距关注度不足，在治理区域的横向比较研究上存在缺口。对同一空间不同区域的市域化演变特征的认知，不仅有助于理解纵向历史变迁的市域整体空间的演变态势，统筹市域治理的规划建设和政策设计，同时，也有利于把握市域发展的空间差异性，为区块产业结构和城市规划的调整，推动市域现代化治理空间体系的均衡布局提供新思路。以空间理论为基础，分析相互独立又同属于同一市域的各区块在空间实践、空间表征、再现性空间层面的具体表现，搭建市域治理区块的类型化框架，以丰富市域社会治理理论研究，为治理现代化实践提供有力支撑。

关于“空间堕距”，最初是源自威廉·菲尔丁·奥格本提出的“文化堕距”概念。文化堕距是指社会变迁过程的文化集丛中的一部分落后于其他部

分而呈现呆滞的现象，亦称文化滞后或文化落后。在社会变迁过程中，物质文化和科学技术的变迁速度往往较快，而非物质的制度与观念等适应性文化的变迁速度则较慢，这就产生了一种“文化堕距”的延迟现象。“文化堕距”理论作为诸多建构性概念的基础，在社会治理领域同样得到普遍拓展和深化。比如生成了工程项目社会稳定风险评估的“制度堕距”[⑩]、地方政府“职能堕距”[⑪]、大数据治理的“政策堕距”[⑫]、基层政策的“执法堕距”[⑬]乃至城市治理的“多重堕距”等。换言之，新型城镇化在面向市域治理模式转型期间，普遍存在非适应性板块变迁速率低下、发展滞后而极易形成改革洼地，致使变迁实际与理论设想、公众期望之间产生差距的现象。而这种“发展堕距”体现在区域整合上则表现为市域治理范围内的“空间堕距”困境。或者说，宏观意义上的城乡融合的“文化堕距”，在改革变迁中会延伸并转化为中观层面区域变迁的“空间堕距”问题。

空间政治理论认为，空间本身是政治性的，既是广泛社会政治实践的产物，又是政治经济结构再生产的工具[⑭]。基于治理现代化的思想，空间实质是国家治理的结构化实践场域，是可以将经济、政治、文化等子体系重新整合的一个新视角。作为一种理解社会的路径，空间在总体性社会建构的过程中有其独特的逻辑和运行机制。市域空间治理理论的提出，作为城市规划主义政治产物的重要体现，内嵌着城市空间政治的谈判、协调及博弈的演化特征。在此前提下，衍生的“空间堕距”概念，凸显了市域空间政治权利和治理资源的差异性分配结构：即在工业化和城市现代化进程中，既定区域内的两个或多个空间，由于发展的时间、程度不一致，导致彼此间的协调性降低的现象。市域中心空间的物质、精神和社会系统如果发生变化，而中心外的空间在以上各个层面却没有及时做出规划调整；或者由于地理因素，部分空间受到上一层级关注率先开始转型，而其余空间规划发展起步落后，则将极易导致出现发展失衡的后果。

由此可见，作为一种风险型概念，“空间堕距”的发生，背后反映的是现代化进程中的有风险普惠性质的城市空间权益结构性失衡的结果[⑮]。市域空间发展位序的落差，政策的边缘化效应，使城市空间的调整、发展和修复产生了“中心—边缘”式利益结构，造成了空间发展失衡。市域现代化作为一种城市治理进程，一方面本身内含着多种冲突力量以及谈判、协调的博弈空间，呈现出一种动态发展的机制，也在某种程度上导致了权力边界的模糊性和叠合性。另一方面，市域空间整体结构虽说是稳定的，但是从其空间内部板块来看，各空间区域发展速度并不一致，板块内部也因为规划政策、资源分布和产业配置差异存在各种类型张力，其边界带有明显的伸缩性。从市域空间发展的演化路径来看，由于受城市中心主义理念的影响，城市核心空间在规划发展中处于优先序并得到更多优质政策资源的关照，中心空间的整体变化发展往往会先于周边地区，且中心城区的经济增长呈现的正向空间溢出效应能够带动近郊空间的发展。相较而言，远郊空间区域的变迁则最为滞后，本身的边缘弱势加上“地缘性”空间权力失衡的制掣，发展速度差距被持续拉大，从而催生“空间堕距”的消极后果。

列斐伏尔“空间三元辩证法”将空间分为空间实践、空间表征和再现性空间[16]，三元辩证法中的每一项均含有空间性，正是“感知的”“想象的”“生活的”等空间性存在物构成了“三元辩证法”[17]。换句话说，物质空间、社会空间和精神空间，共同建构了整体的结构性空间，空间治理需要面对融合性的空间形态，开展理解、想象及生产活动。差异性空间由于空间距离的离散，导致了由空间要素和地域资源差异催发的市域区块发展位序的不均衡性。空间堕距某种程度割裂了三类区块的整体性结构，消解了市域空间治理的综合性效果。差异空间在物质、精神和社会三个层面的堕距，必然使得大都市非核心地区空间拓展出现不一致、不协调特征，使整体治理效能提升困难。首先，空间的实践即人们赖以生存的物质载体。城市治理框架主要是围绕城市中心分布的大量异质性空间建构的，造成各空间在到达城市中心的通勤时间上产生差距，相应的资源覆盖程度、政策推进强度及其实施质量也会受到影响，在不同市域空间内表现出不同属性。其次，空间的表征即权利意识和生产关系被重构后呈现的社会空间，包含治理主体、社会交往等重要因素。基于物质、精神层面影响，不同空间在治理主体上存在明显差异。空间结构与社会结构是相互依存的，离开社会结构，空间结构就不可能得到理论上的阐述，而离开空间结构，社会结构也不可能得到实践[18]。在这种两种结构互构的市域场景中，由于空间聚居缘由、人口年龄结构的不同，其社会交往特点也呈现出不同面向，这也导致了不同空间群体结构交往的差异性。再现性空间即指在社会空间中人们直接经历的象征、虚构的精神空间，包含教育水平、身份意识等。不同空间在平均教育水平上存在区别，在身份意识层面，不同空间主体性意识强弱差异明显。从空间堕距的视角而论，在面向市域框架下的地区城市中心的空间整合进程中，由于各区域板块发展的时间、程度等不同，在空间的实践、空间的表征、再现性空间三个层面差异性表现显著，不同空间区域在基础设施、政策推进、技术普及、资金引入等资源覆盖方面属性各异。而实际上，各区域治理水平，无论在经济、社会还是观念层面均存在落差，彼此间协调性并不高，整体空间整合与治理效率也受其影响，成为进一步深化市域社会治理现代化的障碍。

当前传统乡村治理与县域社会治理的低效能同城市化高速发展的矛盾日益凸显。超大城市、城市群、湾区的崛起，不断颠覆着传统社会治理理念，市域社会治理探索也就具有了更强的时代意义。为深入推动市域治理的实践进程，在市域治理现代化的政策话语和制度实践框架下，很多地区已经构建了市域社会治理体系和组织架构，北京、上海、广州及杭州等超大特大城市结合自身实际开展了卓有成效的探索，产生了较为丰富的可复制、可推广的市域社会治理经验。南京市在大力推动社会治理重心下移的城市治理架构下，充分发挥了街道及所隶属的行政区链接空间治理的中轴功能，在市域治理的行政层级链接和空间融合方面发挥了不可替代的作用。本文将从空间堕距视角来分析南京市域社会治理差异化境况，分析市域治理进程中差异性区块的不同形态和实施路径，缩小不同区域发展的差距隔阂，有利于城乡共建秩序的调适和稳定，对推进区域整体高质量发展和现代新型城市治理体系的完善，有效实现中国式现代化市域发展的长期战略目标可发挥积极参照作用。

三、南京市域社会治理差异化区块整合发展的过程路径

空间地域来看，市域社会治理是区域一体化意义上的大都市圈或大中型

城市群，以核心城市为中心，向外辐射周边城市一体发展、共同繁荣的地方治理。市域社会治理除了市域范围内不同行政层级的协同联动外，更重要的是在空间地域内培育并完善区域之间融合发展的机制和制度安排。凭靠空间各要素的知识扩散、政策扩散以及技术扩散，实现“城市—城镇—农村”共享共融共促[19]。南京作为江苏省会城市，长三角地区重要中心城市和全国特大城市，在“两个率先”的现代化建设进程中，较早开始了市域治理体系和治理能力现代化的探索，取得了不少成效。为有效揭示市域进程中差异性板块整合发展的典型特征，基于资料收集、实践考察与调研反馈的基础，依据南京市城市整体发展框架的空间规划定位、板块功能布局和城市化发展水平的典型差异性，选取具有代表性的三个区块作为研究对象，通过比较分析，以更清晰地呈现三类区块整合性发展的过程机制、发展状态和趋势特征，揭示市域治理差异性空间整合背后的类型化机理和普遍化逻辑。研究重点关注各区块在南京城市化整体发展进程中，通过各区域板块所呈现的与城市中心区域协同联动进程的功能和作用，分析各自融入市域一体化框架的过程特征及治理路径。

为凸显研究的学理依据，结合差异性区块的空间堕距理论及类型学视野的政策设计思路，提炼市域不同类型区块发展的特点、模式以及彼此间的空间堕距表现，特将其概括为边缘区块组织功能调适的“渐进变革型”路径、过渡区块制度要素提质的“衔接融合型”路径以及成熟区块发展内涵升级的“引领创新型”路径，进一步解释市域社会差异性空间整合治理的类型学理论依据，同时也有助于完善市域治理空间融入的普遍性框架，提升区域性城市中心的整合治理实践及创新能力。

（一）市域社会治理差异化区块整合发展的路径类型

1. 边缘区块：

组织功能调适的“渐进变革型”路径。市域社会治理作为一种系统的基层社会改革的探索，背后生产力和生产关系的深度调整必然会导致一定程度的基层社会结构转型和秩序变革。在市域社会治理进程中，远离城市中心区域的边缘性城市区块在区位布局、城市规划和政策资源保障方面均处于相对被动局面。这类地区尽管属于市域行政层级治理辖区，处于向中心城区融入的积极调试状态，为适应市域治理的区域性整体联动新形势，往往会以原有社会治理组织架构为基础，进行部门调整、合并和重新设置，但往往在活力缺失、变革因子较少等保守属性方面表现明显。从既有城镇化经验来看，市域化发展主要倚靠城市中心的辐射带动作用，市域非中心区域尽管扮演着城市工业产业转移接收者的角色，但在缺乏充分的物质和技术条件等情况下，无法突破既有经济结构，空间经济缺乏高质量增长点和坚实的产业基础，融入过程比较缓慢。随着城乡分割的户籍制度取消、社会保障及政府公共财政的城乡覆盖水平逐步提高，既往的城乡二元结构在一定程度上被打破，但面对物质文化变迁和相关基层自治变革，仍难摆脱原有的“二元”性传统结构空间的束缚。

A 区块处于南京江北新区直管区管辖范围，属于南京市域范围内的远郊区。在南京“十四五”发展规划确立的市域治理全域覆盖的推进机制的整体行动框架下，利用国家级新区发展机遇，积极推动区镇街三级联动的市域治理机制改革，整体呈现出主动谋求发展、争取上升空间的势头。首先，治理空间的理念转换，将传统观点的“城郊边缘”转换为“城市辅助”理念。为迎合南京市域整体性治理的机制要求，该区把全区范围内的所有村社改为社区管理，将下辖的二十三个村整合为八个大的中心社区，统一纳入了城市街区制管理的体系，实现了能够有效对接市域统一治理要求的组织功能体系。其次，空间行动群体参与市域治理的活力逐步增强，该区通过稳定经济社会发展基础，健全区街基层治理体系的思路，设立枢纽型社会组织孵化中心、公益创投社区服务中心等新型组织机构，推出了“毗邻区域法治联合体”“公益创投社区公益合作”和“城乡农旅统合体”一系列社会治理工程，积极拓展社会资源和社会资本参与社会治理的渠道，以多主体的功能融合激发了市域治理的全面社会活力。但不容忽视的是，由于在行政区划上被归为江北新区不久，政策覆盖和基础设施建设质量有限，该区市域化发展的空间拓展和治理资源的吸纳的功能性压力较大。特别是受到重心下移的影响，基层大量公共服务被“条块分割”，整体性治理空间难以协调，行政区划调整使得与城市近郊和中心无法接轨的问题开始浮现；由于发展时间、人口素质以及原“城乡二元”结构等因素影响，受城郊地域边缘化亚文化的影响，该区民众参与社会治理的积极性有限，推动基层治理发展能力及创新行动力缺乏，在治理实践中仍面临诸多困境。

2. 过渡区块：

制度要素提质的“衔接融合型”路径。处于边缘区和中心区过渡圈层的区域，由于受城市“中心—边缘”张力的拉扯，经常面临发展板块波动，城乡融合性政策影响以及要素资源频繁流动的空间格局，面临着发展思路的不确定和路径的模糊性，因此也在一定程度迟滞了市域治理的统一化进程。现实来看，经过深入拓展，此类空间整体逐步迈出“舒适区”，在产业经济、制度创新、基层治理等方面呈现活跃状态，内部出现正向发展与变迁矛盾，所谓“如果空间已经成为生产关系再生产的所在地，那么它也已成为巨大对抗与矛盾的地方”。由于创新冲动与政策可持续性之间的张力显现，客观上激发了市域治理空间的创造性行动动力，但存在治理目标多元化、组织功能的同质化问题严重、无法形成高效可持续的服务链等困境。此外，过渡区域往往表现为制度环境欠缺与资源引进冲突。在政府政策扶持和资金支持下，空间整体转变取得长足进步，但管理体制在效率和规范方面的局限性难以匹配自身发展速度。区域空间内生产要素、文化要素、制度要素等得到了一定程度的整合与高效利用，但内部仍然存在诸多不确定因素，市域治理整体质量会受到一定影响。

B区块位于南京市南部，虽然距南京市中心的直线距离较远，属于远郊区，但由于空间内已形成“四横一纵”陆路交通网，与中心城区的可达距离大大缩短，在融入市域框架的过程中，该区市域治理层面的实践广度和深度不断强化。由于已经完成了从县到区的转设，该区为提升南京市域治理格局的功能层级，主动提高统筹规划能力，打通同市级职能部门之间的向上沟通渠道，实现了由市级统筹谋划、区（开发区）组织执行、乡镇街道（社区、村）落实到位的治理层级。借助自身优越的区位优势和自然资源，该区运用以空间换资源的思路，通过成立区级层面的社会综合治理委员会，下设事务性协调委员会和行动小组，组建指挥平台来统一调配治理事项，在慢城项目的大规模土地流转、社区整体搬迁和群众利益协调的项目实施过程中发挥了重要功能，有力地保障了区域社会的发展稳定。为更好地实现通过项目来推动工作进展的目的，将特色传统农业、生态旅游业、文化产业以及现代服务业整合，加强与南京城市中心的互动，充分链接南京市域资源，以“大项目—小项目”相互嵌套的方式来推动治理工作，构建出一条完整高效的经济社会发展的主体链条，形成了文旅产业引导延伸的市域社会治理和产业服务融合的特色模式。值得注意的是，随着“国际慢城”品牌打造的不断推进，区内建设了“亚博园”“慢城游客中心”等旅游服务性设施，但相应的政策和制度建设并未及时升级。例如，聚焦旅游特色产业的开发，却忽略了对长效民生工程的关注，实际经济发展与基础设施建设水平并不配套。就业、创业以及项目申请优惠政策不尽完善，对于非本地居民、年轻人缺乏足够吸引力，市域治理的长效制度建设需要深入完善。从基层治理层面来讲，该区属于自上而下的政府主导型模式，政策给予了相当多的支持，但也挤压了自主性发挥空间，社会组织独立学习、开发、创业意识和能力的培养需要提升，区域整体发展的创新活力亟待加强。

3. 成熟区块：

发展内涵升级的“引领创新型”路径。成熟区块的空间内部结构趋近完善，无论是治理理念、手段和主体，抑或是空间内居民生活状态均趋于稳定，无论是区位层级还是治理水平及功能，都已经成为市域治理的核心载体。首先，治理理念走向成熟。自治意识、协作意识、创新意识在这一时期的表现均较为明显。自治意识代表着基层治理的普遍性理念，对于提高决策科学性、增强公众政策接受度具有重要价值。创新意识代表着自治主体奋斗的明确目标和价值指向，能够成为其产生稳定、持久创新需要、价值追求以及理性自觉的推动力，该类型区块空间内开始出现新生力量，为市域基层治理注入生机活力。其次，治理手段逐步成熟。网格化治理作为基层市域治理的重要手段和形式，为工作带来极大便利。除网格化等基础治理手段和方式外，不少线上服务和治理平台得到合理开发和成熟应用，在技术层面进步也较为明显，服务办事效率得到提升。第三，交往结构关系成熟。在成熟型空间阶段，区域内人员流动相对较小，空间内人口异质性弱，呈现出典型的城市人口特征。这一阶段，市域治理整体动能提升，各要素表现出明显的自主意识和创新动机。

C 区块位于江北新区核心区，由于处于城市中心，空间可达距离短。首先，相较而言，C 区块空间要素拓展能力和运行机制水平明显提高。市域基层治理工作具有充足的创新意识和动力。组建志愿者服务团队，在社区服务中心常设志愿者服务站点，提升了基层活动的号召力和凝聚力。其次，技术治理深化了区域空间的内部整合。通过整体网格布局可视化，各类技术手段的充分运用均显示其治理手段的成熟性。网格的大量铺展强化了物理空间覆盖，同时“智治”完善了网格化管理和服务，“雪亮工程”等社会治理信息平台建设也得到加强，充分利用“互联网 +”时代下的云计算、大数据、人工智能技术，增加市域社会治理的科技含量，极大地推进了市域社会治理的智能化，对南京市的市域治理的高质量发展发挥了高效引领和创新示范作用。但同时大量任务下沉和人员增加给基层治理带来成本压力，如何处理基层机构规模扩大和高效精准化治理关系，成为该区市域治理层面需要面对的问题。

市域社会治理作为一个紧密联系的有机体，是行政层级和空间地域两大关键要素的有机统一，市域社会治理是以市域内的市级层级和城市地域为主导，通过一定的关联机制来促进市域各要素的有序运行进而实现“善治”。“理想类型的市域社会治理，是在‘城市界线以内’，充分发挥城市地域特性、立法与行政的相对独立性、权责完备性，发挥城市正面特性、抑制城市负面特性，整体推进社会治理的过程”[20]。空间堕距概念的提出，则为这种空间区域要素的“合促”困境提供了问题解析的新视角，有效解释和清晰呈现了南京市域框架内三类典型代表性区域的发展状态。

（二）市域社会治理差异化区块整合发展的路径分析

现代基层社会治理面临的新情况、新形势，给市域社会治理提出了新挑战。在存在差异化空间的前提下，能否妥善处理空间多元问题、化解各区域非均衡发展的矛盾，决定了市域治理整体效能的高低。综上所述，南京市 A、B、C 三个区块分别能够代表市域整合发展的边缘、过渡及成熟三种差异化空间状态。同时也表明，在同一市域治理范围内，各空间发展状态、表现特征、变迁模式各异，即在物质、精神、社会等层面存在明显的“空间堕距”。A 属于边缘区块，不论在经济发展、基层治理还是观念转变上均呈现稳定、保守特征，大量传统乡村要素被保留下来，对于统一的政策推行、治理手段实施存在“水土不服”症状，与同一城市区域内其他板块之间存在明显差距。存在市域治理的制度发展停滞、集体行动水平低以及治理主体适应性能力滞后等问题。作为市域发展初期的空间区块代表，解决其观念转变问题首当其冲。B 区块则代表过渡类型，经过一定时期发展，整体的思想意识、治理能力明显提升，实现了市域治理的组织体系创新和制度升级。但由于处在发展的探索阶段，各要素间存在协同困境。对于这类已有一定发展基础、但缺少稳定性的空间来说，主要解决组织功能升级、体制机制更新及自治能力增强等问题。C 区块则是相当部分属于成熟型区块的类型，空间内部各要素、结构都相对稳定，虽属于拆迁安置重组空间，但已经过一定时期调整磨合，整体运行趋于平稳，具有相当明显的自治创新意识和主体行动能力。该类区域应通过完善信息管理体系、深化行政体制改革等措施尽可能减少基层工作负担，以解决基层治理内卷化，社会组织运作机制不完善等问题。

对于远郊 A 区块来说，由于所处区位边缘化影响所产生的洼地效应，在很大程度上城市中心主义的发展政策和基础设施难以对其实现有效覆盖，因此其市域治理的思路是“主动吸纳”和“补齐短板”，要积极转变发展思路，推进组织变革和治理功能拓展，以尽快补齐传统城乡二元发展的结构性短板，提升市域治理的能量层级。B 区块由于较好的承接了南京市域治理的制度基础和资源要素，获得了较明显的政策普惠和资源的倾斜，充分利用了城市中心辐射周边的带动效应，形成了独特的特色产业融合组织治理的市域治理模式。C 区块作为南京城市区域经济较发达的近郊板块，各方面发展水平已经融入中心城区并成为其中的结构布局，需要进一步提升市域治理的制度效能，发挥创造性引领的示范功能，提升该区域的市域治理影响力，打造南京市域治理高质量发展的新增长极。

从市域社会治理大框架来看，这三个案例基本能够代表市域治理范围内各类区块所表现出的集群状态，各空间自身较其他区块均表现出独有的特点，但空间内市域社会治理要素间存在张力，发展协调性不佳等问题，这无益于城市整体性发展和市域社会治理综合效能的提升。需要从源头入手缓解内部要素冲突、激发市域空间活力的同时，着重提高治理主体权利的协调性和利益均衡性。城市物理空间权利化的过程是城市空间生产的过程，而这种空间社会化与社会空间化的双重建构，具有显著的社会政治性。对于行动主体协同意识淡薄、组织制度化体系滞后、社会组织运行不完善等问题，在市域治理的空间内，将相应个性化要素和特性剥离、抽象化之后，最终都应着眼于观念、政策、机制等方面做出差异化政策设计予以纾解。

四、市域社会治理差异性区块整合发展的实践创新

快速城镇化驱动下，以“过渡型社区”为版图的城市空间扩张，同样嵌入了市域空间发展的基础体系，固化为城市空间风险化的问题聚集地，加大了市域治理的难度。通过对市域社会治理差异化区块整合发展的路径类型及对南京市A、B、C三个区块的综合分析，可见由于发展进度、发展特征等不同，各区块的制度资源、政策需求差距明显。针对观念转变和意识培养、环境提升与政策优化、体制变革与机制完善等，提出市域社会治理的差异性解决路径，以进一步厘清基层治理思路，不断提升社会治理质量，促进市域治理能力现代化。针对空间利益严重分化的城市风险化，市域治理的战略推进需要建构具有开放性和包容性双重维度的空间结构。

早在2014年，南京市就印发《关于加快智慧南京建设的意见》，明确南京将在2020年建成国内一流的智慧城市，聚焦加快提升基础设施智能化水平、构建精细化城市管理体系、完善便捷化公共服务体系、建设现代化产业发展体系、实现网络安全长效化管理五方面，全面构建市域区域性高质量社会治

理的系统架构。南京市着力推动以全域资源开发为主线的信息网络服务整合，通过大数据思维积极推动政府模式以纵向区划管理型向以扁平空间为特征的平台型转变，为加快推动市域社会治理现代化背景下的现代政府治理模式的转型升级，进行了持续深入的探索。

（一）促进边缘区块市域社会治理组织功能的稳步革新

推动空间渐进整合。一是行政区划整合。南京市及各区政府在充分考虑基层及街道意愿基础上，引导其配合撤并“乡镇”，调整所属空间的行政区划所属，避免该类空间“落跑”。优化空间整合，能够给予其一定信号跨越“舒适圈”，刺激其谋求发展的动力。此外，土地规划整合与行政区划调整同步推进，通过增加二者沟通，强化土地资源的规划利用[21]。二是管理机制整合。在行政区划整合完成的基础上，发挥横向同级机构或毗邻治理空间的带动作用，加强各区域间的业务联系，提升应对新形势的工作能力和综合素质，使远郊区域基层治理与其他区域在行动上保持一致，通过整合协调，实现一体化发展。

设置差异化弹性政策。在政策层面，以无差别政策对待，受发展的空间堕距影响，可能存在“水土不服”现象，政策制定可行性程度低、政策执行局部化[22]等问题使其收效不理想。基层治理政策应加强向该类空间的倾斜配置力度，并允许根据本地区经济社会发展实际来设置机构和建设设施，避免一刀切的政策对待。学者 Willis 也提出“管理城市地区以实现持续发展需要地方传统的知识，尊重并建立于地方文化价值观之上”[23]。因此，南京的市域治理思路是在尊重区域特色传统的基础上，根据空间内实际需求提供基础设施建设、文化设施、社会保障等公共服务。追求差异性与弹性兼具的政策设计，使其既有理论张力，又有实践效力，减少由于行政区划刚性导致空间区块间在基础设施建设上的冲突，提高区域间的整体协调性，有效缓解该类空间的基层治理停滞困局，激发基层治理的生机活力。

（二）强化过渡区块市域社会治理制度资源的吸纳建构

推进制度体系更新。冲突型区块空间需要从制度体系更新入手，在快速向中心城区靠拢的过程中，空间内人、事、物、财、权等要素的流动强度和广度超越了大部分历史时期，而治理体系的规范化、程序化、协同性与此类空间的发展现状存在一定程度脱节。既有的治理范式、参与模式、工作流程和技术方法难以应对由此产生的新问题和新挑战，南京市及各区政府把握空间演变的规律性特征，不断突破制度瓶颈，通过制度的创新迭代，提升治理能力。除此之外，在现行体制下，增加该类区域的组织人员配备，赋予其更多发展自主权，适当增强财务管理制度灵活性，解决行政干预过多和干预不足问题，培育基层社会“内在权力和共同权力”的意识和能力，真正构建政府、市场以及社会的互动关系结构，促进善治目标的实现。

提高制度覆盖质量。对于该类区域来说，外部资源的吸收引进与原有产业的调整升级同样重要。但由于缺乏经济发展长远规划和统筹性计划安排，尽管空间内产业创新短期内成长迅速，但产业单一、综合效益低下。为此，南京市充分发挥市级层面对于行政辖区及街道的指导作用，加强制度覆盖力度，提高政策覆盖深度和广度，注重实效，在尊重其自主性的基础上，做好市域治理差异性制度规划，避免同质化竞争，寻求产业发展的多元化可能和多样化经营模式，最大程度疏解短期经济利益诱导与长远综合效益的矛盾。同时充分意识到优质人才对于产业转型升级的正向推动功能，利用中心城区的辐射带动作用匹配优质人才、资金引进政策提升发展潜力。

（三）深化成熟区块市域社会治理结构要素的示范创新

完善多元协作机制。市域社会治理意味着从条块分割到协同治理的转变，成熟型区块各空间要素比较稳定，要想进一步融入中心城区，治理一体化仍任重而道远。应增强多元主体的合作共治，激发引导其参与社会事务，突破发展瓶颈。“达成协作治理的关键之一是发展多元行动者互动模式”[24]，完善成熟性、制度化的合作，提升合作的公共性、专业性、内生性[25]。除此之外，南京市进一步明确各部门职责边界，打破信息壁垒，减少不必要重复工作，消解基层工作内卷化，并优化绩效考核指标体系，加强对参与主体治理行为的监督和约束，有效提高了基层治理工作效率。

拓展空间治理路径。一是在党建引领前提下，明确特色发展理念和品牌意识，以提高居民的认同感和融入度，削弱异质性的消极作用，重构“陌生人社会”的社交网络。“一个社会的变迁，终究还是人精神世界的合理嬗变”[26]，通过开展多样的文艺活动、政策宣讲活动、志愿服务活动，使党的领导与公众参与有效衔接，促进居民交流与沟通、拓展居民交际圈，营造开放、团结的空间氛围，从心理上实现维护稳定向创造稳定转变。二是借助高校及相关科研机构资源，完善基层治理路径案例库、成立各级社会治理的创新智库，并优化机构间的信息交流与共享机制。“社会结构的转型与机制的调整，都充分表明我们须通过动态逻辑理解所经历的时代变迁”[27]，南京市基层治理单位通过参考相应治理创新机构的动态案例更新，因地制宜地根据即时空间内部发展状况调整治理方法，充分利用其提供的基层治理成功经验、失败教训以及数据参考、智力支持，开拓基层治理新路径，进一步优化空间品质，走出适配与高效兼具的特色道路。

市域社会治理是实现国家治理体系和治理能力现代化的重要内容，也是社会变迁和发展之下的必然要求。市域内各空间区域在变革过程中拥有差异较大的发展特征，并形成了各具特色的空间治理模式。空间堕距及空间理论视角搭建的差异化空间市域社会治理的类型化框架，说明无论是在空间的实践、空间的表征还是再现性空间层面，各发展阶段均存在迫切需要解决的问题和充足的提升空间。因此，实现市域社会治理现代化，需要在空间堕距视角下区分发展类型，有针对性提升市域治理的效能；同时，需要因地制宜，采取“一地一策”的方法，补齐“短板”，分化之中有整合，整合之中有联动，完成市域整合治理工作，最终形成多元空间治理的一体化新格局，最大化实现市域统合发展的公共利益。

中国的城市化将实现一种时空高度压缩下的现代性，这些急剧的现代性变化一定程度上超过了现有社会系统的承受能力，产生了一定的社会风险。城市风险化具有一定的必然性，是其内生的空间转型逻辑和区域发展序列导致的必然现象，市域社会治理激活了城市对基层治理的引领作用，有助于协同推进区域发展[28]。在这一过程中，南京将城市空间区域的差异性纳入了区域城市化的整体格局和发展思路，城市规划建设和政策设计方面，注重关照区域经济社会历史的特征趋势，探寻不同区块间的比较优势，探索出边缘区块组织功能调适的“渐进变革型”路径、过渡区块制度要素提质的“衔接融合型”路径以及成熟区块质量内涵升级的“引领创新型”路径三种类型，并通过促进边缘区块市域治理组织功能的稳步革新，强化过渡区块市域治理制度资源的吸纳建构以及深化成熟区块市域治理结构要素的示范创新的实践举措，达到弥合不同类型空间隆距之目的，拓展了市域治理“差异融合”与“整合发展”的创新思路。南京的经验在一定程度上重构了市域社会治理新的发展空间、制度结构和治理路径，构建起区域整体均衡发展的良好框架，深入推进了市域社会治理现代化创新实践的发展进程。

（作者分别系南京信息工程大学公共安全治理研究院副教授，安徽建筑大学公共管理学院特聘副教授；南京市社会科学院、江苏省扬子江创新型城市研究院研究员。本文发表于《南京社会科学》2023 年第 8 期。）

参考文献：

[1] 姚尚建 . 城市治理的区域扩散——市域治理现代化的视角［J］. 江苏行政学院学报，2021（5）.

[2] 陈成文，陈静，陈建平 . 市域社会治理现代化：理论建构与实践路径［J］. 江苏社会科学，2020（1）.

[3] 任鹏飞 . 城市治理现代化进程中多重隳距的生成与弥合［J］. 求实，2019（3）.

[4] 郭烁，张光 . 基于协同理论的市域社会治理协作模型［J］. 社会科学家，2021（4）.

[5] 闵学勤 . 市域社会治理：从新公众参与到全能力建设——以 2020 抗击新冠肺炎疫情为例［J］. 探索与争鸣，2020（4）.

[6] 薛小荣 . 重大公共卫生事件中市域社会治理的数字赋能［J］. 江西师范大学学报：社会科学版，2020（3）.

[7] 杨忍，陈燕纯，龚建周 . 转型视阈下珠三角地区乡村发展过程及地域模式梳理［J］. 地理研究，2019（3）.

[8] 陈一新 . 把抗疫精神财富转化为社会治理现代化的强大力量［N］. 学习时报，2020-07-24.

[9] 陈一新 . 推进新时代市域社会治理现代化［N］. 人民日报，2018-07-17.

[10] 谭爽，胡象明 . 重大工程社会稳定风险评估中的“制度堕距”现象及成因：基于文本与个案实践的对比［J］. 云南行政学院学报，2017（3）.

[11] 谢秋山 . 地方政府职能堕距与社会公共领域治理困境——基于广场舞冲突案例的分析［J］. 公共管理学报，2015（3）.

[12] 张凤荣 . 大数据社会治理研究的理论进展与政策堕距分析［J］. 学海，2018（2）.

[13] 李利文 . 执法堕距：政策执行在基层缘何容易走样？——基于 D 村违法建设综合整治案例的研究［J］. 中国行政管理，2021（8）.

[14] 张京祥，陈浩 . 空间治理：中国城乡规划转型的政治经济学［J］. 城市规划，2014（11）.

[15] 陈近华 . 中国城市风险化：空间与治理［J］. 中国社会科学，2017（8）.

[16] Lefebvre Henri.The Production of Space[M].Oxford：Blackwell，1991：33.

[17] 潘可礼，张海防 . 亨利・列斐伏尔的三元辩证法［J］. 学海，2020（5）.

[18] 爱德华・W. 苏贾 . 后现代地理学——重申批判社会理论中的空间 [M]. 王文斌，译 . 上海：商务印书馆，2004：88.

[19] 戴欢欢，陈荣卓 . 总体性视角下市域社会治理的内在机理［J］. 中南民族大学学报：社会科学版，2023（2）.

[20] Henri Lefebvre.The Survival of Capitalism[M].London：Allison & Busbay，1976：79-85.

[21] 吴晓林 . 城市性与市域社会治理现代化［J］. 天津社会科学，2020（3）.

[22] 甄峰、简博秀、沈青、郑俊 . 城市管治、区划调整与空间整合——以常州市区为例［J］. 地理研究，2007（1）.

[23] 沙蓉，刘加昆 . 滇中城市圈与同城化公共政策体系的优化与整合［J］. 云南行政学院学报，2011（3）.

[24] Willis K.G..Sustainability in Urban Planning and Management[M].Cheltenham：Edward Elgar，2001：45-61.

[25] Kirk Emerson，Tina Nabatchi，Stephen Balogh.An Integrative Framework for Collaborative Governance［J］. Journal of Public Administration Research and Theory，2012（22）.

[26] 李南枢，何荣山 . 社会组织嵌入韧性乡村建设的逻辑与路径［J］. 中国农村观察，2022（2）.

[27] 申恒胜，戴维娜 . 文化堕距：村落转型中的农民心态与乡村文化秩序——基于浙江 H 县开发区五个拆迁村的调查［J］. 石家庄学院学报，2020（2）.

[28] 渠敬东，周飞舟，应星 . 从总体支配到技术治理——基于中国 30 年改革经验的社会学分析［J］. 中国社会科学，2009（6）.

[29] 谢小芹 . 市域社会治理现代化：理论视角与实践路径［J］. 理论学刊，2020（6）.

在特大城市治理上走在前、做示范

任克强

中共南京市委十五届六次全会提出，要在特大城市治理上走在前、做示范，坚持和发展新时代“枫桥经验”“浦江经验”，强化网格化管理、精细化服务、信息化支撑，构建系统性、现代化安全发展体系，努力成为特大城市治理体系和治理能力现代化样板。

在党建引领特大城市基层治理上走在前、做示范

南京深入实施党建引领基层治理“强力工程”、基层党建“示范引领计划”，推动街道（镇）、社区（村）与驻地单位党组织形成党建联盟或党建共同体。鼓楼区宁海路街道立足驻地省级机关众多的特点，注重盘活辖区资源，自 20 世纪 90 年代就在全省率先成立了宁海路地区党建联席会和社区建设发展协调委员会，引导驻地单位参与社区治理。近年来，又进一步深化各层级凝聚驻地单位资源机制，探索省市区街社五级党组织联动的党建共同体建设。通过组织共建，247 个省级机关党支部与 124 个社区二级党支部结对，建设先锋共同体；通过开列清单，围绕整治难度大、居民满意率低的老旧小区环境整治、危房消险治理、有序停车、垃圾分类等问题，引导驻地单位认领。探索出党政资源密集的片区，如何推动驻地党组织、在职党员常态化进社区、进小区、进网格，一起汇聚资源，化解群众急难愁盼问题的路径。建邺区双闸街道则立足中产集聚的高端商品房集聚区的地域特点，在 2019 年，成立由驻地学校、

医院、银行、酒店、博物馆、剧院、档案馆、地产、物业、律所等为成员单位的河西南部区域党建联盟，这些成员单位提供的服务与商品房小区业主的日常需求契合。以居民需求为导向，通过建立完善联盟项目化运行机制，为辖区居民提供便捷服务。

在推动城市街道由“行政末梢”向“治理枢纽”转变上走在前、做示范

南京大力推动城市街道由“行政末梢”向“治理枢纽”转变。雨花台区西善桥街道是目前南京规模最大的保障房片区岱山保障房所在地。面对片区人员结构复杂、困难群体多、人员素质偏低、社会治理难度大的现状，街道以教育撬动治理，从家庭、学校、社会层面全要素发力，打造理想教育小镇。结合物理空间营造和政府购买服务引导，发挥街道枢纽作用，形成党建引领保障房社会治理新模式。一是以基础设施建设营造美好空间。高标准打造社区党群服务中心，把既高大上又接地气的活动空间让给群众。二是以教育提升居民素质增进认同。通过开办“向善家长学校”“至善学院”，构建全龄段终身教育体系。依托“家、校、社”协同育人机制，提升全民素质，增进居民对居住区域的认同感，釜底抽薪，显著降低治理成本。三是以政府购买服务激活多元主体提供服务。街道 2022 年投入 644 万元，购买 59 个公益化项目开展服务。街道共有社会组织 292 家，其中培育居民自组织 198 家，志愿者 850 人，形成共建共治共享格局。秦淮区朝天宫街道也注重发挥街道枢纽作用，链接政府、市场和社会资源协同治理。打造“168 党建联盟”，推动一体化执法改革，发挥党建引领和政府主导作用，实现高效能治理。注重发挥市场的作用，引进宝石花物业公司参与老旧小区物业管理，实施大物业运营改革。建立朝天宫商户自治协会和小区居民自治机制，开展“问需于民，问计于民”两问议事会活动，精准回应商户和居民诉求，加强自治能力建设，激发社会参与活力。

在坚持和发展新时代“枫桥经验”“浦江经验”上走在前、做示范

新时代“枫桥经验”“浦江经验”分别是自下而上和自上而下化解矛盾的典范。坚持和发展新时代“枫桥经验”，需要做好矛盾前端处置。被誉为新时代“枫桥经验”城市版的栖霞区仙林街道，把 10 个社区划分为 90 个综合网格、195 个专属网格，有效覆盖辖区单位和居民。实施首问负责制，通过闭环工作流程，实现“小事不出网格、大事不出社区、突发问题不出街道、矛盾不上交”，连续 13 年保持进京赴省到市来区零上访，形成党建引领网格化治理“仙林经验”。而浦口区则通过 12345 大数据，拓展信访来源，通过“书记办工单”践行新时代“浦江经验”。针对 12345 热线工单办结但事未解决的属实合理诉求，印发《关于进一步深化“只投诉一次”工作机制的实施意见》，探索“书记办工单，‘一次’解民忧”工作机制。借助南京市浦口区 12345 热线“只投诉一次”工作机制跟踪服务平台，通过区级、街道、村社三级书记分层分级办单，启动跨部门诉求联办工作机制，通过组织引领、模式创新、资源整合，实现了从只求工单办结率向追求实际解决率的转变。“只投诉一次”机制建立后，2022 年重复投诉率同比下降 25.28%。

在强化网格化管理、精细化服务、信息化支撑上走在前、做示范

党的二十大报告提出，“完善网格化管理、精细化服务、信息化支撑的基层治理平台”。南京努力推动基层治理和民生保障走在前。一是实施“精网微格”效能提升专项行动，持续强化网格化服务管理。为做细做实网格管理、全面提升网格化社会治理效能，南京进一步划分网格管理工作单元，按照每 50 至 100 户设立一个微网格的标准，将全市细分为 40976 个微网格，并创新性构建“街镇——社区（村）——网格——微网格——户”5 级工作体系，充

分吸纳楼栋长、物业企业人员等社区内部“能人”担任微网格员，身边人管身边事，实现了网格治理由“弱关联”向“强关联”的转变。二是统筹优化调整各方资源，全面提升精细化服务水平。南京优化政务服务力度，推进日常政务服务事项在便民服务中心（站）办理，并对困难群体提供专门精细化服务。如建邺区推动建成“居此莫愁”水电气讯一站式公共服务驿站，为居民就近提供“水电气讯”缴费、咨询、报修、开户等便利服务，提供家门口的优质服务。三是综合运用大数据、物联网等信息技术，持续深化全域推进智能社会治理的信息化支撑。今年3月1日开始实施《南京市推进城市运行“一网统管”暂行办法》，依托数字政府基础支撑能力建设“一网统管”技术平台，构建市、区、街道（镇）三级“一网统管”工作体系，实现城市运行管理一体联动。同时，统筹推进智慧社区综合信息平台建设，推动综合网格微信群建设，实现网格微信群全覆盖，有效提升沟通反馈便捷性、时效性。

在构建系统性、现代化安全发展体系上走在前、做示范

南京顺应特大城市发展规律，坚持系统治理思维，深入践行安全发展理念，将全周期管理理念与城市安全体系构建进行有机融合。一是不断巩固和深化市域社会治理现代化试点成果，有效统筹发展与安全，建立健全防范化解政治安全风险、社会治安风险、社会矛盾风险、公共安全风险和网络安全风险的“全要素风险治理”政策体系，建立前端重在发现预警、排查隐患，中端重在解决问题、形成机制，末端重在依法治理、固化经验的全周期管理风险化解机制。二是以创建国家安全发展示范城市为目标，以韧性城市建设为引领，着力构建综合性、全方位、系统化特大城市安全发展体系。通过加强对市政管网、轨道交通、防洪排涝、防灾减灾等诸多方面基础设施建设，以及特大城市棚户区改造、老旧小区更新，着力提升城市安全韧性水平。三是通过智慧引领、数字赋能，加速推动数据融合共享，实现安全治理的智慧赋能。南京建成集风险感知、预警预测、监管执法、应急调度等为一体的应急管理“一

平台八系统一终端”信息化系统，并着力健全政务数据共享协调机制，依托“智慧南京”大数据中心，实现多个部门系统对接、数据共享，打造现代化城市安全治理新格局。

（作者系南京市社科院、江苏省扬子江创新型城市研究院研究员。本文发表于《南京日报》2023 年 8 月 16 日 A10 版。）

以专业志愿者引领老龄友好型社区治理

任克强　杜沙沙

党的二十大报告提出，实施积极应对人口老龄化国家战略，发展养老事业和养老产业，优化孤寡老人服务，推动实现全体老年人享有基本养老服务。

以居家养老为主要模式的中国特色老龄化社会面临诸多挑战，专业志愿者的激活和加入，不仅能够缓解社区养老治理压力，也能够赋能基层组织，促使制度成果下沉生根，调动政府、高校、传媒、群众等各板块热情，有效覆盖中国现代化养老服务的各个方面，显著提升民生建设质量，彰显我国社会治理体系的“温度”与“力度”。

以秦淮区大光路街道尚书巷社区为例。尚书巷社区位于大光路主干道北侧，其东起解放路，西至龙蟠中路，南依大光路，北止明御河，占地约 0.6 平方公里。办公面积 405 平方米，社工 19 人，现有登记人口 21437 人，户籍人口 15119 人，流动人口 6318 人，总户数 7306 户。党员 812 人。60 岁以上的老年人 4836 人，孤寡独居老人 172 人。有物业小区 15 个，无物业小区 20 个，老旧片区 4 个。辖区有南京电视台、南京海关、税务局、南京体校、南航初中、际华广场、尚书巷菜场等单位。

立足尚书巷社区老年人口多、社区服务人员不足状况，探索建立专业志愿者队伍，推动以专业志愿者引领老龄友好型社区治理，形成解决老龄人口占比高的一类老旧小区社区治理的可借鉴、可复制、可推广经验，扎实推进南京“一社区一案例”重点工作。

一是组建社区专业志愿者队伍，探索现代化的志愿者管理和服务机制。

针对老年人多的现状，组建服务社区老年人的专业志愿者队伍。立足瑞鑫兰庭小区前期组建的志愿者团队基础，组建专业志愿者队伍。专业志愿者队伍强调年轻化、专业化和在职化，以区别于传统志愿者队伍。专业志愿者队伍由辖区企事业单位志愿者、挂钩联系单位志愿者、社区志愿者和居民志愿者四类人员构成。一是辖区企事业单位志愿者。统筹整合辖区的企事业单位资源，选取电视台、律师事务所等辖区有专业特长的人员成为志愿者，探索就近动员机制。二是挂钩联系单位下沉志愿者。主要是市社科联（院）和区总工会等挂钩联系下沉的志愿者，这类志愿者主要是机关干部和有专业特长的知识分子，探索赋能基层机制。三是社区志愿者。包括街道、社区、民警、社区医护人员等组成的志愿者队伍，探索网格服务机制。四是居民志愿者。完善以楼幢和楼层为单位建群，每户要有一位代表入群，最终确定每一个楼栋选择一位业主志愿者，探索邻里互助机制。

二是以群众急难愁盼为导向，通过志愿服务精准回应服务需求。以尚书巷社区瑞鑫兰庭小区为例，该小区建成于 2005 年，有 7 幢楼，902 户 2521 人，其中 60 岁以上的老年人有 537 人，80 岁以上高龄老人 75 人，共有孤寡老人 61 人，独居老人 57 人。这是一个“两多三少”小区，“两多”——老年人口多、老年人的需求多，“三少”——适老化配套设施少、为老人服务的志愿者少、老年人活动场所少。社区老年人普遍存在心情苦闷、生活质量下降现象。而社区任务极端艰巨，疲于应付，社区社工、网格员流失严重，社区工作者力量不足。在有限的人力资源情况下如何为社区居民特别是社区老年人做好服务是亟待破解的难题。尚书巷社区发挥专业志愿者作用，通过入户走访、问卷调查等方式，了解瑞鑫兰庭小区老年人的实际状况，有针对性地开展志愿服务。通过志愿服务促使老人与社会重新建立联系，改变其精神状态、生活质量和健康状况。

三是借助专家学者专业力量，推动志愿服务特色发展。发挥省、市社科院专家研究优势，开展蹲点式、融入式调研和干预，围绕志愿服务助推建立适宜社区特色的精细化居家养老服务进行跟踪调查，将瑞鑫兰庭小区经验在尚书巷社区复制推广，持续打造老龄友好型高效能治理社区。打造“医养结合”养老模式，为有需要的老人提供适老化配套设施、老年护理、养老床位等；加快老年人日间照料等社区托养机构的建设力度；满足老年人多元化的养老需求，打造社区邻里节·便民服务日等主题活动。社区借助志愿者科技研究平台，积极拓展高端专家学者网络，邀请南京大学、河海大学、江苏省社科院、江苏省委党校等在该领域内知名教授、青年才俊形成的专家梯队，以学术研讨的形式开展科学研究、政策咨询和专业指导，并聘任相关专家学者作为专业观察员定期参与到社区志愿者的培训、管理和文化培育之中。在此过程中，特别针对社区志愿者的管理、老龄化社区治理、志愿者和社工队伍吸纳等主要问题，积极和专家学者沟通取经，形成了相关研究报告和方案，以应对现在出现或者未来可能出现的治理困境。南京大学社会学院院长成伯清教授围绕基层社会治理中的志愿精神、志愿服务类别、志愿者动机等方面对尚书巷社区专业志愿者进行培训，提出要做有策划、有担当、有组织、有技巧、有敬畏的志愿服务者，取得了良好成效。

四是提升志愿服务能力，培育志愿文化和公共形象。建立专业志愿者微信沟通群。发挥社科联（院）专家优势，开展社区志愿者培训。培育志愿文化，倡导全员参与志愿服务。通过宣传，在社会上引起对孤寡、空巢老人的强烈关注，同时让受到专业社会工作者服务的服务对象获取一些必要的医疗健康知识和安全知识，摒弃一些落后的生活习惯，缓解独居、空巢老人所居无人访、所需无人帮、所愁无人接的困境局面。邀请电视网络和纸质媒体开展现场采访，积极正面且完整地报道社区志愿者服务的典型事件，营造良好专业的志愿服务公共舆论形象。同时，社区积极参与各级评奖评优，主推“力争上游”的志愿者团队精神和集体形象，曾屡次斩获市级、区级先进单位荣誉称号，并多次获得各类机构的锦旗表彰。

五是推进志愿者品牌化发展，探索打造“尚书志愿”品牌形象。社区采取“党建带妇建”的工作原则，积极推进妇女志愿者这一分支队伍的建设，推进老年妇女社会工作服务质量提升。2021 年成立的“幸福来敲门志愿服务队”，为辖区高龄独居女性老人提供志愿服务，荣获南京市第二批市级示范妇女微家，2021 年度南京市优秀职工志愿服务组织。同时，依托江锐妇联、政法网格员（秦淮区法院）成立妇女维权增能小组，引导妇女合理表达诉求，提高维权意识和法律知识。以“老年慈善”为核心，基于现有服务与管理基础，进一步挖掘本社区志愿服务的可持续性潜力，探索与其他慈善组织或公益平台合作的战略模式，持续孵化属于本社区志愿服务的品牌，研发一系列具有本地影响力的服务产品、宣传资料、成功案例等，扩大品牌影响力。同时，也积极帮助其他兄弟社区展开志愿者服务管理和人员建设工作，将自身成功经验，以品牌传播的方式实现移植和复制。

（作者分别系南京市社会科学院研究员、江苏省扬子江创新型城市研究院专家；中共江苏省委党校社会和文化教研部讲师。本文发表于《南京日报》2023 年 2 月 22 日 A11 版。）

完善生物医药人才培养机制

王　飞　费爱华

生物医药产业具有极强的抗风险能力、强创新能力和高成长性，已成为南京市战略性新兴产业并被纳入“八大产业链”体系。近年来，我国高度重视生物医药产业发展，上海、北京等省市纷纷出台支持生物医药产业发展的政策措施。南京生物医药产业应聚焦着力完善人才培养机制，争取在世界级一类创新药获得突破，提升在我国生物医药创新网络中的地位。

生物医药人才培养机制应大力发挥市场决定性作用，形成市场与政府协力推动机制，着力丰富市场主体、创新主体、政府机构等行为主体之间的多层级合作网络关系，切实发挥人才猎头机构的“引才融智”效用，缓解南京生物医药产业“用才难”问题，改变“有高原无高峰”现象，打造生物医药创新人才高地。

聚焦市场与政府协力合作制度，大力发挥市场主体作用，将政府主导人才培养格局转变为市场主导人才培养体系。多年来，南京以项目投资、新药研发补贴、人才引进补贴、人才安居房等多种途径和方式力推生物医药产业发展，时间维度上成效显著，但横向比较，与其他先进城市的差距仍然不小，原始创新能力不足，生物医药企业规模也亟待提升。企业是创新主体，企业规模扩张与药物创新紧密相关，而产业链与创新链的衔接急需发挥市场机制灵活作用，借助市场力量实现企业主体创新需求和科研院所资源供给的快速高效匹配。应充分发挥企业自身主动性，加大研发投入力度，提升研发资金占营业额比例，研制出市场急需新药和医疗器械。

丰富市场主体、创新主体、政府机构等生物医药产业行为主体之间以人才培养为目标的多层级合作网络关系。构建生物技术企业之间、生物技术企业与制药企业之间以人才培养为目标的水平合作子网络。主要通过企业之间关于科研项目、资源共享、技术交流等方式实现人才联合培养目的。构建生物技术企业与科研院所高校之间关于人才培养的垂直合作子网络。南京已提出构建校企合作协同机制，推动在宁高校与专精特新企业协同创新，这给生物技术企业创新发展带来福音。应大力开展与上游科研院所创新源之间的合作，通过新药核心技术攻关、创新联合体、公共服务平台、博士生人才、博士后等领域，建立常态化的合作机制，培养生物医药产业急需人才，推动校企长期深度稳定融合。强化科研院所、高校和国家试验室等研究机构之间协同育人，支持和鼓励联合开展研究生培养，示范构建育人模式，全面提升人才培养能力。

切实发挥猎头机构引才融智作用，建设专业化和国际化的人力资源市场，为生物医药企业招揽海内外优秀人才。南京人力资源服务业呈现市场主体快速增加、业务类型日益丰富、产业规模逐渐扩大的态势，为产业发展发挥重要作用。截至 2021 年底，南京经营性人力资源机构达 1124 家，年均增长率达到 26.7%，从业人员达 1.02 万人。目前，南京有 5 家市级以上人力资源服务产业园。要加大猎头机构人才引进力度，打造一支职业素质优良、结构合理的猎头人才队伍。积极引进上海外服、北京科锐国际等大型人才服务龙头企业，为引进跨国制药企业和跨国制药企业研发中心对接人才资源、打通流动壁垒提供精准服务，为南京生物医药产业人才高地培养人才，为“海聚英才”的后续培养提供新的突破口和切入点，并给予精准化引才奖励。

（作者分别系南京市社科院城市发展研究所副研究员、江苏省扬子江创新型城市研究院专家；南京市社科院城市发展研究所研究员、江苏省扬子江创新型城市研究院专家。本文发表于《南京日报》2023 年 1 月 4 日 A11 版。）

借“他山之石”，促生物医药产业创新发展

王 飞

南京生物医药产业目前已在基因与细胞治疗领域抢占先机，在化学药、医疗器械等传统产业优势配合下，彰显一定的竞争实力。不过，生物医药产业不同于其他新兴战略产业，尤为看重产业的创新水平。可以说，没有药械创新就没有竞争力。

波士顿和南京都是历史悠久的古城。两座城市都是重要的文化中心，拥有众多著名大学、博物馆。目前，波士顿拥有世界上最具活力、最丰富的生物医药生态系统，在企业界、学术界和政府共同努力下，形成了全球领先的世界级生物医药产业创新发展高地。

在国家集中采购制度和省内外药械企业竞争激烈的压力倒逼下，南京生物医药产业可以借鉴波士顿生物医药产业创新发展的成功经验，既注重宏观谋划，以战略远见超前制定产业规划；也要着眼细处，将南京政策优势嵌入到产业链条里，充分发挥高校云集优势，做大做强高校衍生企业。同时，注重高校专业设置，为生物医药产业提供所需的头部人才、高端人才、技能人才和商业化辅助人才资源。

政府在产业创新中扮演重要角色

联邦政府财政支持波士顿医药产业，创新效果好。美国国立卫生研究院（简称 NIH）每年提供大量经费是波士顿生物医药产业创新业绩突出的重要原因

之一。2020 年 NIH 拨给马萨诸塞州（简称麻省）8.03 亿美元，其中 52.6% 流向波士顿地区研究型医院，体现了资金的集中使用带来的马太效应。麻省获得 NIH 经费超过 1 亿美元资助的 70 家机构中，波士顿占了 10 家。

马萨诸塞州成立生命科学中心，助力生物医药产业腾飞。生命科学中心作为一个准国家经济发展和投资机构，通过赠款、贷款、资本基础设施投资、税收激励和劳动力就业等项目运作，推动波士顿生命科学的成长和发展。麻省为不同发展阶段的生物医药企业提供全方位的产业支持激励政策，对处于大学、启动期、早期、中期、成熟期等不同阶段给予基金、融资、税收激励等支持，比如设立新研究员基金、新教员启动基金、合作研究基金、劳动力培训基金、实习补助、小企业配对基金等。从 2008 年起，连续 10 年拨款 10 亿美元支持生物医药产业发展，并与 2017 年续期 5 年拨款 5 亿美元。政府资金充分撬动了社会资本等多元化资本参与，形成多元融资模式，一方面 A 轮和 B 轮融资大部分由本地的风险投资或私募股权提供，另一方面，风险投资或私募股权团队专业度高，其成员毕业于哈佛大学、波士顿大学等医学相关专业，保障生物医药永续创新发展。

企业裂变和聚变推动创新创业发展

波士顿地区高校云集、医院汇聚，拥有顶尖研究型医院和知名高校，成为功力深厚的生物医药创新源。以哈佛大学等高校创新源为驱动力，生物医药企业通过持续的衍生、裂变、孵化和聚变形式，诞生源源不断的独角兽企业或独立研究机构，吸引药物巨头和资金注入，进一步促进企业裂变衍生。最初，哈佛大学、麻省理工学院和塔夫茨大学等高校通过设立技术开发办公室、完善成果收益分配机制等重要举措鼓励高校教授创业，衍生出第一批成功的初创生物医药企业和独立研究所，同时获益于生物技术在医药业中的成功应用促进了生物技术小微企业的兴起，推动波士顿地区的第一批初创企业快速成长为大型企业并实现多代裂变，促发了衍生企业数量增加，同时高校不断衍生高水平专业研究所，进而，校企衍生专业投资机构、反哺创业，吸引大型跨国企业进驻，形成良好的大型企业、生物技术研究型企业、高校、独立研究机构与政府之间的生态合作关系，形成了举世闻名的波士顿生物医药产业集群。

优质人才结构提供强大的人力资源支撑

波士顿地区拥有绝佳的人才结构，拥有在各个领域引领全球创新发展的头部人才，高学历研究者、产业技能人才、商业化辅助人才等资源丰富是生物医药创新创业企业成功的核心要素。依托麻省丰富的高校资源，波士顿生物医药产业得到了硕士以上的高学历研究型人才和大量产业技能型人才的充足供给，硕士以上高学历人数占就业总人数的指标高于麻省全部就业者平均水平。生物医药需要在管理、销售、金融、计算机等领域的人才供给，麻省各高校也给予了相应的供给。尤为重要的是，哈佛大学、麻省理工学院等高校拥有众多能发挥头部效应的核心研究人才对波士顿生物医药领域的认知带动和研究突破具有质变效果。

（作者系南京市社科院城市发展研究所副研究员、江苏省扬子江创新型城市研究院专家。本文发表于《南京日报》2023 年 10 月 25 日 A11 版。）

深入推进都市圈跨界河湖协同共治

季晨溦

协同推动生态环境治理是提升都市圈可持续发展能力的重要举措。近年来，南京都市圈将建立健全联合河湖长制作为推进长三角生态绿色一体化发展战略、强化都市圈生态环境联动共治的重要内容，化解传统的行政区域分段管制与河湖整体性、生态系统性之间的矛盾，推动跨界协同治水和谐局面的形成。在都市圈各成员城市的共同努力下，随着《流域横向生态保护合作及跨界水环境区域补偿协议》《南京都市圈生态环境保护合作框架协议》等一系列区域合作协议的签订，以及《关于建立跨界河湖联合河湖长制的通知》《南京都市圈联合河湖长制工作规则》等文件的联合印发，苏皖跨省、跨市边界联合河湖长制的基本框架已初步建立。这在很大程度上促进了长江、秦淮河、滁河、石臼湖、水阳江等跨省界骨干河道和重要湖泊“一河（湖）一策”联合治理与保护，为打造造福人民的幸福水网、建设绿色都市圈打下了坚实基础。

联合河湖长制的全面推行标志着南京都市圈河湖治理正式由此前的“分段治”走向“全域治”。但囿于法制保障不充分、统一的流域规划体系缺失、联合执法力度有待加强、流域生态补偿机制不够完善等因素，联合河湖长制下南京都市圈跨界河湖协同共治的深入推进仍面临一些挑战。为此，要强化顶层设计，进一步健全联合河湖长制的配套制度体系，将实践中的创新举措上升为规则与制度，从而实现都市圈各地区、各部门间协同开展水环境治理的规范化、常态化、长效化。

一是推进跨界河湖区域协同治理的法治建设，加强对流域水环境联合管护工作的指导与规范。一方面，依据水法、水污染防治法、河道管理条例等法律法规，由都市圈各成员城市共同协商制定有关流域水环境综合治理的一系列地方性法规，厘清各级河湖长与水务、生态环境、自然资源、交通运输等涉水部门的权责关系，全面系统地对水权水资源调配、水域岸线保护、河湖生态治理修复等重大问题的管理制度作出原则性的规定，在法律框架下实现流域统筹与行政区域管理的有机结合。另一方面，根据《关于全面推行河长制》《关于建立跨省流域上下游突发水污染事件联防联控指导意见》《关于建立完善流域河湖长制协作机制的通知》等中央、部委印发的相关文件要求，结合《南京都市圈联合河湖长制工作规则》的内容，及时出台跨界河湖联防联控的指导意见，针对联合会商、联合巡河、联合监测、联合执法、信息共享、监督考核等重要事项，研究制定相应的工作制度和工作方案，确保处理具体问题时有章可依。

二是构建完备、统一的流域规划体系，促进各地区对跨界河湖管护标准的协调一致。要通过组织流域管理机构编制流域保护综合规划，将水资源、水环境承载力作为最大的刚性约束，合理统筹流域水资源、岸线保护利用、防洪、采砂、监测站网建设、河湖管理信息化建设等涉水专项规划的修编，逐步构建起完备、统一的流域规划体系，在堤岸防洪、断面水质、河湖管养、环境整治等方面形成相对一致的标准，有助于确保“一河（湖）一策”方案在同一流域内各片区间的有效落实与顺畅衔接，科学指引跨界河流上下游、左右岸和干支流的共治共管。

三是健全水行政执法跨地区跨部门联动机制，切实提升联合执法效能。针对省际、市际边界水域内因地区、部门间联动不足而产生的执法难度较大问题，应完善跨地区跨部门联合执法机制，以加强对非法采砂、非法侵占河湖、违规取排水等跨界涉水违法行为的联合执法力度，更加有效地处置跨界水事纠纷。这需要进一步统筹水务、生态环境、农业等涉水部门在河湖管理行政执法方面的职权职责和任务分工，由相邻区域的同级河湖长办公室协同组织相关部门开展常态化的跨界河湖联合执法检查和专项执法行动，从而强化地方综合执法效能；借助于流域监测数据与信息共享平台，深化不同地区和职能部门之间的信息交流与合作，及时对执法联动问题加以梳理和研判，明确各方议定事项，定期召开联席会议，通报联合执法情况，跟踪落实联席会议制定的联合执法方案，协调解决地区间、部门间联合执法过程中存在的重点难点问题；在有条件的区域探索建立“河湖长 + 警长”“河湖长 + 检察长”机制，推动行政执法和刑事司法的衔接，明确涉水犯罪行为在移送公安机关侦查前的行政处罚程序以及行政处罚与刑罚的执行衔接办法，特别是要对移送条件、移送时限和立案侦查程序予以明晰；在此基础上，还要建立相对完备的区域行政协助制度，就行政协助的主体、条件、程序、争议处理、法律责任承担和费用负担作出明确规定，进一步消除由不同地区、部门间的职能交叉、事项重叠而带来的行政壁垒，使执法主体之间能够稳定地开展协助，形成高效的执行力。

四是发挥联合河湖长制在促进流域生态补偿机制完善方面的作用，保障流域生态补偿的长效性。把流域生态补偿机制纳入联合河湖长制的制度体系之中，有助于运用河湖长制的纵向权威最大限度地对地方政府及流域管理部门的职能与执行力加以整合，推动地区、机构间的横向合作，引导社会主体积极参与治理，进而保证流域生态补偿的高效率和可持续性。都市圈各成员城市在协商制定联合河长制的规定时，有必要将建立与落实市场化、多元化的流域生态补偿机制作为联合河湖长制的工作职能，以毗邻区域重点湖泊水库饮用水安全保障和跨界断面污染防控为重点，编制相应的跨界流域上下游生态补偿机制建设工作方案，对补偿原则、补偿对象、补偿范围、补偿标准、补偿方式、各方主体的权利义务、法律责任、补偿监测与考核制度、补偿资金监管制度等内容予以明确规定，为联合河湖长制引领流域生态补偿机制的运作提供制度支撑。在流域生态补偿机构设置上，可设立流域生态补偿办公室，与河湖长办公室共用同一套人员班子，实行一致的管理制度，以避免两者之间出现权责交叉和配合不到位的问题。在具体运行过程中，需充分发挥该机构的组织牵头作用，建立由上下游地方政府、企业、社会公众等流域生态补偿利益相关者共同参与的协调监督机制，在减轻政府财政压力的同时，力求形成多元化的流域生态补偿格局。

（作者系南京市社会科学院城市发展研究所助理研究员、江苏省扬子江创新型城市研究院专家。本文发表于《南京日报》2023 年 6 月 1 日 B2 版。）

后 记

党的十八大以来，习近平总书记高度重视科技创新，强调要“加快打造具有全球影响力的科技创新中心，建设若干具有强大带动力的创新型城市和区域创新中心”。创新型城市建设受到党和国家的高度重视，对于创新型城市理论与对策的探究，也成为智库研究的重要领域。

江苏省扬子江创新型城市研究院是依托南京市社会科学院，以创新驱动的发展路径促进城市创新发展、提升城市治理水平为研究重点的综合性智库，2016 年 7 月，研究院获批成为江苏省重点培育智库。研究院主要从事创新型城市经济、社会、文化、法治和创新指数等多领域的跨学科综合性研究。

研究院科研人员来自南京市社科院等专业研究机构，拥有来自政府部门、知名高校、科研院所等特聘专家 64 位，逐步探索出一条符合自身发展的道路：形成了一套高效合理的体制机制，锻造了一支高素质的智库团队，提供了系统嵌入式的咨政服务，打造了一个高影响力的智库平台，营造了“立足南京，辐射全省，影响全国”的智库效应。

《城贤新研 2023——创新型城市的道与势》是继《城贤新研 2021——创新型城市的思与路》和《城贤新研 2022——创新型城市的智与识》之后第 3 本“城贤新研”系列图书成果。全书将江苏省扬子江创新型城市研究院专家一年以来公开发表的代表性成果结集出版，展示研究特色，凸显专业力度，内容既涵盖理论研究，又以城市创新发展为研究重点，通过深入观察，对江苏省和南京市经济、社会、文化发展诸多方面建言献策，为发展决策和实践应用提供了重要的参考。

《城贤新研 2023——创新型城市的道与势》分为理论新识、调研新论、建宁新策三个部分。理论新识部分注重理论层面的研究，内容涉及传统文化发展、城市更新、城市形象传播、基层治理创新等方面，既有对中华文明和传统文化的深度把握，也有对城市时代发展的深入思考；调研新论部分着眼江苏省域，通过开展实地调研和案例分析，聚焦公共文化服务、文旅融合创新、产业链数实融合、市域治理现代化等前沿议题；建宁新策部分，汇集了对南京经济社会发展的最新思考，力求提出务实管用的对策建议，努力为中国式现代化南京新实践提供智力支持。

本书的编撰和出版离不开研究院全体专家的大力支持，在此，向他们表示由衷的感谢。作为一本成果汇编，本书还有诸多不足之处，敬请广大读者批评指正。“城贤新研”系列图书作为研究院代表性成果将会持续每年出版，希望能够以书为媒、以文聚才，凝聚更多深耕创新型城市研究的智慧力量，得到更多同行专家的指导和支持，充分发挥新型智库作用，更好地服务于地方经济社会发展。

曹劲松

2023 年 12 月